대출
권하는
사회

대출 권하는 사회

신용 불량자 문제를 통해서 본 신용의 상품화와 사회적 재난

1판1쇄 | 2011년 1월 3일

지은이 | 김순영

펴낸이 | 박상훈
주간 | 정민용
편집장 | 안중철
책임편집 | 윤상훈
편집 | 이진실, 최미정, 성지희
제작·영업 | 김재선, 박경춘

펴낸 곳 | 후마니타스(주)
등록 | 2002년 2월 19일 제300-2003-108호
주소 | 서울시 마포구 합정동 413-7번지 1층(121-883)
전화 | 편집_02.739.9929 제작·영업_02.722.9960 팩스_02.733.9910
홈페이지 | www.humanitasbook.co.kr

인쇄·제본 | 현문 031.902.1424

값 13,000원

ISBN 978-89-6437-127-5 94300
       978-89-90106-39-1 (세트)

이 도서의 국립중앙도서관 출판시도서목록(CIP)은 e-CIP 홈페이지(http://www.nl.go.kr/ecip)에서
이용하실 수 있습니다(CIP제어번호: CIP2010004352).

신용 불량자 문제를 통해서 본
신용의 상품화와 사회적 재난

이연
민주주의
총서 15

대출
권하는
사회

| 김순영 지음 |

후마니타스

| 차례 |

일러두기

1. 이 책은 저자의 박사 학위논문인 "신자유주의 시대 경제정책과 민주주의: 김대중 정부의 신용카
   드정책과 신용 불량자 문제를 중심으로"(2005)를 바탕으로 다시 쓰였다.

2. 법령명은 국가법령정보센터 표기를 기준으로 했다. 다만 구법령의 경우 가독성을 고려해 띄어
   쓰기를 조정했다.

3. 출처에 발행연도 없이 기관명만 적은 경우 해당 홈페이지에서 자료를 구했고, 일간지와 주간지
   등 정기간행물의 서지 사항은 참고문헌에 싣지 않았다.

제1장

왜 신용 불량자 문제인가?

1. 2000년과 2010년의 두 풍경

2000년 대 초, 정부가 전 사회적으로 신용카드 사용을 적극 권장하면서 신용카드 광고가 TV를 도배한 적이 있었다. 유명 여자 배우와 남자 배우가 광고 모델로 등장했고, "당신의 능력을 보여 주세요", "열심히 일한 당신 떠나라", "부자 되세요"와 같은 수많은 광고 문구가 유행어가 되었다. 그리고 얼마 있지 않아 신용카드 대란이 일어났고, 신용카드 연체에 따라 신용 불량자로 불리는 4백만 명가량의 과다 채무자들이 발생했다. 신용카드 연체가 누적되면서 업계 수위를 달리던 신용카드사가 유동성 위기로 쓰러질 위험에 처했다. 카드 연체율이 급증하고 신용 불량자들이 대거 만들어지면서 범죄의 온상이라는 오명을 뒤집어쓴 신용카드사들이 부정적 이미지를 탈피하기 위해 이미지 광고를 대폭 강화하기 시작했다. "갖고는 싶지만, 꼭 필요한지……"라는 광고 문구처럼 건전한 카드 사용을 유도하는 내용으로 바뀌기 시작했지만 카드 사용을 권장한다는 점은 변함이 없었다.

앞으로 자세히 이야기하겠지만 당시 신용카드는 물건을 사고 대금을 나중에 지불하는, 일반적인 의미의 신용판매 용도로 사용된 것이 아니었다. 신용카드사들은 주업무인 신용판매에서 전체 매출의 30퍼센트를, 이른바 부대 업무라 불리는 현금 서비스와 카드론에서 매출의 70퍼센트 이상을 올리는 등 기형적인 구조를 갖고 있었다. 신용카드사들은 신용카드 발급을 급격히 확대했는데, 가맹점에서 받는 수수료와 회원의 연회비가 아니라 현금 서비스 및 카드론을 통한 대출 수수료와 연체 수수료에서 주요 수익을 창출했다. 더 정확하게 말하면 대출이 필요한 저소득층의 사람들에게 높은 이자를 매겨 엄청난 수익을 올린 것이다. 이들이 상상을 초월하는 광고비를 써가며 경쟁적으로 신용카드 발급을 확대하려 했던 것은 현금 서비스와 카드론을 이용하는 저소득층 고객들의 대출을 확대하기 위해서였다. 지불 능력과 상관없이 전 국민을 대상으로 대출을 권하는 사회는 이렇게 시작되었다.

2010년 현재, 무이자와 이자 할인을 강조하며 손쉬운 대출을 권하는 대부 업체 광고들이 케이블 방송을 도배하고 있다. 지난해 한 대부 업체는 무이자를 반복하는 후렴구가 나오는 노래로 히트를 쳤다. "무이자~ 무이자~ 무이자~ ○○○캐쉬~." 최근에는 이미지 관리 차원에서 문제가 있다고 판단해 대부 업체 광고에 출현하는 연예인들의 수가 많이 줄어들었지만, 얼마 전까지만 해도 유명 연예인들이 이 사채 광고들에 출현하면서 사람들에게 대출을 권했다. 휴대전화와 이메일은 매일같이 들어오는 대출 상담 홍보 문구로 넘쳐 나고 있으며 당장 대출이 가능하다는 광고 역시 공해 수준에 이르렀다. 이제 대출 권하는 사회가 브레이크 없이 질주하며 급전이 필요한 사람들을 공격하고 있다.

현재 대부 업체들이 경쟁적으로 선보이는 대출 광고의 홍수 속에서 불과 몇 년 전 일어났던 신용카드 대란과 신용 불량자 사태가 다시 찾아올 것을 예감하는 것은 지나친 생각일까? 이처럼 어마어마한 대출 광고가 소비자를 대상으로 무차별적으로 이루어진다는 사실은 그만큼 대출업의 경쟁이 심하다는 것이고, 대부 업체들이 상상을 초월하는 이득을 올리고 있다는 것은 한국의 많은 사람들이 사채를 통해 고통을 당하고 있음을 의미한다. 금융위원회와 금융감독원의 실태 조사에 따르면 2010년 6월 말 현재 정부에 등록된 대부 업체만 1만5,380개, 거래자는 189만 3,535명에 이른다. 이런 수치는 공식적인 대부 업체 이용 실태일 뿐 불법 사채까지 포함하면 이보다 2~3배 이상 된다는 예측 결과도 있다(『경향신문』 2010/11/04). 그야말로 사채 공화국이라고 불릴 만하다.

재벌 혹은 금융 대기업이 운용하는 신용카드사에서 중소 대부 업체로 광고의 주체 혹은 채권자만 바뀌었을 뿐 내용은 달라진 것이 없다. 긴급 자금이 필요한 사람들에게 현금 서비스든 사채든 대출을 권하는 사회가 일상화된 것이다. 문제는 갚아야 할 대출 이자가 매우 높고, 대출을 받는 사람들은 대부분 이를 갚기 어려운 저소득층의 사람들이라는 것이다. 당장 급전이 필요한 사람들에게 신용카드든 사채든 갚지 못할 정도의 돈을 빌려 주고 엄청난 이자를 매겨서 몇 년 후에는 감당할 수 없는 빚더미에 눌려 그들의 인생을 파산시키는 구조가 반복되고 있는 것이다. 그렇다면 왜 이런 일들이 지속적으로 반복되고 있는 것일까?

2. 신용 불량자 문제의 기원

　내가 신용 불량자 문제로 박사 학위를 받았다고 하면 사람들이 보이는 반응은 보통 두 가지다. 하나는 신용 불량자가 정치학의 주제가 되느냐는 것이고, 다른 하나는 그것이 연구할 주제가 되느냐는 것이다. 신용 불량자 문제는 자신의 능력을 넘어 신용카드를 발급받은 일부 사람들이 과소비를 하다 그 빚을 갚지 못해 한국 경제와 사회를 혼란에 빠트린 것 아니냐고 반문하는 사람이 많다. 한마디로 답이 너무 뻔하다는 것이다. 그렇다면 정말 신용 불량자 문제는 도덕적 결함을 지닌 일부 사람들이 남의 돈으로 사치하다 그 빚을 갚지 못해 발생한 문제인가? 그리고 이들은 개인 회생이나 파산 등 빚을 탕감해 주는 정책을 악용하여 빚을 갚지 않으려 하는 도덕적으로 해이한 사람들인가?

　박사 학위논문을 준비하면서 신용 불량자들을 많이 만났다. 그들은 하나같이 신용 불량자라는 사실을 부끄러워했고, 신용 불량자가 된 것은 자신의 잘못 때문이라는 것을 부인하지 않았다. 민주노동당이 운영하던 개인 파산 강좌에서 만난 60대 아주머니는 자신 탓에 신용 불량자가 된 딸과 함께 파산 강좌를 찾았다. 인터뷰를 요청했을 때 그녀는 "죄인이 무슨 할 말이 있겠어요"라며 한사코 사양하다가 거듭 부탁하자 인터뷰에 응했다. 누가 뭐라고 하든 자신들은 빚을 지고 갚지 못한 죄인이라는 것이다.

　언론의 시각 역시 다르지 않았다. 당시 김대중 정부의 신용카드 정책으로 신용카드를 쉽게 발급받을 수 있었다는 문제는 인정하지만, 무분별하게 신용카드를 사용하고 그 빚을 갚지 못해 신용 불량자로 전락한 것은 결국 그들의 개인적인 잘못이라고 말한다. 아무리 신용카드를 만드는 것이 쉬워졌다고 해도 능력도 없으면서 신용카드를 만들어 물건을 사고 결국 그것을 갚지 못해 신용 불량자가 된 것을 누구 탓으로 돌릴 수 있느냐는 것이다. 그래서 대다수의 여론과 보수 언론들은 정부의 신용 회복 정책이나 개인 파산 문제에 대해서 도덕적 해이를 들먹이며 이들의 부채를 탕감해 주는 것은 불공평하다고 말한다.

하지만 신용 불량자 문제는 단순히 자신의 능력을 넘어 대출을 받고 그렇게 대출받은 돈으로 사치와 과소비를 했던 도덕적으로 문제가 있는 일부 사람들이 만들어 낸 문제가 아니었다. 그렇게 사회적으로 지탄받을 만한 사람이 아주 없는 것은 아니지만, 대부분의 신용 불량자들을 죄인으로 몰아붙이는 것은 정당하지 않다. 정작 도덕적으로 문제가 있음에도 이득을 얻었던 주체는 따로 있었다. 신용카드를 손에 쥐어 주며 소비가 미덕이고 국가 경제를 살리는 길이라며 신용카드 사용을 독려했던 것은 정부, 더 정확히 말해 민주 정부를 자처했던 김대중 정부였다. 그리고 그런 정부 정책으로 신용카드를 통한 대출에 30퍼센트에 이르는 고금리를 적용하여 저소득층을 대상으로 어마어마한 이득을 챙긴 것은 신용카드 업체들이었다. 물론 그들은 대부분 재벌 대기업들이었다. 민주 정부는 경제 위기로 끝없이 추락하는 내수 소비를 활성화하고자 신용카드에 대한 규제들을 하나둘 풀어 버렸다. 신용카드를 통한 대출 관련 규제를 제거한 것이 한국 사회에 미친 영향은 심각했다. 경제 위기 이후 신자유주의적 금융정책을 급격히 수용한 결과, 이제 새로운 재벌 대기업들이 신용카드 업계에 진출할 수 있게 되었다. 신용카드사들 간의 과당경쟁이 시작된 것이다. 신규 회원을 1명이라도 더 늘리려는 신용카드사들은 길거리에서 아무런 발급 조건 없이 신용카드를 나눠 주기에 바빴다.

정부·기업·개인이 모두 신용카드 대출 광풍에 휩쓸려 들어갔고, 그 결과 불과 몇 년 만에 경제활동인구의 16퍼센트에 육박하는 4백만 명의 신용 불량자가 양산되었다. 신용카드사들 역시 무분별한 대출을 제공한 결과 부실 채권으로 인한 유동성 위기를 겪으면서 이른바 카드 대란을 맞았다. 김대중 정부에서 만들어진 신용 불량자 문제가 노무현 정부에서 폭발했고, 노무현 정부는 2004년 말 〈신용정보의 이용 및 보호에 관한 법률〉을 개정하여 2005년 4월에 신용 불량자 등록 제도를 공식적으로 폐기했다. 신용 불량자라는 이름이 사라진 것이다.

신용 불량자라는 이름이 공식적으로는 사라졌다고 하지만, 그때 만들어진 문제는 지금도 지속되고 있다. 신용 불량자 관련 제도를 없애면서 문제를 가리기는 했지만, 대출의 주체가 신용카드사에서 사채 업체로 바뀌기는 했지만, 어제와 다름없이 오늘도 대부 업체들은 무이자를 내세우며 대출이 필요한 저소득층을 대상으로 무분별한 대출을 권하고 있다.

따라서 신용 불량자 문제가 처음 만들어진 기원과 구조를 분석하는 것은 중요하다. 신용 불량자 문제는 어떻게 생겨난 것일까? 과다 채무자 혹은 금융 채무 불이행자로 불리는 신용 불량자들은 누구인가? 이들은 왜 자신이 감당할 수 없는 대출을 받은 것일까? 이들은 남의 돈으로 사치와 과소비를 하고도 이를 갚지 않으려는 도덕적으로 해이한 사람들인가? 상대적으로 개혁적인 김대중 정부에서 수백만 명의 신용 불량자를 양산한 신용카드 정책이 만들어진 이유는 무엇인가? 왜 신용 불량자 문제는 해결되지 않고 지속되는가?

3. '신용 불량자'라는 이름

2000년 새로운 밀레니엄의 시작으로 세계가 떠들썩했을 때 '신용 불량자'라는 살벌한 이름이 한국 사회를 뒤흔들었다. 불량식품 혹은 불량 국가와 같이 사람들의 몸에 해로운 식품이거나 국제 테러 혹은 마약 밀매를 일삼는 국가를 지칭하는 데 붙이는 '불량'이라는 말이 자신들의 능력을 넘어 과다한 채무를 진 사람들을 가리키는 데 쓰였다. 신용 불량자라 불리는 사람들은 경제 위기 이후에 등장해 2004년 4월 말 382만5천 명이라는 최고 수치를 기록하고 그해 말 역사 무대에서 사라졌다. 당시 경제활동인구 2,300만 명가량의 16퍼센트에 이르는 어마어마한 사람들이 신용 불량자라는 낙인이 찍힌 채 경제활동에서 배제되었다. 신용 불량자들은 전국은행연합회에서 공식적으로 집계·관리되었지만 2004년 말 정부는 신용 불량자라는 이름을 공식적으로 사용하지 못하게 했고, 이들에 대한 집계·관리를 중단시켰다. 그렇다면 신용 불량자로 불렸던 4백만 명에 이르는 사람들은 그 이름과 함께 사라졌을까?

과거 신용 불량자는 〈신용정보의 이용 및 보호에 관한 법률〉에 따라 "금융거래 등 상거래에서 발생한 대금 또는 대출금 등의 채무에 대하여 정당한 사유 없이 약정한 기일 내에 변제를 아니한 자"(제2조 7항)를 의미한다. 당시 신용 불량자는 전국은행연합회의 '신용정보관리규약'에서 지정하는 대상 기준에 따라 등록·관리되다가 2004년 말 〈신용정보의 이용 및 보호에 관한 법률〉이 개정되어, 2005년 4월 28일부터 신용 불량자라는 용어를 쓰지 않게 되었다. 물론 이름만 공식적으로 사라졌을 뿐 신용 불량자들은 과다 채무자, 채무 불이행자라는 또 다른 이름으로

존속하고 있다. 심지어 대부분의 사람들은 아직도 이들을 신용 불량자로 부르고 있다.[1]

그렇다면 오늘날 이 과다 채무자, 신용 불량자들의 수는 얼마나 될까? 금융위원회 자료에 따르면 금융 채무 불이행자의 수는 2005년 297만 명, 2006년 279만 명, 2007년 258만 명, 2008년 227만 명, 2009년 193만 명으로 지속적으로 하락했다. 이 수치만 보면 4백만 명에 이르던 신용 불량자가 급격히 줄어들고 있는 것으로 보이지만 이는 신용 불량자의 순수한 감소가 아니라 2005년 4월 신용 불량자 제도 폐지 이후에 연체자 등록 기준을 변경했던 데 원인이 있다. 과거 '30만 원 초과 3개월 연체 및 30만 원 이하 연체 3건'에서 '50만 원 초과 3개월 연체 및 50만 원 이하 연체 2건'으로 기준이 강화되었기 때문이다(금융위원회 2010/10/11). 그뿐 아니라 최근 대출을 권하는 사회 분위기 속에서 사채를 이용하는 사람들의 수가 급격히 증가해 사채 이용자가 5백만 명에서 6백만 명으로 추정되고 있다는 통계에 비춰 볼 때 신용 불량자가 단순히 감소하고 있다고 낙관적으로 단정하기도 어렵다.

신용 불량자 등록 제도 아래에서는 상대적으로 가벼운 연체로 인해 신용 불량자가 되어도 금융 사기와 같은 명백한 범죄행위를 저지른 사람들과 마찬가지로 금융 서비스를 받을 수 없었을 뿐 아니라, 금융회사

---

[1] 2005년 4월 신용 불량자라는 말은 공식적으로 사라졌지만 보통 사람들은 물론 대다수의 언론은 여전히 이 용어를 그대로 사용하고 있다. 게다가 이 책에서는 신용 불량자가 발생했던 시점을 주로 다루고 있기 때문에, 공식 용어와 상관없이 신용 불량자라는 용어를 사용했다.

들의 무리한 채권 회수 남용 등에 이용되면서 발생하는 사회적 문제가 많았다. 다시 말해 신용 불량자 제도는 경제활동인구 가운데 일정 기준에 미치지 못하는 사람들을 특정 집단으로 분류하여 경제적 불이익을 주는 동시에 시민적 권리에 상당한 침해를 감수하게 하여 채무 불이행에 대한 제재를 강화하는 데 사용된 제도라고 할 수 있다.

이런 문제점이 부각되면서 신용 불량자를 공식적으로 집계해 관리하는 제도를 폐지했지만, 그렇다고 해서 신용 불량자들이 받았던 불이익이 사라진 것은 아니다. 여전히 이들은 금융거래나 취업에서 불이익을 받고 있다. 금융기관들은 이들에 대한 연체 정보를 공유하여 전보다 더 깐깐하게 신용을 심사한다. 따라서 이들은 금융기관을 이용할 수도, 휴대전화를 만들 수도 없다. 기업들은 신입 사원에게 신용조회 동의서를 요구하기 때문에 신용 불량자들은 취업하기도 쉽지 않다. 신용 불량자라는 정책 대상은 사라졌지만 그들이 직면했던 현실은 아무것도 달라지지 않았다.

4. 신용 불량자의 등장

1997년 말 집계된 신용 불량자는 모두 143만 명이었다. 이후 경제 위기의 여파로 기업이 도산하고 대량 실업이 발생해 1998년 한 해에만 50만 명이 증가하면서 신용 불량자는 193만 명에 이른다. 그러나 흥미로운 것은 2000년 말까지 대략 2백만 명 수준을 유지하던 신용 불량자 수

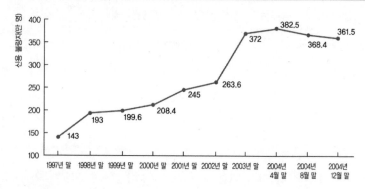

그림 1-1 | 신용 불량자 변동 추이

신용 불량자(만 명)

400
382.5
361.5
372
368.4
350
300
263.6
250
245
208.4
200
193   199.6
150
143
100

1997년 말 1998년 말 1999년 말 2000년 말 2001년 말 2002년 말 2003년 말 2004년 2004년 2004년
                                                                    4월 말   8월 말   12월 말

출처 : 전국은행연합회.

가 2001년부터 가파르게 증가해 2004년 4월 말에는 382만4천 명으로 치솟았다는 사실이다. 2백만 명 수준이었던 신용 불량자 수가 불과 몇 년 사이에 2배로 증가해 4백만 명에 육박하게 된 것이다.

〈그림 1-1〉을 보면 신용 불량자는 2003년 한 해에만 무려 108만 명이 넘게 급증한 것을 알 수 있다. 뭔가 이상하지 않은가? 김대중 대통령은 민주 정부 집권 1년 반 만에 경제 위기를 극복하고 2000년부터는 경제가 회복세에 들어섰다고 밝혔다. 경제성장률은 1999년 10.9퍼센트, 2000년 9.3퍼센트에 이르고, 실업률 역시 1998년에 정점을 찍고 지속적으로 감소하는 등 한국 경제는 분명 회복세를 보이기 시작했다. 하지만 어째서 경제는 회복되기 시작했는데 이른바 신용 불량자라 불리는 사람들은 경제 회복과 더불어 감소하기보다 오히려 급격히 늘어난 것일까?

〈그림 1-2〉가 해답의 실마리를 준다. 2000년 이후 급격히 늘어난 신

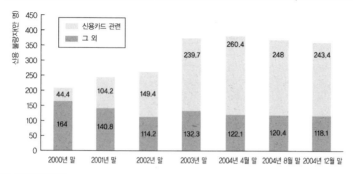

그림 1-2 | 신용카드 관련 신용 불량자 증가 추이

출처 : 전국은행연합회.

용 불량자들의 연체 이유 가운데 신용카드 관련 부분이 엄청나게 증가하기 시작한 것을 알 수 있다. 2000년 말 신용카드 연체로 인한 신용 불량자 수가 전체 신용 불량자 208만4천 명 가운데 44만4천 명이었다면, 2004년에는 그 수가 250만 명에 이르면서 6배 가까이 증가했다. 2000년 이후 신용 불량자가 급격히 증가한 현상 이면에는 신용카드 연체 문제가 있음을 짐작할 수 있다.

〈그림 1-2〉에서 보듯이 신용카드와 관련이 없는 신용 불량자 수가 대체로 감소하고 있는 것과는 대조적으로 신용카드와 관련한 신용 불량자 수가 급격히 증가하고 있음을 확인할 수 있다. 이런 통계가 보여 주는 것은 신용 불량자 문제가 단순히 경제 위기 때문이 아니며, 정부의 신용카드 관련 정책과 제도 변화 및 그에 따른 결과를 고려하지 않고서는 설명될 수 없는 문제라는 것을 의미한다.

그렇다면 재벌 기업의 신용카드 시장 진입을 허용한 동시에 신용카드의 발급 및 신용 대출 관련 규제를 크게 완화하여, 신용카드 시장을 급팽창시키고 궁극적으로 경제활동인구의 16퍼센트에 이르는 사람들을 신용 불량자로 만든 경제정책이, 상대적으로 개혁적인 민주 정부 아래에서 결정되고 집행될 수 있었던 원인은 무엇인가? 김대중 정부에서 신용카드 정책을 시행한 결과 신용 불량자 문제가 심각한 사회문제가 되고 있음에도 현재에 이르기까지 신용 불량자 문제를 해결하지 못하는 이유는 어디에 있나? 신용카드 정책을 통해 나타난 민주화 이후 정부의 경제정책 결정 구조의 특징은 무엇인가?

5. 책의 구성

제2장에서는 경제 위기 직후 집권한 김대중 정부가 신용카드 정책을 결정하게 된 과정을 분석한다. 먼저 신용카드 정책이 결정될 수 있었던 거시 구조적 조건으로, 신자유주의적 개혁을 통한 금융시장의 변화와 정부 내 관료 기구 개편을 다룬다. 다음으로 김대중 정부의 경제정책 목표가 구조 조정에서 경기 부양으로 선회하면서 신용카드 정책이 선택되는 과정을 검토한다.

제3장에서는 정부가 신용카드 정책을 시행한 결과 나타난 대출 시장의 구조 변화를 신용카드사들의 대응을 중심으로 살펴본다. 먼저 정부의 신용카드 시장 개방 정책으로 인해 신용카드사들의 무분별한 과당경쟁이 가져온 신용의 상품화 과정을 탐색한다. 다음으로 이런 대출 시장이

열리면서 약탈적 대출을 통해 신용 불량자가 증가하는 과정을 검토한다.

제4장에서는 신용 불량자로 가는 미시적 구조로, 사람들이 어떻게 신용카드를 통해 신용 불량자로 전락하는지를 인터뷰를 비롯한 경험적 연구를 통해 살펴본다. 먼저 신용 불량자는 누구인지를 다룬다. 이는 신용 불량자의 인구학적·사회적 특성을 밝히는 작업인 동시에 분석 대상으로 신용 불량자 개인을 획득하기 위한 것이다. 다음으로 이들이 대출을 확대하고 신용 불량자로 전락하는 경로를 탐색한다. 마지막으로 신용 불량의 원인을 개인의 도덕적 해이에 전가하는 과소비 담론을 비판적으로 검토한다.

제5장에서는 신용 불량자 문제가 가져온 결과로서 공동체 해체와 새로운 사회 계급화와 같은 사회적 문제를 탐색한다. 다음으로 신용 불량자 증가에 대한 정부의 대응책을 통해 신용 불량자에 대한 '도덕적 해이의 신화'를 검토한다. 마지막으로 신용 불량자 문제의 해결책과 관련한 개인 파산의 문제를 미국과의 비교를 통해 분석한다.

제6장에서는 신용 불량자를 양산한 신용카드 정책이 결정될 수 있었던 경제정책 결정 구조를 민주주의와 관련해 분석한다. 먼저 민주적 대표성의 관점에서 정치 엘리트가 유권자로부터의 강력한 지지에 기반을 두지 않고 다음 선거에서의 표를 의식한 단기적 선호만을 갖는 문제를 검토한 뒤, 유권자의 요구를 대표하지 못하는, 사회적 기반 없는 정당 체제 내에서 정치가가 직면하는 구조적 제약을 살펴본다. 다음으로 민주적 책임성의 문제와 관련해 위원회 제도를 중심으로 한 관료 기술적 결정 방식에 대한 문제를 다룬다. 마지막으로 이런 경제정책 결정 구조 아래 김대중 정부가 경제 활성화를 위해 재벌 기업을 동원하여 정부와

재벌 기업 간 지배 연합을 형성하는 과정을 탐색한다.

    제7장에서는 분석 결과를 토대로 책의 내용을 요약하고 아울러 이 책이 주장하는 의미를 민주주의와 경제정책의 관점에서 재론한다.

제2장

정부 : 경제 위기와 정책 선택

1. 경제 위기와 신자유주의적 금융정책

1) 경제 위기와 김대중 정부의 등장

2004년 10월 국회 재정경제위원회의, 신용 불량자 문제에 대한 재정경제부 국정감사 자료에 따르면 2003년 한 해 동안 늘어난 신용 불량자 108만 명 가운데 신용카드 관련 신용 불량자는 91만 명으로 신규 신용 불량자의 84퍼센트를 차지하는 것으로 나타났다. 이는 기존 신용 불량자의 경우에 비해 신규 신용 불량자 가운데 신용카드 관련 신용 불량자 비중이 훨씬 높다는 것을 의미한다. 앞서 지적했듯이 김대중 정부의 신용카드 정책[1]이 만들어 낸 제도 변화를 고려하지 않고서는 신용 불량자 급증 현상을 설명하기 어렵다. 그렇다면 경제 위기 이후 집권한 김대중 정부 아래에서 신용카드 정책이 변화한 이유는 무엇인가? 새로 등장한

표 2-1 ㅣ 연도별 신용카드 이용 실적 (카드론 제외)

연도(년)	카드 수(천 개)	이용 금액 (억 원)		
		물품	현금 서비스	합계
1998	42,017	308,308	327,259	635,567
1999	38,993	426,340	481,486	907,826
2000	57,881	795,923	1,453,158	2,249,081
2001	89,330	1,757,080	2,676,594	4,433,674
2002	104,807	2,652,122	3,576,962	6,229,084
2003	95,517	2,410,873	2,394,564	4,805,437
2004	83,456	2,302,447	1,276,047	3,578,494
2005	82,905	2,585,788	1,052,376	3,638,164
2006	91,149	2,766,992	915,696	3,682,688

출처 : 여신금융협회.

민주 정부는 왜 이전에는 한 번도 시도되지 않았던 신용카드 정책을 경제 위기에 대한 대응책으로 선택한 것일까?

2000년을 전후해 한국의 신용카드 시장은 급팽창했다. 〈표 2-1〉이 보여 주듯 신용카드 발급 수는 1998년 4,200만 개에서 2002년 1억400만 개로 4년 만에 2배 이상 증가했다. 이용 금액 역시 1998년 63조5천억 원에서 2002년 622조9천억 원으로 10배 가까이 급증했다. 과거에는 보통 사람들이 신용카드를 통해 거액의 현금 대출을 받는 것은 물론 신용카드를 발급받기조차 쉽지 않았다. 그렇다면 어떻게 이런 변화가 가능했던 것일까?

---

1) 이 책에서 신용카드 정책은 '신용카드 이용 활성화 정책'뿐 아니라 '신용카드사 규제 완화 정책'을 모두 포괄하는 의미를 담고 있다.

새로운 변화를 가져온 힘은 정부의 신용카드 정책이다. 신용카드사에 대한 규제가 완화된 상황에서 현금 대출을 통해 연 30퍼센트에 이르는 고금리를 적용할 수 있게 된 신용카드사들은 고금리에도 불구하고 현금 대출이 필요한 저소득층을 대상으로 경쟁적으로 신용을 팔기 시작했다. 그렇다면 민주화 이후 상대적으로 개혁적인 김대중 정부에서 저소득층을 대상으로 한 무분별한 대출 시장이 허용될 수 있었던 이유는 무엇인가?

1997년 11월 한국의 외환 보유고는 39억 달러에 불과해 국가 부도 사태라는 초유의 경제 위기 상황이 현실화되었다. 그 결과 한국은 경제협력개발기구OECD에 가입한 지 불과 1년 만에 국제통화기금IMF의 구제 금융을 받는 국가로 전락했다. 이런 최악의 경제 위기 상황에서 치러진 1997년 12월 18일의 제15대 대통령 선거 경쟁은 경제 위기 이슈를 중심으로 전개되었다. 선거 결과 김대중 후보가 대통령으로 당선되었다는 사실은 경제 위기 극복을 바라는 유권자들의 선호가 김 당선자에게 위임된 것으로 볼 수 있다. 김 당선자는 경제 위기를 극복해야 한다는 사회 전체의 요구와 기대를 바탕으로 그 어느 때보다 강력한 대통령 권력을 부여받았다. 그러나 김대중 후보가 대통령에 당선된 직후에도 해외 언론 보도에는 우려 섞인 전망이 주종을 이루었다. 이들은 한국이 외환 위기를 극복하는 데 가장 절실히 요구되는 정리 해고의 법적 허용을 포함한 노동시장 유연화를 김 당선자가 제대로 수행해 낼지에 의문을 제기했다(재정경제부 1999).

김대중 대통령은 당선 직후 "기업들의 연쇄도산과 대량 실업을 최대한 억제해 1년 반 만에 IMF 체제를 극복하고 경제 회생의 기틀을 마련하겠다"라고 선언했다. 이런 김 당선자의 취임 일성은 상충하는 두 가지 조건을 포함한다는 점에서 새로운 정부가 처한 딜레마를 보여 준다. 경제를 회생하려면 한국 경제는 구조 조정에 착수할 수밖에 없고, 이런 구조 조정은 기업의 연쇄도산과 대량 실업을 확대해 일시적인 경제 침체를 동반할 수밖에 없다.

김대중 정부는 경제 위기 상황에서 집권했다는 점에서 대내적 자율성은 어느 때보다 컸지만 그것이 IMF 체제를 동반했다는 점에서 대외적 자율성은 상당히 약화되었다고 할 수 있다. 김대중 대통령이 IMF가 요구한 정책 권고안conditionality을 충실히 따를 수밖에 없다고 판단하는 한 IMF의 안정화 조치와 구조 조정 요구를 이행하는 결과로서 기업 도산과 대량 실업은 불가피하고, 이는 심각한 경제 침체를 의미했다.

구제금융을 제공하는 대가로 IMF가 한국 정부에 제시한 이행 조건은 크게 두 부분으로 나뉜다. 첫째는 당면한 외환 위기를 초래한 직접적이고 단기적인 요인에 대한 대책이며, 둘째는 구조적이고 장기적인 요인에 대한 대책으로 구제금융 대상국의 허약한 경제구조를 개선하는 것들이다. 안정화 프로그램에 해당하는 전자는 기본적으로 경상수지를 개선하기 위한 재정지출의 축소를 목표로 하기 때문에 자연스레 긴축정책으로 나타난다. 구체적으로는 물가상승률, 총유동성 증가율, 목표 성장률의 하향 조정 및 재정 긴축이 요구된다. 구조 조정 프로그램에 해당하는 후자는 진정한 의미에서 변동환율제로의 이행, 명확하고 엄격한 퇴출 정책과 경쟁 촉진에 의한 금융 산업의 구조 조정, 금융 개혁을 통한 재벌의 차입 경영 행태 쇄신, 기업 경영의 투명성 제고 등의 제반 조치들을 실시해 기업 지배 구조 및 기업 구조를 근대화한다는 내용이다(정윤

찬 1998).

IMF에 의해 부과되는 신자유주의적 개혁이 가져올 수 있는 결과에 대한 우려 섞인 논쟁이 시민사회 안에서 지속적으로 제기되었다. 하지만 김대중 정부가 IMF 정책 권고에 따라 신자유주의적 조치를 급격히 수용한 데 대해 경제 부처를 비롯한 정부와 여당 내에서는 어떤 논쟁이나 갈등도 없었다. 일부 시민운동 단체나 학계에서 우려 섞인 목소리로 비판을 제기했지만 최악의 경제 위기 상황에서 IMF의 정책을 적극적으로 거부하거나 다른 대안을 상상할 가능성은 최소한 김대중 정부 내에서는 없었던 것으로 보인다.

2) 신자유주의적 세계화

경제 위기 이후 한국에서 본격화된 신자유주의적 경제정책은 네 가지 정도로 특징지을 수 있다. 즉, 금융 자유화, 규제 완화, 노동시장 유연화, 공기업 민영화다. 이 가운데 정부의 신용카드 정책이 선택될 수 있었던 배경이 된 것은 금융 자유화와 규제 완화다.[2] 2008년 세계경제 위기로 신자유주의적 세계화, 특히 금융 세계화에 대한 규제의 필요성이

---

2) 김대중 정부의 대표적인 신자유주의적 경제정책이라 할 수 있는 노동시장 유연화는 개인이 신용카드를 통해 과다 채무를 지고 신용 불량자가 된 가장 중요한 원인 가운데 하나로 설명될 수 있다. 이와 관련한 논의는 제4장에서 자세히 다룬다.

전 세계적으로 힘을 얻고 있는 요즘과는 달리, 경제 위기 당시 한국에서는 IMF가 내건 신자유주의적 조치들, 특히 금융시장 자유화에 대한 비판 없는 수용이 이루어졌다.

금융 자유화는 신자유주의적 세계화의 가장 중요한 특징 가운데 하나다(Duménil and Lévy 2004, 110). 미국과 영국을 선두로 하여 1970년대 중반 이후 국가는 전후의 자본 통제를 철폐해 시장 운용자들에게 더 많은 자유를 부여했다. 1974년에 미국은 1960년대 중반에 일시적으로 부과했던 다양한 자본 통제를 제거하며 자유화 흐름을 주도했다. 1979년에 영국이 그 뒤를 따라 40년 동안 지속했던 자본 통제를 폐지했고, 1980년대에는 다른 선진 산업국가들이 미국과 영국의 움직임을 모방했다. 1980년대 중반에는 많은 유럽 국가들이 자유화 프로그램을 시작했다. 그리고 1988년에 이르러서는 유럽공동체EC의 모든 국가들이 2~4년 내에 자본 통제를 완전히 폐지하는 데 동의했다. 스칸디나비아 국가들도 1989~90년에 이와 비슷한 방침을 발표했고, 1980년대 이후 일본도 엄격했던 전후 자본 통제를 점차적으로 제거해 나갔다. 1980년대 말에 이르러서는 OECD 국가들 사이에 거의 완전한 자유주의 금융 질서가 형성되면서, 시장 운용자들은 1920년대 이후로 전례가 없는 수준의 자유를 누리게 되었다(헬라이너 2010, 26-27). 특히 금융화financialization로 부를 수 있는 금융자본의 세력 확대는 산업자본의 이윤 가운데 배당과 이자 등 금융자본의 몫을 증가시켜 전체 기업의 이윤에서 금융자본이 차지하는 비중이 급증하는 결과를 가져왔다. 이런 흐름 아래 1980년대와 1990년대에 나타난 주요 변화 가운데 하나가 신용의 증가로, 미국에서도 가계와 기업은 이전 시기보다 더 많은 대출을 받을 수 있는 신용을 갖게 되었다

(Duménil and Lévy 2004, 118).

한국에서 금융 자유화는 경제 위기 이전인 1980년대부터 시작되었다. 정부 주도에 의한 경제개발 정책이 고도성장을 이끌어 온 개발 초기 단계에서 한국의 금융정책은 성장 금융 체제가 기조를 이루었다. 즉, 금융 저축을 최대한 동원해 이를 투자 우선 부분에 집중적으로 배분하는, 금융의 공급 선도적 기능을 중시했던 것이다. 이 과정에서 상업은행과 특수은행으로 구성되는 제1 금융권이 주도적인 역할을 담당했다. 그러나 고도성장이 지속되면서 잉여 노동력이 소멸해 종래처럼 요소 투입의 확대에 의존하는 성장 방식은 한계에 이르렀고 예금은행만으로 국민경제의 다양한 금융 수요를 충족하는 데도 문제가 있었다.

그뿐 아니라 대외적으로는 세계경제의 상호 의존관계가 심화되면서 '금융의 세계화'가 진행되고, 금융 혁신을 통해 선진 각국의 금융 구조가 급변하면서 한국의 금융 산업도 빠른 속도로 재편되지 않으면 대외 경쟁력을 갖기 어려워졌다. 이때 재편의 기본 방향으로 제시된 것이 금융 자유화였다. 금융 자유화는 1980년대 초부터 국책은행의 민영화와 신규 은행 인허가로 시작해 1990년대 환율 자유화와 금리 자유화를 시행하면서 단계적으로 확대·실시되었다(박유영·김영석 2004, 1139-1140).

자본 자유화와 관련하여 1988년 단기 자본거래를 자유화하는 자본 시장 개방화 일정을 발표한 이후 1992년 1월 외국인의 국내 상장 주식에 대한 직접투자가 처음으로 허용되었다. 1994년 7월에는 외국인의 중소기업 발행 무보증 상장 전환사채의 매입도 가능해졌다. 1996년 10월 OECD 가입에 따라 자본거래와 경상 무역외거래의 자율성이 확대되었고, 1997년 12월에는 모든 상장 채권에 대한 외국인의 투자 한도 규제가 완전 철폐되었다(신선우 외 2004, 225-226).[3] 경제 위기 이후 자본시장 개방 등 더욱 본격화된 정부의 금융 자유화 조치로 금융기관들은 사적 기업으로 변모했다. 이 과정에서 기업 대출을 꺼리는 금융기관들이 가계 대출을 확대하면서 신용카드를 통한 신용의 확대와 그에 따른 개인 대출의 증가 역시 가능했다.

다음으로 신자유주의와 관련한 규제 완화 혹은 탈규제의 문제를 들 수 있다. 제1차 세계대전, 대공황, 제2차 세계대전으로 이어진 20세기 전반기는 국제정치경제의 불안정 및 경제·사회적 위기에 대응하여 국가의 역할과 기능이 크게 확대되고 시장에 대한 정부 개입이 심화된 시대로 이 과정에서 정부의 규제가 급증했다. 그러나 1970년대 후반 이후 등장한 신자유주의로 인해 규제 완화 움직임이 확대되면서 규제 증가 추세는 약화되었다(최병선 1998, 13). 자유 시장을 위해 국가의 모든 개입을 반대하는 신자유주의자들에게 정부의 규제는 가장 비합리적이고 비효율적인 행위로 평가된다. 신자유주의는 전후 세계 자본주의를 이끌어 온 복지국가, 케인스주의, 포디즘의 위기 속에서 이런 위기를 타파하기 위해 추진된 자본의 공세로, 국가의 개입과 규제에 반대하면서 규제에서 자유로운 자유 시장만이 자원의 효율적인 배분에 적합하다고 주장해 온 이데올로기다(손호철 1999, 160).

한국에서도 규제 문제는 경제 위기 이후 시장 개입에 대한 정부 역할

---

3) 경제 위기 이전 김영삼 정부의 금융 자유화를 둘러싼 금융 개혁 문제에 대한 자세한 논의로는 류석진(1998)을 참조.

을 중심으로 논의되었다. 신자유주의의 영향으로 과거 경제정책에 대한 국가의 규제와 개입은 모두 관치로 비판받게 된다. 이런 흐름에 따라 김대중 정부는 규제 개혁을 핵심 국정 과제로 내세우면서 규제개혁위원회 설치를 통해 규제 완화에 앞장섰다. 신용카드 정책의 핵심이라 할 수 있는 신용카드업에 대한 규제 완화 조치 역시 이런 정부 기조의 연장선에서 이루어졌다.

3) 금융시장 개방과 가계 대출의 증가

한국의 경제 위기는 금융 부문의 부실채권 누적으로 야기되었기 때문에 금융 구조 조정은 정부가 주도하는 경제구조 개혁의 가장 중요한 항목이었다. 따라서 금융 부문은 역사상 가장 급격한 구조 조정을 겪었다. 1997년 말 전체 금융기관의 30퍼센트에 이르는 572개의 부실 금융기관들이 폐쇄되었고, 여러 상업은행들이 공적 자금으로 자본 구조가 재조정되면서 국유화되었다. 금융 위기에서 생존한 다른 금융기관들은 자발적으로 혹은 정부 유도로 인수·합병되었다(신장섭·장하준 2004, 159-160).

여기서 중요한 것은 금융 구조 조정의 목표처럼 여겨졌던 투명성과 효율성을 확대하기 위해 금융 자유화 조치가 선택되었고 그 결과 금융시장이 급격히 개방되었다는 사실이다. 금융시장 개방으로 금융기관에 대한 외국인 인수 역시 확대되었다. 〈표 2-2〉는 경제 위기 이후 금융기관의 외국인 지분이 급증했음을 보여 준다.

외국인 지분의 급격한 증가로 금융기관은 이제 기업에 대한 자금 중

표 2-2 | 금융기관의 외국인 지분율 변화 (단위 : %)

	1997년 11월	2000년 12월	2004년 3월 19일
국민은행	25.8	58.2	75.3
신한은행	21.9	48.9	64.3
한미은행	31.3	61.5	91.2
외환은행	3.6	26.4	70.1

출처 : 이강국(2005, 355)에서 재구성.

표 2-3 | 일반은행의 기업 대출 비중 추이 (단위 : %)

	1996년	2000년	2002년	2003년
기업 대출 비중	75.0	56.2	45.3	45.1

출처 : 금융감독원(2004).

재 역할을 통해 경제성장에 이바지하는 공적 기능을 하기보다는 위험성이 낮은 가계 대출을 통해 수익을 올리는 사적 기업으로 변모했다. 〈표 2-3〉에서 보듯이 일반은행의 기업 대출 비중은 경제 위기 이전 75퍼센트에서 2003년 45퍼센트 남짓까지 지속적으로 하락한 반면, 은행의 가계 대출 비중은 2002년 50퍼센트를 넘어섰다.

경제 위기 이전 소매 금융이라 할 수 있는 가계 대출이 낮았던 것은 기업 대출을 늘리기 위한 정부의 적극적 개입 때문이었다. 1996년 금융 기관에 예치된 전체 소매 금융 예금액은 2천억 달러에 달했다. 국민들은 전체 저축 금액의 반 이상을 은행에 예치하고 있었는데 이런 형태는 일본과는 유사하나 은행예금이 전체 저축에서 차지하는 비중이 20퍼센트대에 불과한 미국과는 극명한 대조를 보인다. 한편, 보험 상품은 전체 저축의 15퍼센트, 주식은 8퍼센트를 차지했다. 이렇게 은행예금이 전체 저축에서 차지하는 비율이 높았던 이유는 별다른 자산 운용 대안이 없었기 때문이었다. 그것은 은행예금을 기업 대출로 유도하려는 목적으로 정부가 1980년대와 1990년대에 소매 금융자산 운용 상품의 개발을 제한한 결과였다.

예금 금리의 상한선과 소비자 대출 옵션을 제한해 소매 금융의 발전이 억제되었다. 자동차 대출이나 담보가 확실한 대출 등 제한된 범위에서만 특정 금융 상품 및 서비스가 제공되었고, 신용카드 리볼빙 결제(회전 결제) 제도4)와 같은 상품은 이용할 수 없었다. 이런 통제 방침으로 1996년 한국의 개인 소비자가 필요로 하는 자금을 조달하는 시장의 규모는 국내총생산GDP의 14퍼센트로, 각각 70퍼센트와 73퍼센트를 차지하는 미국 및 영국에 비해 매우 낮았다. 1996년의 전체 소비자 대출은 710억 달러로 한국 전체 은행 대출 금액의 20퍼센트였고 1997년 자료에 따르면 가구당 주택 융자금은 미국의 13만5천 달러에 비해 평균 1만1천 달러에 불과했다. 1990년대 말 한국의 주택 융자는 주택은행이 독점했고 부동산 담보대출 규정5)도 극도로 제한적이었다. 예컨대 고객은 담보

---

4) 리볼빙 결제 제도(revolving system) : 카드로 물품을 구입하거나 현금 서비스를 이용한 후 다음 달 결제일에 사용 금액 모두를 결제할 필요 없이, 결제 금액 가운데 최소 비율 이상만 결제하면 잔여 카드 이용 대금의 결제가 연장되는 방식으로 회전 결제 제도라고도 한다. 잔여 카드 이용 대금은 일정 수수료와 함께 매월 장기 분할 결제하면 된다. 미국·유럽 등에서는 고객의 70~80퍼센트가 이용하는 보편적인 결제 제도다.
5) 금융기관에서 대출을 해줄 때, 담보물의 가격에 대비해 인정해 주는 금액의 비율인 '담보 인정 비율'(LTV, loan to value ratio), 담보대출의 연간 원리금 상환액과 기타 부채의 연간 이자 상환액의 합을 연간 소득으로 나눈 비율인 '총부채 상환 비율'(DTI, debt to income ratio) 등으로 대개 개별 금융기관의 내규에 따른다.

로 제공한 부동산 가치의 30퍼센트까지만 대출받을 수 있었고 1차 주택 융자의 개인당 최고 한도는 5만 달러에 불과했다(맥킨지금융팀 1999, 521-522). 그러나 금융시장이 개방되자 상황은 역전되었다. 금융기관이 사적 기업과 마찬가지로 수익을 내는 데에만 관심을 기울이면서, 위험성이 높은 기업 대출 대신 안정성이 높은 가계 대출을 선호했기 때문이었다.

이렇게 금융기관이 사적 기업 성격을 띠고 공공성이 약화된 까닭은 경제 위기 이후 신자유주의와 민주화가 동시에 진행되면서 금융기관에 공적 기능을 요구하는 것이 곧 권위주의 시대의 관치금융으로 되돌아가는 것으로 받아들여졌기 때문이었다. '공적 기능 요구=관치금융'이라는 인식은 '관치금융 반대=완전한 금융 자유화'를 뜻하는 것으로 그 의미가 치환되었다. 금융기관은 다른 사적 기업과 달리 국가 경제에 막대한 영향을 미치기 때문에 국가에 의한 민주적 통제가 이루어져야 함에도 과거 권위주의 시대의 관치가 재현될지 모른다는 우려 섞인 시선이 금융기관에 대한 국가의 감독마저 형식적인 것으로 만들어 버렸다. 이런 인식은 이미 김영삼 정부의 '신경제 5개년 계획'의 금융 개혁과 관련한 논의에서도 드러난다. 정부는 금융기관의 기업성과 수익성보다 공공성이 강조되어 금융 산업의 경쟁력이 약화되고 금융의 효율성이 저하됐다는 인식 아래, "금융 산업과 금융시장에 대한 지시와 통제를 줄이고 자율과 경쟁을 유도하여 금융을 시장 원리에 맞게 운영해 금융의 효율성을 높이고 금융 서비스의 질을 향상시키는 동시에 금융 산업의 경쟁력을 높이는 것을 금융 개혁의 기본 방향으로 설정"했다(박유영·김영석 2004, 1140).

금융기관이 사적 기업과 마찬가지로 수익을 내는 데에만 관심을 기울이게 되면서 정부의 감독은 금융기관의 건전성을 감독하는 데에만 한정되었고, 금융기관의 영업 행태와 그것이 미칠 수 있는 사회경제적 영향은 고려하지 않았다. 금융기관이 공공성을 담보하지 않고 사적 기업으로 오직 수익을 올리는 데에만 치중했을 때 어떤 일이 벌어졌을까? 신자유주의적 금융 자유화와 자본의 세계화로 은행은 이윤 추구를 최대 목표로 하는 사적 기업이 되어 갔고, 금융기관에 대한 정부의 통제 수단은 사라져 버렸다. 이것은 은행에 대한 직접적인 통제권을 상실한 정부가 경기를 부양하기 위해 은행이 아닌 제2 금융권,[6] 특히 신용카드사를 이용한 주요 배경이 되었다.

4) 신자유주의와 관료 기구의 개편

김대중 대통령은 대통령 선거 과정에서부터 경제 위기의 원인을 앞선 정부의 정경 유착에서 찾고 이를 철저한 시장경제 원리를 적용해 해결할 수 있다고 생각했다. 따라서 정경 유착의 온상이었던 재정경제원을 해체하고, 금융 감독 기구를 통합하며, 규제 개혁 기구를 신설하는

---

6) 제2 금융권 : 제1 금융권인 은행을 제외한 금융기관을 통칭하며 비은행 금융기관이라고도 한다. 보험사·증권사·신용카드사·상호저축은행·새마을금고·신용협동조합·리스회사·벤처캐피털 등이 이에 속한다. 제도권 금융기관에서 대출이 힘들 때 이용하는 사채업 등의 금융권은 제3 금융권이라 부른다.

등의 정부 조직 개편은 불가피했다. 무엇보다 정부 조직 개편으로 등장한 재정경제부, 금융감독위원회, 규제개혁위원회는 김대중 정부가 신용카드 정책을 결정하고 집행하는 과정에서 핵심적인 역할을 수행하게 된다. 신용카드 정책과 관련한 세 관료 기구가 어떤 목표와 근거를 가지고 개편·신설되었는지에 대해 살펴보는 것이 필요하다.

(1) 경제 부처의 개편 : 재정경제원에서 재정경제부로

김대중 대통령은 취임 직후인 1998년 2월 28일 경제 위기를 극복하고 21세기 국가 도약의 기반을 구축하는 동시에 새로운 행정 환경 변화에 적합한 국정 운영 시스템을 마련하기 위해 〈정부 조직법〉을 개정·공포했다. 이에 따라 재정경제원(재경원)이 재정경제부(재경부)로 개편되었다. 재경부의 모체가 되는 재경원은 1994년 12월 23일 구 경제기획원과 재무부를 통합하여 신설되었다. 경제기획원은 1961년 7월 23일 발족한 이래 경제개발 5개년 계획 등 경제개발을 위한 종합 계획을 수립하고, 국가 예산을 편성하며, 공정 거래 질서를 확립하는 업무 등을 담당했다. 재무부는 1948년 7월 17일 정부 수립 시 발족해 국가 세제에 관한 정책을 수립하고, 국고 및 정부 회계를 관리하며, 금융 및 외환 정책을 수립하고 집행하는 역할 등을 수행해 왔다. 재경원 설립 이후 예산·국고·조세 등 국가 재정 부문이 통합 운영되어 정책의 일관성과 효율성이 향상된 반면, 재정과 금융 등 모든 정책 수단이 재경원에 집중되어 정부 내 견제와 균형이 이루어지지 않는다는 비판을 받았다.

1998년 정부가 재경원을 재경부로 축소한 것은 이와 같은 문제를 보완하여 작고 효율적인 정부를 구현해 정부 부문의 경쟁력과 생산성을 한 차원 높이고자 하는 시도로 정당화되었다. 김대중 정부는 1년 뒤인 1999년 2월 25일 21세기 신지식·정보화 시대에 대비한 효율적인 국정 운영체제를 구축하기 위해 정부 기능을 핵심 역량 위주로 재편했다. 신설된 경제정책조정회의를 효율적으로 운영하기 위해 재경부의 경제정책 조정 기능을 강화하고 외국인 투자 유치 기능은 산업자원부(산자부)로 이관했다. 이에 따라 재경부는 경제사회 발전 중장기 정책의 수립 및 조정, 조세제도 및 관련 정책의 수립, 금융정책 및 제도에 관한 정책의 수립, 국고 및 국유재산에 관한 사무의 관리, 외환 및 외채 관리 정책의 수립, 대외 경제협력에 관한 정책의 수립, 국민 생활 안정을 위한 시책의 발전 등의 사무를 관장하게 되었다.

재경원이 재경부로 축소되면서 경제부총리제[7]가 폐지되었고 예산 기능은 기획예산처로, 금융 감독 기능은 금융감독위원회로, 대외 통상 기능은 통상교섭본부로, 대외경제조정위원회는 국무총리실로 이관되면서 재경부 조직은 기존 2차관보, 4실, 4국, 15관, 65과에서 1차관보, 2실, 6국, 8관, 45과로 감축되었다. 이를 통해 재경부 정원은 268명 감축되었지만 예산청(149명), 외교통상부(11명) 파견 인원을 제외한 순수 감축은 108명에 그쳤다. 경제 위기와 정부 조직 개편으로 인해 재경부의 영향력이 축소된 듯 보였지만 경제 위기를 극복하기 위해 경제 주무 부

---

7) 경제정책의 총괄 조정 기능 강화를 위해 2001년 1월 조직 개편이 이루어졌는데, 이 때 다시 재경부 장관의 부총리 승격이 이루어졌다(재정경제부 2001).

처로서 재경부의 역할과 기능은 다시 확대될 수밖에 없었다.

(2) 통합 금융 감독 기구의 신설 : 금융감독위원회와 금융감독원

IMF는 1997년 12월 구제금융 양해 각서ᴹᴼᵁ 체결 시 특수은행을 포함한 은행, 증권, 보험 등 모든 기관을 감독하는 기구를 설치하도록 강력히 권고했다. 여기에 운영 및 예산상의 자율성을 보장하고 부실 금융기관을 효과적으로 처리할 모든 권한을 부여해 감독·검사의 사각지대 발생을 방지하고 대형 금융 사고의 사전 예방 및 신속한 사후 관리를 강화하도록 요구했다. 이에 따라 1997년 6월 대통령 직속 자문 기구였던 금융개혁위원회(금개위)가 제시했던 안을 모태로 통합 금융 감독 체계가 만들어졌다. 원래 금개위 안은 당시 〈한국은행법〉 개정안과 함께 정치 쟁점으로 부각되어 국회에서 표류하고 있었다. 그러나 1997년 말 경제 위기를 계기로 금융 개혁이 전격 추진되면서 금개위 안의 상당 부분을 반영한 새로운 통합 금융 감독 체계가 만들어진 것이다. 통합 금융 감독 체계는 금융감독위원회(금감위)와 금융감독원(금감원)으로 구성되었다. 금감위는 당연직 3인(재경부 차관, 한국은행 부총재, 예금보험공사 사장)과 임명직 6인으로 구성된 독립적 합의제 행정위원회로 1998년 4월 1일 "건전한 신용 질서와 공정한 금융거래 관행을 확립하고 예금자 및 투자자 등 금융 수요자를 보호함으로써 국민경제 발전에 기여함을 목적"으로 〈금융 감독 기구의 설치 등에 관한 법률〉(〈금융 감독법〉)에 의거해 국무총리 소속 기관으로 설립되었다.[8] 금감위 위원장은 국무회의의 심의를 거쳐 대통령이 임명하고 부위원장은 재경부 장관 제청으로 대통령이 임명했다. 금감위 위원장은 한국은행의 금융통화위원회 위원 1인을 추천할 수 있었다.

금융감독원은 〈금융 감독법〉에 의거해 구 은행감독원, 증권감독원, 보험감독원, 신용관리기금 등 4개 감독 기관이 통합해 1999년 1월 2일 설립된 무자본 특수법인으로 금감위의 지시를 받아 금융기관에 대한 전반적인 감독 업무를 수행하는 민간 조직이다. 통합 금융 감독 체계를 도입하기로 한 〈금융 감독법〉의 제정과 동시에 이루어진 〈한국은행법〉 제6차 개정으로 한국은행의 은행 감독 기능은 금감위로 이관되었다. 그리고 한국은행이 담당해 오던 금융 안정 책무가 〈한국은행법〉의 목적 조항에서 사라졌다. 이에 따라 한국은행은 주요 업무인 통화 신용 정책의 수립과 집행에 필요한 한도 안에서 지극히 제한적인 은행 감독 관련 업무를 수행하게 되었다(김홍범 2004, 63-65). 통합 금융 감독 체계의 구조는 그 뒤 2001년 2월 14일에 단행된 금감위의 직제 개편을 통해 변경되었다. 금감위(9인의 행정위원회)가 출범하던 당시 단순한 행정 보조 기능을 수행하기 위해 금감위 산하에 설치되었던 사무국(관료 조직)이 직제 개편을 통해 금감위와 금감원 사이에 또 하나의 공식 감독 조직으로 자

---

8) 2008년 1월 제17대 대통령직 인수위원회는 '정부 조직과 기능 개편' 방안을 통해 금융 행정 시스템을 전면 재조정하여, 구 금융감독위원회의 감독 정책 기능과 구 재정경제부의 금융정책 기능(공적자금관리위원회, 금융정보분석원 포함)을 통합하고, 금융위원회 위원장과 금감원장의 겸임을 금지해 정책 기능과 집행 기능을 분리하기로 결정했다. 이에 2008년 2월 29일 대통령령으로 금융위원회 직제가 제정되었고, 3월 3일 금융위원회가 정식 출범했다(금융위원회).

리 잡았다. 따라서 금융 감독의 구조는 기존의 수직적 이층 구조(금감위 → 금감원)에서 수직적 삼층 구조(금감위 → 사무국 → 금감원)로 공식 변경되었다(김홍범 2002).

(3) 규제 관련 기구의 신설 : 규제개혁위원회

경제 위기 이후 신자유주의의 영향으로, 과도한 정부 규제가 시장 원리에 따른 효율적 자원 배분을 저해하고 국가 경쟁력을 약화시키고 있다는 비판이 널리 확산되었다. 한국은 1990년 본격적인 규제 개혁을 시작해 1993년에는 행정쇄신위원회를 중심으로 약 6천여 건의 규제를 개선했다. 1997년에 설치된 규제개혁추진회의를 통해서도 약 1백여 건의 규제 개혁 과제를 선정·추진했다. 그러나 당시의 규제 개혁 작업은 구비 서류 감축 등 단순하고 지엽적인 불편 사항을 해소하는 데 국한되었다.

이런 규제 개혁 추진의 문제점을 극복하고자 김대중 정부는 1998년 〈행정규제기본법〉을 제정해 대통령 소속으로 규제개혁위원회(규개위)를 발족했다. 김대중 대통령은 규제 개혁의 기본 목표를 "현존하는 규제의 존폐 여부를 원점에서 전면 재검토하여 경쟁을 제한하거나 국제 규범에 미흡한 경제활동 관련 규제는 과감하게 폐지하고, 다만 환경·안전·보건 등 국민 전체의 공익과 관련하여 존속이 불가피한 규제에 대하여는 규제의 수단과 기준을 합리화하여 규제의 질을 대폭 향상시키며, 신설 규제에 대한 사전 심사 제도를 강화하여 규제 신설 및 강화를 강력 억제하고 규제 총량 관리 체제를 확립함으로써 기업 활동 자유화 및 국가 경쟁력 수준을 세계 10위권대로 향상"시키는 것으로 설정했다(규제개혁위원회 1999, 25).

한편 규개위의 기능으로 규제 정책의 기본 방향과 규제 제도의 연구·발전, 규제의 신설·강화 등에 대한 심사, 기존 규제의 심사와 규제 정비 종합 계획의 수립·시행, 규제의 등록·공표, 규제 개혁에 관한 의견 수렴 및 처리, 각급 행정기관의 규제 개선 실태에 대한 점검·평가 등을 부여했다. 규개위의 구성은 국무총리(당연직 위원장), 민간 공동 위원장, 민간 위원 12인, 정부위원 6인 등 총 20인으로 구성되었다.

규개위는 기존 규제를 50퍼센트 이상 감소시킨다는 계량적인 목표와 더불어 첫 단계 규제 개혁에서 주요 목표 네 가지를 설정했다. 즉, 외국인 직접투자의 촉진, 기업에 대한 제약의 완화, 금융·소매·국제무역 부문에 대한 통제 완화, 국민들의 행정 부담 경감이다(OECD 2000, 217). 특히 금융 부문에 대한 통제 완화라는 목표에 따른 진입 장벽 완화 조치는 사실상 이후 신용카드업 시장에 재벌의 진출을 허용한 원인으로 작용했다. 이에 따라 현대와 롯데가 새로이 신용카드 시장에 진입할 수 있었다.

2. 경제개혁의 실패와 신용카드 정책의 선택

1) 경제개혁의 목표와 전략

앞에서 본 금융 구조 조정과 금융 감독 기구의 통합과 같은 변화만을 놓고 본다면 이후 전개된 가계 대출 부실과 신용 불량자 증가라는 현상은 일견 모순된 것처럼 보인다. 경제 위기로 부실화된 많은 상업은행들이 국가의 공적 자금으로 회생했지만 금융기관의 공공성은 오히려 약화되었다. 금감위를 설치하는 등 금융 감독 기구와 제도를 정비했지만 신용카드사들은 막대한 연체 채권의 증가로 최악의 위기 사태를 맞았다. 오히려 금융 구조 조정, 금융시장 개방, 금융 감독 기구의 통합, 규개위 설치는 이후 신용카드 정책이 결정되고 지속되는 원인으로 작용했다. 어떻게 이런 일이 가능했던 것일까?

심각한 경제 위기로 남미의 거의 모든 나라들이 단기적 경제 안정화 조치와 장기적 구조 조정 개혁을 시도해야 했던 것처럼, 김대중 정부도 집권 이후 IMF의 요구에 따라 단기적 경제 안정화 조치와 장기적 구조 조정 개혁을 실시했다. 안정화는 국제수지 적자를 축소하고, 성장을 재개하고 지속할 만한 수준으로 인플레이션을 억제하는 것을 의미한다. 전통적인 단기적 안정화 조치에는 긴축재정과 화폐의 평가절하를 통해 총수요를 감소시키는 거시 경제정책이 포함된다. 장기적인 구조 조정은 경제의 효율성을 증진하기 위해 고안된다. 구조 조정 정책에는 경제의 경쟁력 제고를 위해 지급해 오던 보조금 폐지, 탈규제화, 국제경쟁력 강화를 위한 무역자유화, 국가 재정 위기 타개를 위한 사유화(민영화), 재정 개혁, 공공 지출 우선순위 조정, 세제 개혁, 금융 자유화 등이 포함된다(Williamson 1990).

문제는 경제 위기 극복을 위해 필요한 경제개혁은 일시적으로 경제 악화를 동반하며 전체 경제구조를 변화시켜 분배적 효율성이 일시적으로 떨어진다는 사실이다. 이와 관련하여 아담 쉐보르스키^{Adam Przeworski}는 경제체제의 구조적 변혁은 비용을 수반할 수밖에 없다고 설명한다(쉐보르스키 1997, 192). IMF가 요구한 안정화 정책과 구조 조정 정책은 일종의 집합재collective goods적인 성격을 갖기 때문에, 개혁이 성공하려면 갈등하는 집단 사이에 협력이 이루어져야만 한다. 많은 조직화된 사회집단은 개혁을 추진하는 데 필요한 사회적 비용을 부담하기보다는 사회적 소득의 더 많은 몫을 차지하려고 할 것이다. 결국 안정화와 구조 조정의 성공은 어떻게 집합재 생산에서 나타나는 '무임 승차자' 현상의 위험을 극복할 수 있느냐에 달려 있다(임혁백 1994, 165).

앞에서도 지적했듯이 경제 위기를 극복하고 경제를 회생시키기 위해 경제의 구조 조정은 불가피하며 이것은 거의 필연적으로 경제 침체를 가져온다는 사실에 김대중 정부의 딜레마가 있었다. 더군다나 구제금융을 제공하는 대가로 IMF가 요구했던 안정화 조치는 과도한 긴축재정과 고금리 정책을 강제해 상대적으로 건전한 기업마저 도산하게 만들어 대량 실업 등 커다란 사회적 비용을 부담하게 한다는 점에서 김대중 대통령의 초기 구상은 처음부터 어려운 선택에 직면할 수밖에 없었다.

남미의 신생 민주주의가 경제 위기 아래 취할 수 있는 전략은 다음 두 가지로 설명된다. 하나는 정통적인 개혁 전략이고 다른 하나는 비정통적인 개혁 전략이다. 정통적 개혁 전략은 앞에서 말했던 재정과 통화의 긴축, 국가 부문의 축소, 국가 경제의 자유화, 채권 국가의 긴밀한 협조를 강조하는 시장 지향적 개혁 전략이다. 이는 '워싱턴 컨센서스'9) 아

---

9) 워싱턴 컨센서스(Washington Consensus) : 1990년을 전후로 등장한 미국식 시장 경제체제(신자유주의)의 대외 확산 전략을 뜻한다. 제3세계 국가의 국가적 위기 발생

래 IMF가 남미 국가들에게 경제 위기에 대한 해결책으로 제시한 전형적인 신자유주의적 구조 조정 전략으로, 한국에 제시한 정책 권고안도 동일한 내용을 담고 있었다.

비정통적 개혁 전략은 정통적 개혁 패키지를 모두 거부하는 것은 아니지만, 일반적으로 국가의 적극적인 규제와 투자 역할을 옹호하며, 특히 전환 과정에서 나타나는 분배 효과를 최소화하려는 전략이다. 따라서 재분배와 고용에 더 높은 우선순위를 두며 이를 위해 정통적 개혁 압력을 가중하는 채권 국가와의 대결도 불사한다(Stallings and kaufman 1989, 206). 정통적 개혁 전략은 비정통적 개혁 전략에 비해 더 많은 사회적 비용을 수반한다는 약점과, 비교적 빠른 시간 안에 전환의 계곡을 넘을 수 있다는 장점을 지닌 반면에, 비정통적 개혁 전략은 상대적으로 적은 사회적 비용을 수반해 사회적 긴장을 덜 불러일으킬 수는 있으나 전환의 기간이 길어 개혁의 미래에 대한 불확실성을 증대할 위험이 있다(임혁백 1994, 169-170).

두 가지 개혁 전략 가운데 김대중 정부의 선택은 어떤 것이었나? 김대중 정부는 초기에 선택한 구조 조정 정책으로 심각한 경제 침체가 발

을 구조 조정의 전제로 삼아 미국식 시장 경제체제의 대외 확산을 꾀했다. 1990년대 미국 행정부와 IMF, 세계은행(World Bank)이 모여 있는 워싱턴에서 정책 결정자들 사이에 이루어진 합의로 미국의 정치경제학자인 존 윌리엄슨(John Williamson)이 1989년 자신의 저서 『남미의 구조 조정』(*Latin American Adjustment: How Much Has Happened?*)에서 남미 등 개발도상국에 대한 개혁 처방을 '워싱턴 컨센서스'로 명명한 데서 유래했다.

생하자 구조 조정을 포기하고 경기 부양책을 선택했다. 그러나 이런 정책은 앞에서 지적한 비정통적 개혁 전략처럼 재분배와 고용에 우선순위를 두고 사회적 비용을 감소하려는 전략이 아니었다. 일시적 경제 침체를 수용해 장기적으로 구조 조정을 완수하는 것도, 사회적 비용을 완화해 사회적 갈등을 해소할 수 있는 정책도 아니었다. 김대중 정부가 선택했던 신용카드 활성화를 통한 경기 부양 정책은 일시적 경제 회생을 위해 사회적 비용을 장기화해 구조 조정에도 실패하고 사회적 비용도 증가시키는, 개혁정책의 완전한 실패를 의미했다.

2) 구조 조정에서 경기 부양 정책으로의 선회

경제 위기 직후 IMF의 정책 권고안에 따른 경제정책은 긴축재정과 고금리로 수많은 기업들을 도산시켰고 그 결과로 대량 실업 사태를 낳았다. 1998년 경제는 마이너스 성장에 머물렀고, 무엇보다 국내 소비의 하락은 심각했다. 수입이 줄고 일자리가 불안한데다가 물가가 하루가 다르게 치솟으면서 낭비와 과소비에 대한 자성과 함께 근검, 내핍, 소비 절약 운동이 이어졌다. 그 결과 경제 침체에도 불구하고 국민 총저축률은 오히려 증가해 1997년 34.6퍼센트에서 1998년 37.8퍼센트로 1988년 이후 최고치를 경신했다. 경제성장률이 마이너스 6.7퍼센트로 추락하는 동안 최종 소비 증가율은 마이너스 11.9퍼센트로 급락하는 등 성장률보다 소비가 더욱 가파르게 떨어지면서 저축이 증가했기 때문이었다.

1998년 한 해 동안 지속된 경기 침체는 심각했다. 생산은 급속히 감소했고, 기업 부도율과 실업률은 급등했다. 달러 대비 원화 가치는 한때 1,960원까지 하락했고 단기 이자율은 30퍼센트를 넘어섰다. 민간 소비도 급속히 감소하고 수입도 전년 대비 40퍼센트 가까이 줄어들어 경상수지 흑자 규모가 4백억 달러를 넘는 전례 없는 기록을 남겼다. 기업의 총투자(설비투자 및 연구 개발 투자) 역시 1998년에 5분의 1 이상 급감했다. 1998년 한국 경제는 경제 도약을 시작한 1962년 이후 최악의 성장률을 기록했다(홍성걸 1999, 266).

신생 민주주의 국가에서 경제 위기에 대응한 경제개혁은 급격한 소비 감소로 이어지고 이런 상황에서 국가의 개혁 조치는 중대한 도전에 직면한다(Pereira, Maravall and Przeworski 1993). 김대중 대통령의 금융과 기업 구조 조정 중심의 초기 경제정책도 심각한 소비 감소와 경기 침체로 중대한 도전을 맞았다. 언론은 경제 위기 극복이 늦어지면서 실업이 확대되는 등 사회경제적 문제가 지속되자 정부 정책을 비판하기 시작했다. 대통령의 구조 조정 정책이 일정하게 재벌을 비롯한 대기업의 경영 투명성을 목표로 한다는 점에서 경기 침체가 계속될수록 개혁에 반대하는 재벌을 비롯한 경제계의 비판 역시 증가할 수밖에 없었다. 이들은 구조 조정 우선의 정책 기조를 재점검하고 경기 부양을 좀 더 적극적으로 검토해야 한다고 주장하기 시작했다. 이런 경제계의 주장은 내수를 확대하여 경제를 활성화해야 한다는 현실적 요구처럼 포장되었지만, 기업 경영 투명성을 제고하기 위해 상호 지급보증의 해소, 재무구조의 개선, 업종 전문화 등 재벌 개혁으로 이어지고 있는 정부의 구조 조정 정책에 대한 불만을 표현한 것이었다.

반면에 지지부진한 구조 조정을 우려하는 사람들은 재벌 개혁을 비

표 2-4 | 신정부의 경제정책 목표와 과제

정책 목표	과제	
물가 안정	- 원자재 공급 부족 해소 - 농산물 유통 단계 축소	- 공산물 원가 구조 개선
외화 확보	- 240억 달러 만기 연장 - 70억 달러 국채 발행 - 무역수지 흑자 확대	- 80억 달러 선진국 지원 조기화 - 외국인 직접투자 적극 유치
금융 개혁	- 부실 금융기관 조기 정리 - 금융기관 인수·합병 유도	- 통합 금융 감독 기구 출범 - 외국 금융기관 진입 허용
기업 경영 개혁	- 재계와의 5대 합의 사항(결합 재무제표의 조기 도입, 상호 지급 보증 해소, 재무구조 개선, 　주력 및 핵심 사업 설정, 지배주주 및 경영진의 책임 강화) 실천 - 기업 경영의 자율성 보장	
중소기업 활성화	- 벤처기업의 적극 육성	- 중소기업 지원
기타	- 실업 대책 확충 - 쌀 자급 확보	- 농어민 복지 향상

롯한 구조 조정을 더욱더 신속하고 확실하게 추진해야 한다고 주장했다. 일부 진보 학계와 시민운동 단체가 중심이 되어 지속적인 구조 조정의 추진을 요구한 반면, 한국개발연구원KDI과 재계는 경기 부양을 강력히 제기했다. 경기 부양 요구에 대해 정부 내에서도 산자부와 재경부는 상당한 공감을 표시했다(전성인 1998, 64).

1998년 하반기에 들어서면서 경기 부양책 논의가 본격화되기 시작했다. 이에 따라 추진 방법 및 시기 등에 대해 정부 내에서도 논란이 가중되었다. 되도록 빨리 시행해야 한다는 주장과, 구조 조정이 어느 정도 진행된 후 연말경에나 시행해야 한다는 주장이 대립했다. 먼저 전자의 주장을 대표하는 재경부는 심각성을 더해 가고 있는 산업 기반 붕괴를 막고 신용 경색을 해소하려면 경기 진작책이 시급하다고 주장했다. 이를 위해 재정 확대는 물론 통화 공급 확대 정책까지 필요하다고 역설했다. 내수 경기 침체 상황을 감안할 때 통화 공급이 확대되더라도 물가 상승 압력은 크지 않을 것이라는 주장이었다.

후자의 주장을 대표하는 한국은행은 통화 공급을 확대할 경우 인플레이션 유발로 구조 조정이 지연될 것이라고 보고 구조 조정이 어느 정도 가시적인 성과를 거둔 후 경기 부양책을 펴는 것이 바람직하다고 주장했다. 인플레이션 발생은 기업의 실질 채무 부담을 경감해 기업들의 차입 경영 행태를 버리지 못하게 하고 고비용·저효율 구조를 고착화한다는 것이다. 계속해서 한국은행은 당시의 신용 경색 현상을 감안할 때 통화 공급을 확대하더라도 금리 하락과 자금 사정 개선은 기대할 수 없다고 보았다. 한국은행과 기본적으로 같은 입장을 견지한 것이 IMF였다(삼성경제연구소 1998, 1-3).

경기 부양을 둘러싼 논란은 학계에서도 이어졌다. 서울대학교 정운찬 교수는 "기업의 부채비율을 낮춘다고 하면서 기업에 돈을 빌려줘 경기를 살린다는 것은 모순"이라면서 "돈이 잘 흐르도록 유도하는 것은 중요하지만 통화를 늘려서 경기를 부양하려 한다면 구조 조정은 물 건너가게 된다"라고 말했다. 그는 "세계 경기가 나쁘면 경기 부양책도 잘 먹히지 않는다"면서 "디플레이션 조짐은 가볍게 볼 것이 아니지만 구조 개혁을 하려면 한 순간의 고통을 참을 수밖에 없다"라고 주장했다.

반면에 KDI의 조동철 연구원은 "물가가 안정되지 않고서는 경제가 돌아갈 수 없기 때문에 거시 정책의 핵심은 물가 안정"이라며 "디플레를 막기 위해 반디플레 또는 인플레 정책을 쓸 수밖에 없다"라고 지적했다. 한국경제연구원 좌승희 원장도 "정부와 학계 일각에서 무책임하게 구조 조정을 강조하는데 긴축은 구조 조정의 수단이 아니다"라며 "구조 조정은 거시 정책으로 할 게 아니라 금리를 기업별 신용에 따라 차등화하는 방법으로 해야 한다"고 주장했다(『한겨레』 1998/09/16).

  김대중 대통령은 정부와 학계의, 구조 조정을 지지하는 입장과 경기 부양을 요구하는 두 가지 입장 사이에서 선택에 직면했다. 경제 회복을 위해 구조 조정은 필연적인 선택이라고 할 수 있다. 하지만 심각한 경제 침체 상황은 김대중 대통령으로 하여금 성장 잠재력을 갖기 전에 경제가 회복 불능 상태에 빠질지 모른다는 우려를 갖게 했다. 사상 최악의 내수 위축으로 디플레이션 조짐이 나타나고 있을 뿐만 아니라 세계경제가 동반 침체 상황을 보이면서 세계공황의 가능성까지 점쳐지고 있었기 때문이었다. 더군다나 언론과 재벌을 비롯한 경제계의 비판과 압력은 김대중 대통령의 딜레마를 한층 강화했다.

  1998년 9월 2일 김대중 대통령 주재로 청와대에서 열린 경제대책조정회의에서 수요자 금융을 확대해 소비자에게 돈을 풀고 소비를 부추겨 경기를 활성화한다는 내용의 내수 진작 종합 대책이 발표되었다. 청와대가 한국은행이 아니라 재경부의 손을 들어 준 것이다. 재경부의 내수 진작 정책은 2002년 중반 부동산 과열, 신용 불량자 양산, 가계 부채 급증, 신용카드사의 건전성 악화, 연체율 상승 등의 각종 부작용이 나타나면서 2002년 하반기에 실질적으로 포기하게 될 때까지 지속적으로 이어졌다(김홍범 2004, 73). 문제는 정부의 이런 경기 부양책이 실업 부조 등 정부의 재정지출을 확대해 소득 이전을 통한 재분배 정책으로 사회적 비용을 감소하려는 것이 아니라, 수요자 금융을 통해 소비자의 소비 여력을 확대하려는 단기적 경기 부양책이었다는 사실이다.

3) 신용카드 정책의 결정

1998년 9월 28일 김대중 대통령은 청와대에서 경제 관련 기자회견을 통해 경제 위기 재연 가능성은 없으며 지속적으로 구조 개혁을 추진할 것임을 표명했다. 그러나 실물경제의 붕괴를 방치하지 않겠다는 경기 진작 의지를 나타내 사실상 내수 진작을 통한 경기 부양 의지를 밝힌 셈이 되었다(재정경제부 1999/02, 234). 이렇게 내수를 진작한다는 방침이 청와대의 결정으로 현실화되면서 이에 대한 세부 정책은 주무 부서인 재경부를 중심으로 검토되었다. 재경부는 소비자 금융을 확대한다는 목표 아래 신용카드 사용을 활성화하는 정책들을 제안하고 추진하게 된다. 재경부는 내수 진작 종합 대책과 관련하여 수요자 금융 확대의 방안으로 신용카드의 수수료 인하와 인출 한도 확대, 주택이나 가전제품을 구입할 때 이용되는 할부 금융의 금리 인하, 주택자금 대출 확대 등을 검토하고 있다고 발표했다. 이렇게 당시 정부가 내수 진작 종합 대책을 내놓으면서 그 일환으로 신용카드 사용 확대를 고려한 것이 분명함에도 2004년 10월 국회 재정경제위원회 국정감사에 출석했던 이헌재 부총리와 진념 전 재경부 장관은 신용카드 정책이 결코 내수 진작 정책으로 사용된 것이 아니라고 항변했다(국회 재정경제위원회 2004).

정부가 본격적으로 경기 부양 의지를 천명한 시점은 1차 금융 구조 조정이 일단락된 후였다. 1998년 9월 28일 김대중 대통령은 1차 금융 구조 조정의 일단락과 함께 기업 구조 조정 노력의 지속을 전제로 본격적인 경기 부양 의지를 경제 관련 기자회견을 통해 공식적으로 밝혔다고 볼 수 있다. 김 대통령의 기자회견 후 정부는 경기 진작을 위한 후속

표 2-5 | 정부의 주요 경기 부양 대책

주요 항목	세부 내용
금융 구조 개혁 마무리	- 21조 원의 재정 지원 실시(9월 말) - 10월 이후 연말까지 3개월 동안 추가로 11억7천만 원을 투입
통화의 신축적 공급 및 금리의 하향 안정	- 본원 통화: 7조 원 정도 추가 공급 여력 발생(IMF와 합의한 예시 목표 수준까지 확대할 경우) - 콜금리의 추가적인 하락과 은행 대출금리의 인하를 적극 유도
소비자 금융 확충	- 주택 수요자 금융 확충(4조1천억 원) - 은행을 통한 소비자 금융 지원 확대(6조2천억 원)
재정지출 확대와 조기 집행	- 재정 적자 규모를 1998~99년 GDP의 5퍼센트 수준으로 확대 - 사회간접자본(SOC) 관련 민자 유치 사업 확대를 위해 3조 원 규모의 프로젝트 파이낸싱 추진 - 예산 조기 집행의 원활화를 위해 한국은행으로부터의 일시차입금 한도를 1998년 1조5천억 원에서 1999년 5조 원으로 확대

출처 : 재정경제부(1998/10/01, 170).

조치를 발표했다(〈표 2-5〉 참조).

후속 조치는 적극적인 재정·금융정책 운영, 부문별 활성화 대책, 규제 철폐 등으로 구성되었다. 특히 신용카드의 현금 서비스 한도를 월 70만 원에서 1백만 원 정도로 확대하는 방안이나, 신용카드로 물건을 살 때 떼는 수수료율을 4~5퍼센트에서 1퍼센트 정도 낮추도록 유도하거나 또 개인 사업자에 대한 대출 확대를 위해 할부 금융사, 카드 회사 등 여신전문 회사들에게 전체 매출의 40퍼센트 이상을 고유 업무에서 올리게 한 규정을 완화하고, 어음을 할인해 주는 팩토링[10] 업무를 확대하는 등

---

10) 팩토링(factoring) : 금융기관들이 기업으로부터 상업어음과 외상 매출 증서 등 매출 채권을 매입해, 이를 바탕으로 자금을 빌려 주는 제도. 기업들이 상거래 대가로 현금 대신 받은 매출 채권을 신속히 현금화해 기업 활동을 돕자는 취지로 1920년대 미국에서 처음 도입됐다.

의 신용카드 관련 정책들이 모두 이때 검토되기 시작했다. 그리고 대출 확대에 따른 신용카드 회사나 할부 금융사의 자금 부담을 덜기 위해 이 회사들이 발행하는 카드채·할부채 등 채권을 은행들로 하여금 소화하게 하고 은행에는 한국은행이 자금을 지원해 주는 간접 지원 방침들을 결정했다(『문화일보』 1998/09/03).

수요자 금융 확대에 대한 재경부의 정책은 1999년 초부터 신용카드 정책으로 구체화되었다. 실제로 신용카드 정책이 최초에 재경부의 어느 부서에서 어떤 경로로 제안되고 결정되었는지를 확인할 방법은 없다. 다만 김대중 정부 초기인 1998년 4월 재경부의 '국민의정부의 주요 경제정책 방향: 경제부처 업무보고'에서 조세의 공평성과 투명성 제고를 위한 세제 개편에 대해 논의하면서 신용카드 거래 활성화 방법이 논의(재정경제부 1998/04, 36)되고 있다는 사실에 근거해 볼 때, 1998년 9월 청와대가 내수 진작 종합 대책을 결정하자 재경부가 구체적인 정책을 만드는 과정에서 이전에 논의되었던 정책이 고려되고 선택되었을 것으로 짐작할 수 있다.

분명한 것은 신용카드 정책을 결정하는 데 재경부·금감위·규개위라는 3개 기구가 의사 결정 과정에서 상당한 영향력을 직접적으로 행사했다는 사실이다. 2004년도 국정감사 자료에 따르면 1998년 당시 규개위는 신용카드 현금 대출 한도는 카드사가 자율적으로 정할 사항이라는 이유로 현금 서비스 이용 한도 폐지를 추진한다. 하지만 당시 재경부는 이 건의를 받고 현금 서비스 이용 한도 폐지에 대해 분명한 반대 의사를 표명했다. 무엇보다 재경부는 신용카드 대출이 적절한 신용 평가 없이 이루어질 경우 부실을 초래할 위험이 있다는 이유로 한도 폐지에 반대했다.

재경부가 이런 결정을 내린 데에는 1993년 5월에 있었던 현금 서비스 이용 한도 증액에 대한 경험이 작용한 것으로 보인다. 2004년 7월에 있었던 감사원 감사 자료에 따르면 현금 서비스 이용 한도는 이미 1993년 5월 월 30만 원에서 70만 원으로 증액된 사례가 있었다. 그러나 이용 한도가 증액되자 신용카드 남발, 연체 채권 급증 등 부작용이 커지자 1995년 3월 다시 월 50만 원으로 축소했다(감사원 2004/07/17). 그러나 1998년 현금 서비스 이용 한도 폐지에 대한 규개위 의견에 대해 거부 의사를 밝혔던 재경부는 1년도 채 되지 않은 1999년 5월 현금 서비스 한도를 폐지하기에 이른다. 2004년 국정감사 자료에 따르면 재경부는 금감위가 금융 감독을 철저히 할 것을 전제로 폐지를 결정했다고 밝히고 있다(국회 재정경제위원회 2004).

4) 신용카드 정책의 내용

재경부가 주도해 추진한 신용카드 정책의 핵심 조치는 두 가지다. 하나는 수요자의 카드 사용을 확대하기 위해 소비자 개인들을 대상으로 한 정책들이고, 다른 하나는 신용카드사와 관련하여 규제를 완화한 조치들이다. 먼저 수요자의 카드 사용을 확대하기 위해 신용카드 사용 금액 소득공제 제도와 신용카드 영수증 복권 제도를 선택했다. 다음으로 신용카드사와 관련된 규제 완화정책으로는 부대 업무 비율 규제 폐지와 현금 서비스 이용 한도 폐지 조치를 들 수 있다.

신용 불량자 문제는 신용카드 정책 가운데서도 신용 판매 서비스 부

표 2-6 | 정부의 신용카드 활성화 대책

시기	주요 내용
1999년 4월	부대 업무 비율(40퍼센트) 규제 폐지
1999년 5월	현금 서비스 이용 한도(월 70만 원) 폐지
1999년 8월	소득공제 제도 도입 : 연간 총 급여의 10퍼센트를 초과한 신용카드 사용 금액의 10퍼센트를 연간 3백만 원 한도 내에서 신용 공제
2000년 1월	신용카드 영수증 복권 제도 도입
2001년 8월	소득공제 제도 확대 : 소득공제율을 종전의 10퍼센트에서 20퍼센트로, 소득공제 한도를 종래의 3백만 원에서 5백만 원으로 확대

분이 아니라 부대 업무라 할 수 있는 현금 서비스를 비롯한 현금 대출의 연체와 밀접한 연관을 갖는다. 따라서 신용카드 활성화 조치 가운데에서도 신용카드 소득공제 제도와 영수증 복권 제도보다는 현금 서비스와 관련된 부대 업무 비율 폐지와 현금 서비스 이용 한도 폐지 결정이 더욱더 중요한 영향을 미쳤다고 볼 수 있다. 이런 조치들의 핵심은 신용카드사에 대한 규제를 완화해 카드사들로 하여금 현금 대출 중심 영업에 치중하게 하는 구조를 만들었다는 점이다. 그 결과 신용카드 시장은 급팽창했고 그 과정에서 재벌계 카드사들인 삼성카드와 LG카드가 은행계 카드사들을 제치고 업계 수위로 역전하는 발판을 마련했다.

무엇보다 신용카드 업계의 판도 변화를 가져온 것은 재경부의 신용카드 시장 개방 조치였다. 1988년 이후 금지된, 재벌과 외국자본에 대한 카드 시장 개방 조치가 발표되면서 백화점 카드만 발행할 수 있었던 현대와 롯데가 2001년 이후 신용카드업에 본격적으로 진출했다. 재경부의 신용카드 시장 개방 조치로 신용카드 업계에 새로운 재벌 기업들이 들어오면서 신용카드 업계는 시장 선점을 위한 과당경쟁 체제로 돌입하는 계기를 맞았다.

신용카드 정책은 크게 신용카드 사용 장려 기간(1999~2001년), 신용카드 규제 강화 기간(2002년), 신용카드 규제 완화 기간(2003년)의 세 기간으로 나누어 볼 수 있다. 신용카드 장려 기간에는 앞에서도 지적했듯이 재경부를 중심으로 현금 서비스 이용 한도 폐지, 신용카드 사용 금액에 대한 소득공제, 신용카드 영수증 복권 제도 등 다양한 장려책을 시행해, 신용카드 발급 회원 및 가맹점이 크게 증가하면서 신용카드 산업이 비약적인 양적 성장을 이루었다. 그러나 신용카드 시장의 성장과 함께 신용카드사들 간의 과당경쟁 및 카드 발급 남발 등으로 인한 연체율 상승, 불법 채권 추심 행위 증가, 신용 불량자 급증 등의 신용카드 관련 문제가 발생했다. 이에 재경부는 신용카드에 대한 규제를 강화하는 방향으로 정책 기조를 변경했다. 구체적으로는 '신용카드 종합 대책'(재정경제부 2002/05/30) 및 '신용카드사 건전성 감독 강화 대책'(재정경제부 2002/11) 등을 발표하여 부대 업무 취급 비율 50퍼센트 상한 부과, 불법 채권 추심 금지, 대손충당금 적립 기준 강화, 신용카드 이용자 보호, 적기 시정 조치 강화 등의 방안을 마련했다.

그러나 신용카드 연체 채권이 급증하는 상황에서 강화된 감독 규정이 적용되어 신용카드사의 손실 규모가 더욱 증가하자 신용카드에 대한 규제를 다시 완화했다. '금융정책협의회'(2003년 3월 및 4월), '신용카드에 대한 건전성 감독 합리화 방안'(2003년 10월) 등을 통해 부대 업무 취급 비율 50퍼센트 준수 시한 연장, 수수료 신축 조정, 적기 시정 조치 완화, 채권 추심 강화 등을 시행하는 한편 신용카드사의 자본 확충을 유도했다(정찬우 2004, 42).

경제정책 결정의 이런 비일관성은 경제정책의 결정과 시행이 집권

표 2-7 | 신용카드 사태 일지

재경부 장관	금감위원장	신용카드 사태 일지	
이규성	이헌재	1999년 4월	부대 업무 비율(40퍼센트) 폐지
↓	↓	5월	현금 서비스 이용 한도(월 70만 원) 폐지
강봉균	↓	8월	신용카드 소득공제 제도 도입(한도 3백만 원)
이헌재	이용근	2000년 1월	신용카드 영수증 복권제 도입
진념	이근영	2001년 4월	신용카드 길거리 모집 허용(금감위 : 재경부에 부대 업무 제한 건의)
↓	↓	7월	금감위 : 길거리 모집 금지, 부대 업무 제한 건의; 규개위 : 거부
전윤철	↓	2002년 5월	정부 신용카드 종합 대책 추진, 부대 업무 비율 상한 규제(50퍼센트)
↓	↓	2003년 1월	적기 시정 조치 요건에 연체율 기준 도입
김진표	↓	3월	신용카드사 유동성 위기 발생
↓	이정재	11월	LG카드 유동성 위기
이헌재	↓	2004년 2월	감사원 카드 특별감사 착수
↓	↓	7월	감사원 카드 특별감사 결과 발표

정치 엘리트의 전체적 방향에 대한 가이드가 없는 상황에서 관련 부처 간에 나타난 갈등의 결과였다. 신용카드 정책의 문제가 드러나기 시작한 2000년부터 2002년 정부의 '신용카드 종합 대책'이 나오기까지 신용카드사에 대한 어떤 실질적 감독도 이루어지지 못했던 것은 정책 결정을 둘러싼 정부 내 관료 기구들 간 이해관계의 충돌 때문이었다.

3. 신용카드 정책 : 규제 완화의 정치

1) 신용카드 정책 선택의 구조

합리적 행위자 모델에서 본다면, 정책 결정은 정책이 가져다줄 것으로 예상되는 효용에서 그 정책을 선택하는 데 드는 비용을 제외한 함수로 나타낼 수 있는 비용-수익 모델을 따른다. 특정한 정책이 선택되는 것은 그것이 정책 결정자에게 큰 효용을 가져다줄 것으로 예상되기 때문이다. 따라서 아무리 효용이 크더라도 비용이 큰 정책은 선택되기 어렵다고 가정할 수 있다. 간단하게 말하면 정책 결정자는 많은 사람들의 지지를 받을 수 있으면서(효용 극대) 반대하는 집단이 적은 정책(비용 극소)을 선택할 것이다. 이런 관점에서 신용카드 정책은 신용카드 업계뿐 아니라 신용카드를 사용하는 소비자 입장에서도 환영할 만한 정책으로 생각될 수 있다. 신용카드사는 물론이고 긴급 자금이 필요한 개인들이 신용카드를 통해 손쉽게 현금 대출을 받을 수 있게 된다는 것은 소비자들의 지지를 받을 만한 정책이었다. 더군다나 신용카드 사용의 확대는 소비를 진작해 내수를 확대할 수 있을 뿐만 아니라 투명한 거래를 통해 정부의 세수 증대에도 기여할 수 있는 정책으로 정부·기업·개인 모두에게 환영받는 조치로 받아들여졌다. 그렇다면 이런 조치가 과거에는 시도되지 않고 김대중 정부에서 선택되었던 이유는 무엇일까? 왜 다른 정책 수단이 아니라 신용카드 정책이었을까?

먼저 정부가 신용카드 정책을 선택한 것은, IMF가 긴축재정을 요구해 재정지출 증가를 가져올 수 있는, 과거에 사용되었던 경기 부양책을 사용할 수 없었기 때문이라고 가정할 수 있다. 그러나 김대중 정부의 재정 정책은 집권 초기부터 커다란 변화를 겪었다는 점에서 이런 주장은 설득력이 떨어진다. IMF는 1998년 1월 한국 정부와의 두 번째 양해 각서에서부터, 급격히 늘어난 실업자들에 대한 '안전망'을 제공하기 위한 재정 적자를 용인하기 시작했다. 재정 적자를 실질적으로 증대한 것은

그림 2-1 | GDP 대비 재정 수지 추이 (1983~2000년)

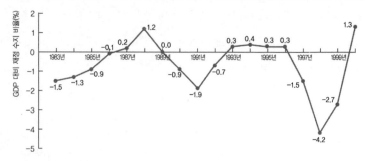

출처 : 삼성경제연구소(2001, 16).

1998년 9월 공적 자금 64조 원(미화 약 5백억 달러)을 투입한 금융기관 구조 조정이었다. 그 결과 1990년대 한국 예산의 특징이었던 소폭의 흑자는 급속하게 적자로 돌아섰다(신장섭·장하준 2004, 111).

1980년대 이후 경기 조절을 위해 재정 정책이 빈번하게 시행되었지만 경제 위기 이전까지는 균형재정이 엄격하게 강조되면서 재정 정책은 제한적으로 활용되었다. 〈그림 2-1〉에서 보듯이 1982년 이후 재정 수지는 GDP 대비 2퍼센트 이내의 적자 또는 흑자를 기록하는 안정적 움직임을 지속하다가 경제 위기 이후 재정 적자가 급격히 늘어나 1998년엔 전년 대비 2배가 넘는 −4.2퍼센트를 기록하게 된다. 또한 한국의 GDP 대비 재정 수지 비율은 1998년 −4.2퍼센트에서 1999년에는 −2.7퍼센트, 2000년에는 1.3퍼센트의 흑자를 기록하는 등 정부의 재정지출이 계속 감소해 다시 건전재정을 달성했음을 알 수 있다.[11]

김대중 대통령은 국회 본회의 '99년도 예산안 제출에 즈음한 시정연설'에서 "재정·통화신용 정책을 더욱 적극적이고 신축성 있게 운용하고 경기 활성화 시책도 더욱 강력하게 추진해 나가겠다"라고 밝히고 총 85조7,900억 원 규모의 예산안에 대해 설명하면서 "GDP의 5퍼센트 정도 재정 적자를 감수하게 됐다"라고 설명했다(『한국경제』1998/10/20).

IMF가 1998년 하반기에 아시아 금융 위기 처방에 대한 자성을 담은 연례 보고서를 작성했다는 사실 역시, 한국 정부가 IMF의 긴축재정 요구 때문에 이전과 다른 정책 수단을 선택했다는 주장이 사실이 아님을 보여준다. 연례 보고서에서 IMF는 자금 지원 대상국의 금융 상황을 충분히 파악하지 못한 채 무리하게 초긴축 재정과 금융 개혁만을 강조해 실물경제의 침체를 과소평가했다고 자평했다. 앞에서도 지적했지만 아시아 각국을 휩쓴 금융 위기에 대응하여 IMF는 고금리와 초긴축정책, 그리고 강도 높은 금융 개혁을 전통적 단일 처방으로 내놓았다.

이 같은 초긴축 단일 처방은 각국의 경제구조와 금융 시스템이 상이한 발전 단계에 놓일 수 있다는 차별성을 고려하지 않아 지나치게 획일적일 뿐 아니라 실물경제와의 적합성을 잃어 경제를 과도하게 위축시키고 금융 시스템의 기능을 지나치게 오랫동안 마비시키는 등 결정적인 부작용을 수반했다. 아시아 처방 가운데 특히 한국과 관련해 초기의 과도한 긴축과 고금리·고환율 정책은 부실 정리와 거품을 제거하는 수준

---

11) 이 자료는 집권 정부가 선거에서의 지지를 획득하기 위해 선거 직전 재정 정책이나 통화정책을 이용해 경기를 의도적으로 조작한다는 정치적 경기순환 모델(political business cycle model)이 2000년 총선에는 적용되기 어렵다는 것을 보여 준다. 선거가 다가올수록 재정 적자가 증가했다기보다는 오히려 감소했다는 사실은 이를 뒷받침한다.

을 넘어 정상적이고 건전하게 경영되던 기업마저도 도산시키고 장기간의 신용 경색 상황을 유발하는 심각한 후유증을 동반한 것이 사실이었다. IMF의 휴버트 나이스Hubert Neiss 아시아태평양 국장이 기금 수혜국들에 적극적인 경기 부양책을 처음으로 권고하고 나서는 등 IMF의 새로운 정책 조정 자세를 반영한 것도 이때였다(『조선일보』 1998/09/17).

이런 주장이 잘못되었음을 뒷받침하는 또 다른 증거는 김대중 정부 역시 과거 정부와 마찬가지로 부동산 정책을 통해 주택 경기를 부양하고, 경기를 활성화하기 위해 재정지출을 확대하는 정책을 동시에 사용했다는 사실이다. IMF 경제 위기 이후의 주택정책은 기본적으로 위축된 주택 수요를 창출하기 위해 지속적인 주택 경기 부양과 활성화를 추진하는 것이었다. 기업과 금융기관의 구조 조정에 따른 고용 불안과 소득 감소 등으로 위축된 주택 수요자들을 주택 시장에 진입시키기 위해 자금 지원과 조세 감면 등의 조치들을 취한 것이다. 주택 건설 업체들의 미분양 주택 수가 10만 가구를 넘고 고금리로 인해 자금난과 부도난이 급증하자 이를 조기 해소하기 위해 중도금 대출과 같은 직접적인 금융 지원을 실시하기 시작했다(김갑성·박재룡 1999, 195-196). 또한 1998년 8월부터 일부 허용하던 아파트 분양권의 전매 제한을 1999년 3월 1일 완전 폐지하여 경기 부양 문제와 미분양 문제를 동시에 해소하고자 했다. 건설교통부(건교부)는 1999년 4월 15일 '99년 주택 경기 활성화 자금 지원 계획'을 확정하여, 중도금 대출 지원 자금으로 7조2천억 원을 배정하는 등 모두 9조4,170억 원의 주택 경기 활성화 자금을 지원한다고 발표했다(『문화일보』 1999/04/15). 따라서 김대중 정부가 IMF의 긴축재정 요구로 재정지출을 확대할 수 없었기 때문에 신용카드 정책을 채택했다고 보는 주장은 설득력이 떨어진다.

오히려 신용카드 정책의 선택은 IMF의 긴축재정 요구 때문에 고려된 것이 아니라 경제 위기로 인해 재정 적자가 급격히 증가했기 때문이라고 볼 수 있다. 경제 위기로 인해 GDP 대비 5퍼센트에 가까운 적자를 감수했던 만큼 정부는 세수를 확대해 건전재정으로 빨리 복귀해야 할 부담을 안고 있었다. 실제로 정부와 IMF는 1998년 사사분기 정책 협의에서, 재정 적자 한도 내에서 1999년 상반기까지 강도 높은 경기 부양책을 실시해 내수 진작으로 세수를 확충하고 건전재정으로 복귀하는 방안을 논의했다(『동아일보』 1998/10/7). 세수를 확대하는 방법은 여러 가지로 고려될 수 있겠지만 자영업의 비율[12]이 높은 산업구조 아래서 신용카드 사용 증대가 세수 확대 방안으로 논의될 수 있었을 것이다.

당시 청와대 경제수석이었던 강봉균 의원은 "DJ 정부가 신용카드 사용을 권장한 가장 큰 이유는 세원 노출 등을 통해 사회적 투명성을 높이기 위한 것으로 내수 진작은 부수적 이유였다"라고 지적하기도 했다(『동아일보』 2003/12/05). 물론 내수 진작이 부수적 이유가 아니라 가장 핵심적인 목적이었던 것은 분명하지만 당시 정부가 신용카드 사용을 통해 세수 증대를 염두에 둔 것 또한 분명하다. 앞에서도 지적했듯이 재경부가 세제 개편과 관련하여 신용카드 거래 활성화 방안을 1998년 4월에

---

12) 2001년 한국의 비임금근로자인 자영업 종사자는 전체의 37.6퍼센트로, 프랑스 8.9 퍼센트, 영국 12.2퍼센트, 미국 7.4퍼센트는 물론 일본 15.9퍼센트, 타이완 23.6퍼센트(2000년)에 비해서도 훨씬 높은 것을 알 수 있다(한국노동연구원 2003, 59).

이미 언급했던 만큼 1999년 신용카드 정책이 나오기 전에 신용카드가 조세 투명성을 위한 정책 대안으로 이미 논의되고 있었던 것이다.

왜 신용카드 정책을 선택했는가에 대한 다른 설명은 경제 위기 이후 금융 구조 조정 과정에서 은행들이 건전성을 이유로 신규 대출을 억제해 정부가 부득이하게 제2 금융권에 대한 정책을 선택할 수밖에 없었다는 사실이다. IMF 경제 위기로 인한 금융 구조 조정 과정에서 건전성을 강화하고자 제시한 국제결제은행BIS 자기 자본 비율이 금융기관의 대출을 억제해, 내수 진작 정책을 의도했던 정부는 부득이하게 은행이 아닌 제2 금융권으로 눈을 돌렸을 것이라는 설명이 가능하다. 그러나 무엇보다 앞에서 지적했듯이 금융기관에 대한 정부의 주도권 상실이 중요한 요인이 되었을 것이다.

또 다른 설명으로는 기술 지원 차관을 통한 세계은행의 외부적 요구를 들 수 있다. 1998년 10월 세계은행은 우리 정부에 구조 조정 기금 40억 달러를 대출해 주면서 기술 지원 차관이라며 4,800만 달러를 별도로 제공했다. 기술 지원 차관은 사회 각 부문의 신용 수준을 높이는 데 사용하라는 기금으로, 당시 세계은행은 회계 및 감사, 공사 도급 등의 분야를 지정하며 "이 분야들의 신용도를 국제 수준으로 끌어올릴 것"을 요구했다. 실제 한국에 강요된 기술 지원 차관은 IMF 지원을 받은 다른 국가들에 비해 훨씬 규모가 컸다(『경향신문』 2000/01/03). 정부는 회계나 감사, 공사 도급 등의 분야에서 자료가 남지 않는 현금 결제와 달리 거래 기록이 남는 신용카드 사용이 확대되면 사회 전반적인 신용도를 높이는 데 기여해 세계은행이 부과한 요구 사항을 충족할 수 있으리라는 가정 아래 신용카드 정책을 시행했을 것이라고 추정해 볼 수 있다.

선진국들 역시 국민소득 1만 달러를 전후해 소비자 금융의 팽창과 함께 신용 사회로 이행했다. 경제 위기 이후 맥킨지 컨설팅의 금융팀이 작성한 '금융 보고서'는 가계 금융은 그동안 간과되어 왔지만 잠재 수익성이 매우 높은 부분으로 한국에서도 카드 및 가계 금융 부문에서 대출 제한 규제가 폐지될 것이며, 그 결과 신용카드업과 주택금융 및 소비자 금융 사업이 앞으로 급성장할 것이라고 예측했다. 맥킨지는 영국과 미국에서는 소비자 금융(가계 금융)이 GDP의 73퍼센트를 차지하는 데 반해 한국에서는 불과 14퍼센트(1996년)에 불과하다고 지적하면서, 카드 대출, 가계 대출을 제한하는 규제를 과감히 폐지해야 한다고 역설했다(『오마이뉴스』 2003/12/10). 1998년에 가계 신용(가계 대출+판매 신용)은 전년 대비 감소로 반전하여, 경제 위기 직후인 일사분기에 전년 동기 대비 대폭 감소했지만 이사분기 이후부터 감소폭이 점차 줄어, 특히 사사분기에는 은행권의 가계 금융 활성화 계획 추진(1998년 10월) 덕분에 가계 신용 감소세가 크게 둔화되었다(한국은행 1999/03/12). 특히 1999년 상반기 가계 신용은 증가로 반전되었다. 가계 대출은 일반 자금 대출과 주택 자금 대출로 나뉘는데 이 가운데 일반 자금 대출이 은행이나 신용카드 회사 주도로 증가했다(한국은행 1999/09/14). 즉, 정부의 신용카드 정책을 통한 규제 완화 조치로 이후 가계 대출이 급증했다고 볼 수 있다. 과거 방만한 기업 대출을 통해 경제 위기를 맞이했던 금융기관들이 위험이 높은 기업 대출을 기피하고 가계 대출로 전환하기 시작하면서 이런 현상은 가속화되었다. 그렇다면 정책 선택의 시점에서는 정부·기업·개인 모두에게 이익을 가져다줄 것으로 생각되었던 신용카드 정책이 신용 불량자 양산이라는 비합리적 결과를 가져온 이유는 무엇일까?

2) 규제 완화의 정치

지금까지 정부가 신용카드 정책을 선택한 과정에 대해 살펴보았다. 그러나 좀 더 중요한 문제는 왜 정부의 신용카드 정책이 신용 불량자를 양산하는 결과로 이어졌는지다. 신용카드 정책이 신용 불량자 문제를 양산한 가장 중요한 원인은 그 정책이 과도한 규제 완화를 수반했기 때문이었다. 사실상 금융 산업은 정보의 비대칭성 및 외부성을 갖기 때문에 금융 시스템의 안정 및 소비자 보호 등의 목적을 위해서 일반 기업에 비해 광범위하고 엄격한 규제가 적용되어야 한다. 그럼에도 당시 한국 신용카드업의 경우 대대적인 규제 완화가 이루어졌지만 이에 따르는 보완책이나 사후 감독이 이루어지지 않았다.

실제로 규제 완화를 통해 신용 불량자 증가에 직접적으로 영향을 미친 것이 현금 서비스 이용 한도 폐지 조치였다. 1999년 5월 월 70만 원의 현금 서비스 한도가 폐지되자 신용카드사들은 현금 서비스 한도를 월 1천만 원까지 경쟁적으로 올릴 수 있었다. 박사 학위논문을 준비하면서 만났던 금감원의 ○○○ 선임조사역 역시 인터뷰[13]를 통해 신용 불량자 문제의 핵심은 신용카드 현금 서비스 이용 한도 폐지에 있다는 사실을 확인해 줬다. 그것은 "1천만 원의 신용 한도를 가진 사람에게 10개의 신용카드사에서 각각 1백만 원씩 대출해 주어야 하지만 모든 신용카드사들이 1천만 원씩 대출해 주어 월 1억 원을 아무런 조건 없이 이용

---

13) 인터뷰는 2004년 11월 30일 금감위 사무실에서 이루어졌다.

할 수 있도록 만든 조치였다"는 것이다. "신용카드 시장의 현실을 무시하고 과도한 규제 완화가 이루어졌다"는 지적이다. 그렇다면 이런 과도한 규제 완화가 가능했던 이유는 무엇인가?

먼저 법 제정의 문제를 생각해 볼 수 있다. 1997년 제정된 〈여신전문금융업법〉은 중요한 변화를 담고 있다. 일반 금융업의 경우 규제 완화 과정에서도 감독이 강화되었던 것과 달리 여신전문금융업의 경우는 전혀 다른 과정을 겪었다. 신용카드업은 일반 국민들의 예금 수신을 취급하지 않기 때문에 위험 요소가 없다는 판단에 따라 규제 완화 조치에 따른 법령 개정 및 정책 시행이 잇따르게 되었던 것이다. 정부는 신용카드 난립 문제를 해결하고 신용카드 산업의 건전한 보호·육성을 위한 제도적 장치로 1987년 5월 30일 〈신용카드업법〉을 제정·공포했다. 이후 몇 차례 개정을 거치고 난 후, 〈신용카드업법〉은 각각 따로 규정되어 시행되고 있던 〈시설대여업법〉, 〈할부금융업법〉, 〈신기술사업금융 지원에 관한 법률〉이 모두 폐지되면서 그 내용을 종합하고, 부족한 부분을 보완해 〈여신전문금융업법〉으로 통합되었다. 〈여신전문금융업법〉은 1997년 8월 28일 공포되었고, 1998년 1월 1일부터 시행되었다(오정재 2003, 63-64).

이 법에 따라 카드사에 광범위한 부대 업무(일반 대출, 어음할인 등)가 허용되고 총차입 한도(자기 자본의 20배) 및 카드 발급 기준(소득 7백만 원 이상, 종합소득세 30만 원 이상)이 폐지되었다(감사원 2004/07/17). 무엇보다 중요한 것은 이런 법제도 정비로 정부가 신용카드업을 규제·감독하기가 어려워졌다는 사실이다. 이 법은 규제 완화라는 명분으로 만들어졌기 때문에 적기 시정 조치나 지배 구조 개선 문제, 계열사 우회 지원 제한 등 감독 수단이 거의 존재하지 않았다. 1999년 4월 법 시행령이 개정되어 카드사 부대 업무 비율 규제(40퍼센트)가 폐지되었고, 1999년 5월 개정으로 다시 신용카드 현금 서비스 한도(월 70만 원)가 폐지되어 2000년에는 최고 한도가 월 1천만 원까지 증가하는 것이 가능하게 되었다(김홍범 2003).

다음은 제도적 변화로 정부 조직 개편을 들 수 있다. 앞에서 설명했던 규개위의 설치가 대표적이다. 규개위 설치에 따라 1년 만에 기존 규제의 절반가량이 폐지되었다. 규개위는 1998년 3월 현존했던 1만1,095개의 규제들 가운데 절반을 폐지하는 임무를 부여받았다. 그 결과 49퍼센트의 규제가 폐지되어 애초 목표를 달성했다. 그 밖에 43퍼센트의 규제들이 개선되었고 개혁 과정에서 344건의 법안들이 국회에 제출되었으며 이 가운데 3백 건이 통과되었다. 특히 민간 부문에 대한 비공식적 지시이자 관료 권력의 주요 원천 가운데 하나인 '행정지도' 역시 폐지되었다. 위원회는 법률적 근거를 가지고 있지 않은 1,849건의 '비공식적 규제'를 지정해 이 가운데 162건은 공식화했으며 나머지는 폐지했다(OECD 2000, 216).

그러나 부처별로 절반 이상의 규제를 무조건 폐지하게 한 획일적 접근 방식은 많은 문제를 낳을 수밖에 없었다. 특히 신용카드 정책과 관련해 규개위의 주도 아래 이루어진 규제 완화 조치가 불러온 문제는 심각했다. 2004년 9월 재경부와 금감위가 국회 재정경제위원회에 제출한 국정감사 자료에 따르면 금감위는 2001년 4월 20일 재경부에 부대 업무(현금 서비스, 카드 대출)를 제한할 수 있는 법적 근거 마련을 요청했다. 금감위는 '여신전문금융업법 시행령 및 시행규칙 개정안에 대한 의견 송부'라는 공문에서 "고리대금업자로 전락하고 있는 신용카드업의 경영 정상화를 위해선 감독 당국이 부대 업무의 영위 기준을 정해 줄 필요가 있다"라면서 근거 규정 마련을 요구했다. 이에 대해 재경부는 "카드사에 대한 과도한 영업 규제"라며 거부한 것으로 밝혀졌다. 금감위는 또 그해 7월 2일 규개위에 '여신전문금융업 감독 규정 개정안에 대한 규제 심사 요청'이라는 공문을 제출해 부대 업무 제한을 위한 감독 규정 개정 작업에 들어갔으나 규개위 사무국의 반대로 위원회에서 심의조차 되지 않은 것으로 드러났다. 규개위 사무국은 "헌법상 보장된 영업의 자유를 침해하고 (카드) 부실화 시에도 일반 국민들의 피해로 귀결되지 않으며, 서민들의 금융 이용 위축 가능성" 등을 이유로 오히려 금감위에 개정안 철회를 요구했다.

또한 신용카드 시장의 경쟁이 가열되고 신용카드 발급이 무분별하게 남발되자 금감위는 2001년 6월 관련 법 시행령을 개정해 7월 초 신용카드사의 길거리 회원 모집을 금지하겠다고 발표했다. 그러나 규개위는 7월 9일 금감위의 〈여신전문금융업 감독규정〉 개정안을 심의해 "신용카드 거리 모집 전면 금지는 영업의 자유를 침해하는 것"이라고 결론짓고, 금감위에 금지 방침 철회를 권고했다(『한국금융』 2001/12/03). 2001년 5월 감독 당국이 '신용카드업의 문제점 및 개선 방안'에 따라 의결했던 감독 규정 개정안 가운데 길거리 회원 모집을 금지하는 내용이 당시 규개위의 철회 권고로 시행할 수 없게 된 것이다. 2001년 11월 감독 당국은 신용카드 남발을 막고자 소득 증빙서류 제출 시에만 카드가 발급되도록 규제를 강화하려 했으나 역시 규개위가 이에 반대하여 카드사의 소득 증빙서류 확인만으로도 카드를 발급할 수 있게 되었다. 또한 감독 당국은 미성년자에 대한 카드 발급이 부모의 사전 동의가 있을 때만 가능하도록 규제를 강화하려 했으나 재경부의 반대로 부모에 대한 사후 통보로도 카드 발급이 가능하게끔 완화되기도 했다. 2001년에 감독 당국이 시도했던 규제 강화 조치들은 모두 재경부가 내수 진작 정책을 포기한 직후인 2002년 7월에야 뒤늦게 도입되었다(김홍범 2004, 156).

금감위 조사 결과 카드사들은 2002년 2월 27일부터 3월 15일까지 17일 동안 596명에게 본인 여부를 확인하지 않은 채 카드를 발급해 준 것으로 드러났다. 또 같은 기간 소득이 없는 무자격자와 미성년자 399명에게 카드를 발급해 주고 681건의 고객 정보를 유출한 것으로 밝혀졌다(『한겨레』 2002/03/27). 2002년 3월 길거리에서 무자격자에게 카드를 발급해 준 삼성카드, LG카드에 대해 두 달 동안 신규 카드 발급 및 카드 회원 모집 업무가 정지되었다. 외환카드도 45일간 발급·모집 업무가 정지됐고, 국민카드에도 5천만 원의 과징금이 부과되었다. 법규 위반 건수가 적은 나머지 19개 전업·은행계 카드사는 경고나 주의 조처를 받았다.

결국 적기에 감독 규정을 개정하지 않은 책임은 카드사들의 부실로 이어져 카드 대란의 직접적인 원인을 제공했다.[14] 이렇게 '신용카드 활성화 정책'으로 표현되는 김대중 정부의 신용카드 정책은 그 내용과 의미에서 볼 때 '신용카드 규제 완화정책'이라고 부르는 것이 정확할 것이다. 경제 위기 이후 김대중 대통령을 비롯한 정치 엘리트들은 신자유주의 헤게모니 아래 투명성과 규제 완화를 경제개혁의 가장 기본적인 목

---

14) 카드 사태에 대한 자세한 논의는 참여정부 국정브리핑 특별기획팀(2009)을 참조.

표이자 수단으로 생각했을 뿐 그것이 가져올 수 있는 폐해와 결과에 대해서는 주목하지 않았던 것으로 보인다.

제3장

기업 : 신용카드사의 대응과 대출 시장의 구조 변화

1. 신용카드 시장 개방과 과당경쟁의 구조

1) 신용카드 시장의 개방

앞에서 보았듯이 경제 위기 이후 경제 활성화를 의도했던 정부는 내수 진작을 위해 신용카드 정책을 선택하게 된다. 정부의 신용카드 정책은 신용카드사들의 수익과 관련하여 두 가지의 다른 효과를 갖는 것으로 예상되었다. 먼저 신용카드업에 대한 규제 완화 조치 가운데 카드사들의 부대 업무 비율 제한과 현금 서비스 이용 한도를 폐지한 정책은 신용카드 시장의 성장과 더불어 신용카드사들에게 이득을 가져다줄 수 있다. 그러나 다른 한편 규제 완화의 일환으로 과점적 형태로 유지되고 있었던 신용카드 시장에 대한 개방정책은 기존 카드사들의 입장에서는 불리한 정책으로 생각될 수 있다. 시장 개방으로 재벌 기업이 시장에 진입할 경우 경쟁이 치열해지면서 이들의 수익도 감소할 것으로 예상되기 때문이다.

정부는 1988년 이후 금지되었던 재벌의 신용카드업 진출을 허용하고, 조건만 갖추면 누구나 신용카드업에 진출할 수 있도록 허가할 것임을 밝혔다. 이에 따라 현대, SK, 롯데가 카드 시장에 진입할 것으로 공식화되었다. 더군다나 외국 기업들의 한국 시장 진출도 가속화해 파리바은행, 홍콩상하이은행 등 외국 기업의 시장 진출도 예상되었다. 실제로 재벌들의 신규 신용카드 시장 진출은 2001년 이후 이루어졌는데 그때까지 정부는 신용카드업 진출을 위한 등록 요건을 마련하는 등 관련 조치들을 취하게 된다. 재경부는 2000년 10월 신용카드 회사의 허가 및 등록 요건을 마련하여 카드 업계에 참여를 원하는 기업들은 이 요건들만 충족하면 신규 진입이 가능하도록 〈여신전문금융업법〉 개정안을 발표했다.

기존의 〈여신전문금융업법〉은 허가·등록과 관련해 자본금 요건만 명시돼 있었지만 개정안에서는 영위하고자 하는 업무를 수행하는 데 충분한 전문 인력과 전산 설비 등 물적 시설을 갖추고 있어야 하며, 주요 출자자가 충분한 출자 능력과 건전한 재무 상태 및 사회적 신용을 갖추어야 한다고 명시했다. 따라서 그동안 카드업 진출을 위해 전문 인력을 갖추고 전산 개발을 완료한 대기업 및 금융기관들의 카드업 진입이 예상되었다(『한국금융』 2000/10/12). 정부는 이런 요건을 구체화해 2001년 5월 자기 자본 비율 10퍼센트(은행), 부채비율 180퍼센트(일반 기업), 지급 여력 비율 150퍼센트(보험사), 그리고 점포 30개, 인력 3백 명, 금융거래 고객 15만 명, 자기 자금 8백억 원 이상을 확보하면 2001년 7월부터 신청 기업을 모두 허가할 것이라고 발표한다(『한겨레』 2001/05/04). 이에 따라 현대는 2001년, 롯데는 2002년에 신용카드 업계에 진출했다.

2) 시장 개방의 효과와 과당경쟁의 구조

1998년 정부의 신용카드 시장 개방 방침이 발표된 뒤부터 2001년 실제 재벌들이 신용카드 시장에 진출하기까지 기존 신용카드사들이 이윤 극대화를 위해 선택할 수 있었던 전략은 무엇이었을까? 영업이익은 수익에서 비용을 제외하는 것으로 산출된다. 따라서 카드사들의 수익은 카드 취급액을 증가시키는 것이 된다. 이때 취급액은 회원 수와 이용 여부, 인당 가치로 결정되는데 여기서 취급액을 늘리는 가장 손쉬운 방법이 회원 수를 확대하는 것이다. 더군다나 시장 개방이 예상되고 있었기 때문에 이들에게는 시장 개방 이전에 최대한 회원을 확보해 시장을 선점하는 것이 합리적인 선택이었다. 신용카드사들의 공격적 마케팅을 확인하기 위해 박사 학위논문을 준비하면서 LG카드 ○○○ 차장과 인터뷰 약속을 잡았다. 인터뷰는 2005년 3월 29일 LG카드사 서울역 지점에서 이뤄졌다. ○○○ 차장은 신용카드사들의 회원 확대를 위한 무분별한 카드 발급 경쟁에 대해 솔직하게 털어났다. 당시 1999~2001년까지 신용카드 시장은 이미 포화 상태였지만 LG카드는 회원 수가 1,500만 명을 넘어서면 안정적 수익이 나는 것으로 예상하고 공격적 마케팅 전략을 채택했다고 밝혔다. 특히 LG카드의 경우 1999년 CEO가 교체되면서 공격형 마케팅으로의 변화가 더욱 가속화되었다고 한다. 신용카드를 통한 대출이 큰 이익이 된다는 것을 감지하고 가장 손쉬운 마케팅인 회원 수 늘리기에 전력을 다했다는 것이다.

〈표 3-1〉에서 보듯이 신용카드사들이 회원 확보를 위해 과당경쟁을 벌인 결과 1999년부터 2001년까지 신용카드업은 급격히 성장했다. 카

표 3-1 | 신용카드 발행 및 사용액 성장률 (단위 : %)

연도(년)	카드 발행 수	가맹점 수	일시불 구매	할부 구매	현금 서비스	총액
1991	16	33	37	9	-7	6
1992	21	13	24	16	13	17
1993	32	56	35	83	90	71
1994	30	50	59	49	51	53
1995	32	33	37	28	20	26
1996	23	25	34	22	15	22
1997	11	23	20	13	12	14
1998	-8	9	-15	-27	-4	-12
1999	-7	33	46	22	47	43
2000	48	39	84	94	201	148
2001	54	47	131	97	84	97
2002	17	23	-6	-22	-30	-22

주 : 성장률=100×(금년도 항목−전년도 항목)/전년도 항목
출처 : 송수영(2004, 66).

표 3-2 | 신용카드 발급 실태

구분	신분증 없이 카드 발급 가능	신분증 없이 카드 발급 불가	계
비율(%)	95.1	4.9	100

출처 : 녹색소비자연대(2001/03).

드 발급 조건을 대폭 완화하고 무이자 할부, 다양한 서비스 제공 등 공격적인 마케팅을 시도해 2000년부터 카드 발급 수가 기하급수적으로 증가했던 것이다. 이 과정에서 신용카드는 길거리에서 발급 자격을 확인하는 절차 없이, 심지어 신분증이 없어도 발급되었다. 2001년 3월 녹색소비자연대에서 서울 시내 24개 가판을 조사한 결과를 보면 신분증 없이 발급이 가능한 비율이 무려 95.1퍼센트나 되는 것으로 나타났다 (〈표 3-2〉 참조).

이런 무분별한 카드 발급과 정부가 시행한 신용카드 영수증 복권 제

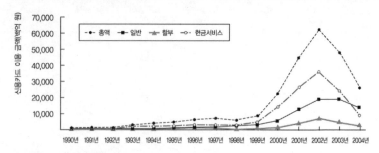

그림 3-1 | 신용카드 이용 실적

주 : 2004년은 삼사분기까지의 자료.
출처 : 여신금융협회(2004/12, 152).

도, 신용카드 소득공제와 같은 정책으로 인해 신용카드 이용액도 크게
증가했다. 〈그림 3-1〉에서처럼 신용카드 이용 실적은 현금 서비스, 일
반, 할부 순으로 증가했음을 알 수 있다. 흥미로운 것은 정부의 신용카
드 소득공제 제도나 신용카드 영수증 복권 제도와는 관련이 없는 현금
서비스 사용이 다른 서비스에 비해 훨씬 가파르게 증가했다는 사실이
다. 현금 서비스의 폭발적 증가는 2000년 현금 서비스 성장률이 2백 퍼
센트를 넘어서고 있음을 보여 주는 〈표 3-1〉에서도 확인할 수 있다. 이
런 결과는 어떻게 설명할 수 있을까?

대답은 신용카드사들의 수익 구조에 따른 전략 변화에서 찾을 수 있
다. 신용카드사들이 신용카드 영업으로 얻는 수익을 분류해 보면 회원
연회비, 가맹점 수수료, 신용카드 사용에 대한 수수료로 나눠 볼 수 있
다. 앞에서 지적했듯이 회원을 확대하면 연회비가 증가한다. 따라서 신
용카드사들은 회원 확보를 일차적인 목표로 설정한다. 그러나 회원 확

보를 위한 출혈경쟁으로 많은 카드사들이 연회비 면제와 같은 극단적인 조치들을 내놓았고 이는 신용카드사들이 회원을 확대하더라도 연회비의 증가라는 가장 주요한 수익원을 기대할 수 없는 구조를 낳았다.

결국 신용카드 사용에 대한 수수료가 카드사 수익의 절대 부분을 차지하자, 신용카드사들은 수수료 증가를 통해 이득을 창출해야 했다. 일시불로 물건 대금을 지불하는 일반 구매의 경우에는 수수료가 부과되지 않기 때문에 신용카드사들에게는 별다른 이득이 되지 않는다. 신용카드사들의 입장에서 볼 때 수익을 확대하려면 현금 서비스와 할부 이용을 확대하는 것이 가장 합리적인 전략이라 할 수 있다. 그러나 고소득층의 경우 수수료가 붙는 할부뿐 아니라 높은 수수료를 물어야 하는 현금 서비스를 이용하지 않기 때문에 사실상 신용카드사들의 수익 확대를 위한 영업 전략은 저소득층을 대상으로 이루어지게 된다. 손쉬운 대출이 가능한 대신 연 30퍼센트에 이르는 고금리를 책정할 수 있는 현금 서비스 이용을 확대하는 것이 이들에게는 가장 큰 이득일 수밖에 없었다. 그러나 저소득층을 대상으로 하는 현금 대출 위주의 영업은 카드사들에게 높은 이득을 가져다주는 한편 위험 요소가 높다. 결국 단순히 신용카드 발급을 남발한 것이 문제가 아니라 신용카드사의 기형적 수익 구조로 인해 신용카드사들의 영업 형태가 현금 서비스 위주로 확대될 수밖에 없었다는 것이 신용 불량자가 증가한 주요 원인이었다. 그리고 이런 비정상적인 영업이 정부의 양해로 허용될 수 있었다는 것이 문제의 핵심이다. 물론 이는 부대 업무 비율 제한의 폐지라는 배경 아래서 가능한 전략이었다.

2002년 정부는 신용카드 종합 대책을 통해 다시 부대 업무 비중 50퍼센트 상한선을 부과했다. 하지만 삼성과 LG는 기업 구매 전용 카드를 이용해 현금 대출 비율을 떨어뜨리는 데 활용했다. 삼성과 LG는 계열사의 기업 구매 전용 카드의 결제 실적을 크게 늘려 정부의 부대 업무 비중 규제를 피해 갔다. 2002년 삼성과 LG의 기업 구매 전용 카드 실적이 결제 서비스에서 차지하는 비중은 각각 51퍼센트, 44퍼센트에 달했다(『시사 저널』 2003/04/03).

2. 신용의 상품화와 대출 시장의 구조 변화

1) 신용의 상품화

과거에 까다로운 심사를 통해 발급되었던 신용카드는 이제 많은 사람들이 가지면 가질수록 신용카드사들에게 이익이 되는 하나의 상품이 되었다. 신용카드사들은 신용카드 발급을 확대하기 위해 다양한 방법을 동원했다. 신용카드사 직원과의 인터뷰를 통해 확인한 결과 당시 전업 카드사의 경우 대리점 모집과 설계사로 불리는 모집인을 통한 방문판매와 길거리 판매, 그리고 이른바 제휴 카드 방식(예를 들어 미도파 LG카드 등)을 통한 모집, 인터넷 사이트를 이용하는 방식 등이 활용되었다. 여기서 문제가 되었던 것이 모집인을 통한 방문판매와 길거리 판매였다. 2001년 국민·외환·LG·삼성카드 등 6개 카드 전문회사와 주택·한빛·조흥·한미·하나은행 등 8개 은행이 채용한 모집인 수는 무려 3만1천여 명에 달했다. 하지만 카드 업계에서는 통계에 잡히지 않은 숫자까지 포함하면 카드 모집인이 전국적으로 8만~9만 명에 이를 것으로 추정했다. 이는 LG카드사만 하더라도 설계사가 2만 명에 이르렀다는 LG카드 관계자의 설명으로 확인되었다.

이 모집인들을 통한 신용카드 발급의 문제는 발급 과정에서 소득이나 자격을 확인하는 작업이 형식적으로 이루어질 수밖에 없다는 점이다. 각 카드사들마다 모집인에게 능력만큼 수당을 지급해, 이들은 무자격자에게까지 경쟁적으로 카드 발급을 시도했다. 은행계 신용카드사들은 최고 1만3천 원, 전업계 신용카드사들은 최고 2만5천 원까지 수당을 지급했던 것으로 나타났다. 가입 회원들의 카드 사용 실적에 따라 수당을 차등 지급하는 회사(삼성카드)도 모집인들이 입회서만 들고 오면 무조건 모집 수당(3천 원)을 지급했다. 카드 회사들이 2000년 한 해 동안 모집인에게 회원 유치 대가로 지급한 보수는 1,928억 원에 달했다. 모집인 1인당 평균 631만 원에 이르는 셈이다. 은행계 카드사들이 자체 은행원을 모집인으로 활용하는 경우도 마찬가지다. 은행별로 차이가 있지만 은행원이 1명의 카드 회원을 데려올 경우, 일반적으로 3천 원 정도의 수당을 지급했다. 2000년 한 해 동안 모집인을 통해 발급한 카드 수는 무려 1,055만 장에 이르렀다. 모집인 1인당 평균 150장에 이르는 숫자라고 할 수 있다(『조선일보』 2001/05/22). 신규 회원 1명을 모집하는 데 모집인 수당과 경품 비용 등으로 카드사들은 2000년 초 2만 원 정도를 지출했으며, 2001년에는 5만 원까지 사용했다(『주간조선』 2003/04/24). 2001년 한 해에만 새로 발급된 수가 1,500만 장이므로 카드사들은 총 7,500억 원의 모집 비용을 쓴 셈이다.

결국 모집인을 통한 신용카드 발급과, 신분을 확인하지 않고 카드를 발급해 준 길거리 모집을 통해 자격 조건이 안 되는 사람들까지 신용카드 회원이 될 수 있었다. 신용카드사들은 소득이 없는 대학생은 물론 기초생활보장 대상자인 저소득층, 미성년자, 심지어 노숙인에게까지 신용카드 발급을 남발했다. 감사원 감사 결과에 따르면 2002년 5월 당시 국민연금관리공단에서 소득이 없어 국민연금 보험료 납부 예외자로 등록·관리하고 있던 184만여 명에게 총 431만여 장의 신용카드(평균 2.3매)를 발급했으며, 국민카드 등 19개 카드사는 2000년, 2001년에 사망자 189명에게 신용카드를 발급하거나 발급 신청 후 사망한 451명의 신용카드를 제3자에게 교부하기도 했다(감사원 2004/07/17). 또한 금감원에 따르면 2001년 4개월 동안 국내 7개 카드사 등이 발행한 20세 미만의 미성년 카드 회원은 19만3천 명에서 32만4천 명으로 66퍼센트가량 증가해 전체 카드 회원 증가율인 29퍼센트를 크게 웃돌았다(금융감독원 2001/02/27). 미성년자에 대한 카드 발급이 늘어나면서 당시 10대 신용불량자도 6,194명에서 7,456명으로 증가했다(『동아일보』 2002/01/07).

2) 신용카드업의 성장과 대출 시장의 구조 변화

그렇다면 이런 무자격자에 대한 카드 발급과 이들에 대한 비정상적인 현금 서비스 영업이 연체로 이어지리라는 것을 신용카드사들은 예측하지 못했던 것일까? LG카드의 경우 2001년 신용카드 발급 수가 연 4백만 개를 기록하면서 최고점에 달했다. 그런 경쟁적 마케팅의 결과 채권 팀

표 3-3 | 카드사별 이용 금액 추이 (단위 : 십억 원)

	1998년	1999년	2000년	2001년	2002년	2003년
국민카드	9,751	13,911	37,875	65,382	86,899	-
BC카드	25,161	34,381	75,577	141,420	181,771	153,276
신한카드	2,290	3,101	6,204	10,192	15,376	15,790
삼성카드	-	17,809	45,050	102,647	148,715	90,272
LG카드	11,182	17,783	51,676	112,008	160,295	106,413

출처 : 각 신용카드사 홈페이지에서 재구성.

표 3-4 | 카드사별 회원 수 추이 (단위 : 만 명)

	1998년	1999년	2000년	2001년	2002년	2003년
국민카드	530	549	817	1,050	1,277	-
BC카드	1,327	1,302	1,770	2,426	2,814	2,300
신한카드	133	137	168	218	254	277
삼성카드	-	621	1,138	1,302	1,364	1,188
LG카드	613	803	1,203	1,662	1,184	1,066

출처 : 각 신용카드사 홈페이지에서 재구성.

에서 리스크를 감지한 것이 2002년이었다고 한다. 하지만 리스크를 예상하고도 계속해서 규모를 확대하는 방향으로 정책이 결정되었다. 인터뷰에 응했던 LG카드 관계자는 이런 무모한 선택이 "삼성과의 경쟁 때문이었다"라고 솔직히 고백했다. 신용카드 정책의 결과 신용카드 산업의 폭발적 성장을 견인했던 삼성과 LG는 업계 1, 2위를 놓고 경쟁하면서 어느 한쪽이 양보하지 않을 경우 양쪽이 모두 파국으로 치닫게 되는 극단적인 치킨게임의 상황에 놓였던 것으로 보인다. 〈표 3-3〉과 〈표 3-4〉는 정부의 신용카드 정책 이후 주요 신용카드사들의 이용 금액과 회원 수 추이를 나타낸 것으로 과당경쟁에 따른 신용카드사들의 급격한 성장을 보여 준다. 표에서 보듯이 1998년 이후 신용카드사들은 전반적으로 빠

그림 3-2 | 삼성·LG카드의 시장 점유율 (단위 : %)

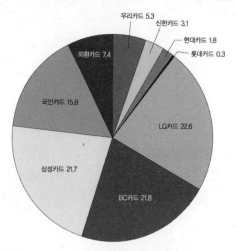

우리카드 5.3
신한카드 3.1
현대카드 1.8
롯데카드 0.3
외환카드 7.4
국민카드 15.8
LG카드 22.6
삼성카드 21.7
BC카드 21.8

주 : 2002년 총 카드 이용액 기준 시장 점유율. BC카드 점유율은 12개 회원사 은행 합계.
출처 : 여신금융협회.

른 성장세에 있었다. 그러나 무엇보다 삼성과 LG와 같은 재벌계 신용카드사들의 두드러진 성장세를 확인할 수 있다.

이런 신용카드 업계의 경쟁과 성장은 당시 TV를 켜기만 하면 경쟁적으로 흘러나왔던 신용카드 광고에서도 확인된다. 여자 연예인의 하루를 보여 주었던 LG카드, 유명 남녀 연예인을 내세워 "당신의 능력을 보여 주세요"라고 외치던 삼성카드, "열심히 일한 당신 떠나라"라는 광고 문구로 인기를 얻었던 현대카드, 역시 "부자 되세요"라는 유행어를 만들어 낸 BC카드 등이 있다. 신용카드사들의 광고 경쟁이 어느 정도 수준이었는지는 신용카드사 광고비 추이를 제시하는 〈표 3-5〉에서 분명히 드러난다. 이에 따르면 신용카드 5개 업체의 4대 매체(신문, 방송, 잡지, 라디오)

표 3-5 | 신용카드 광고비 추이 (단위 : 천 원)

	1997년	1998년	1999년	2000년	2001년	2002년	2003년	2004년
국민카드	973,462	1,036,303	2,357,401	6,037,405	13,311,350	26,336,767	5,882,355	754,233
BC카드	735,465	300,811	1,021,944	3,160,971	11,017,198	26,396,390	12,608,229	11,956,380
삼성카드	350,390	1,283,601	2,634,747	10,255,877	26,095,374	35,821,663	13,546,313	18,405,935
외환카드	1,463,660	138,336	516,238	2,156,008	7,455,120	10,897,051	6,670,716	2,400
LG카드	2,853,609	1,152,665	3,076,845	10,085,064	22,072,836	28,622,496	11,642,086	6,998,436
합계	6,376,586	3,911,716	9,607,175	31,695,325	79,951,878	128,074,367	50,349,699	38,117,384

출처 : KADD(2005).

에 대한 광고비는 1998년과 비교해 1999년에는 2배 이상, 2000년에는 다시 3배 이상 증가한다. 2002년에는 무려 30배 이상 증가했음을 알 수 있다. 신용카드 산업이 단기간에 얼마나 급격히 팽창했는지, 신용카드 사 간 경쟁이 얼마나 심했는지를 보여 주는 지표라 할 수 있다.

그런데 〈표 3-5〉에서 흥미로운 것은 삼성카드의 광고비 추이다. 경제 위기의 결과 1997년과 비교할 때 1998년의 광고비는 국민카드가 미미한 증가세를 보인 것을 제외하고는 다른 기업들의 경우 모두 감소 추세를 나타냈다. 그러나 삼성카드의 경우는 1997년 5개 기업 가운데 가장 낮은 광고비를 지출했으나 1998년 광고비를 4배 가까이 증가시켜 5개 업체 가운데 가장 많은 광고비를 지출했다. 1997년에는 삼성카드의 10배에 가까운 광고비를 지출한 LG카드도 1998년에는 광고비를 줄여 삼성과 비슷한 수준을 나타내고 있다. 삼성은 LG카드에 비해 신용카드 업에 뒤늦게 진입했지만 정부의 본격적인 신용카드 정책이 등장하기 직전 대대적인 물량 공세를 통해 신용카드업에 집중했던 것으로 보인다. 그 결과 삼성카드는 1997년 대비 2002년 광고비를 1백 배 이상 증가시켰다. 신용카드업에 대한 삼성의 이런 새로운 전략은 LG카드에 영향을

표 3-6 | 신용카드 발급 수 및 가맹점 수

구분	추계인구 (천 명)	경제활동인구 (천 명)	카드 수 (천 매)	경제활동인구 1인당 카드 소지자 (매)	가맹점 수 (천 점)
1997년	45,954	21,782	(11.2) 45,705	2.1	(23.0) 4,257
1998년	46,287	21,428	(-8.1) 42,017	2.0	(9.2) 4,649
1999년	46,617	21,666	(-7.2) 38,993	1.8	(33.2) 6,192
2000년	47,008	22,134	(48.4) 57,881	2.6	(39.1) 8,611
2001년	47,353	22,471	(54.3) 89,330	4.0	(46.6) 12,627
2002년	47,615	22,921	(17.3) 104,807	4.6	(23.6) 15,612
2003년	47,849	22,957	(-8.9) 95,517	4.1	(8.6) 16,949
2004년	48,082	23,417	(-16.0) 83,456	3.6	(8.6) 17,095
2005년	48,294	23,743	(-0.7) 82,905	3.5	(-5.7) 16,124
2006년	48,497	23,978	(9.9) 91,149	3.8	(5.7) 17,037
2007년	48,692	24,216	(-1.7) 89,565	3.7	(-13.7) 14,701
2008년	48,606	24,347	(7.5) 96,248	4.0	(6.2) 15,612
2009년	48,747	24,394	(11.2) 106,993	4.4	(6.1) 16,568

주: 카드 수 및 가맹점 수 항목의 괄호 안 수치는 전년 대비 증감률 (%).
출처: 여신금융협회(2010/06).

미치고 그것이 다시 거울 이미지처럼 서로 영향을 미쳐 두 재벌 신용카드사 간에 브레이크 없는 경쟁을 가져왔을 것으로 예상할 수 있다.

신용카드가 모집인을 통해 길거리에서 팔리는 일반 상품처럼 상품화되면서 경제활동인구 1인당 카드 수는 1994년 1.2개에서 2002년에는 4.6개로 증가했다. 그러나 여기에서 주목해야 할 점은 신용카드 발급의 급격한 증가가 2001년을 기점으로 서로 다른 원인에 의해 이루어졌다는 사실이다. 초기에 신용카드 수의 증가는 모집인을 통한 카드사들의 마케팅 전략 때문이었다. 하지만 이후 신용카드 수의 지속적인 증가는 무엇보다 현금 서비스 대출로 인해 부채를 진 사람들이 카드 돌려막기를 하기 위해 다수의 카드를 자발적으로 발급받았다는 점에서 차이가 있었다.

표 3-7 | 신용 불량자와 등록 건수 비율

구분	등록 건수 (건)	인원 (명)	1인당 건수 (건)
2002년 1월	6,805,544	2,456,614	2.77
2003년 5월	13,009,529	3,153,535	4.13
증감	6,324,570	690,610	9.16
증가율 (%)	92.93	28.11	-

출처 : 홍종학(2003)에서 재인용.

2002년 이전 신용 불량자 등록 건수는 평균적으로 1인당 2.77건이었다. 이것은 신용 불량자 한 사람에 대해 2.77개의 금융기관이 장기 연체를 신고했음을 의미한다. 반면에 2002년 1월부터 2003년 5월까지 증가한 69만여 명의 평균 등록 건수는 무려 9.16건에 달했다. 신용 불량자로 등록되기 이전에 무려 9개 이상의 금융기관에서 대출을 받았음을 의미한다. 이른바 카드 돌려막기가 얼마나 성행했는지를 보여 주는 예다.

1980년대 신자유주의의 영향으로 미국에서 신용 대출이 인색하게 조금씩 분배되는 희귀한 상품이 아니라 수익성 좋은 소비재가 되었듯이, 한국에서도 신용의 상품화 과정을 통해 신용카드는 기업들에 수익성 좋은 상품으로 인식되었다. 그리고 그것이 가져온 문제는 심각한 것이었다.

3. 신용카드사의 선택 : 높은 이자율과 강박적 채권 추심

1) 신용카드사의 선택 1 : 높은 이자율

무자격자에게 무분별하게 발급해 준 카드가 결국에는 신용카드사들에게 연체로 인한 불이익을 가져올 수도 있다는 것쯤은 신용카드사들도 충분히 예상했을 것이다. 그럼에도 신용카드사들이 무자격자에 대한 카드 발급을 지속적으로 확대하 현금 서비스 영업에 치중했던 것은 앞에서 보았듯이 일차적으로 기업들 간 경쟁에서 그 이유를 찾을 수 있다. 그러나 무엇보다 이들의 결정이 기업의 단기적 이익을 가져오지 않았다면 이런 비정상적인 행태가 지속될 수는 없었을 것이다. 그렇다면 기업들이 이런 영업 방식을 고수할 수 있었던 이유는 무엇이었을까? 두 가지 관점에서 생각해 볼 수 있다. 하나는 부대 업무라고 할 수 있는 현금 서비스와 카드론을 포함한 대출 업무에 대한 규제가 완화되면서 대출 업무 중심의 영업을 통해 높은 수수료와 연체료를 부과할 수 있는 구조가 가능했기 때문이다. 또 다른 하나는 채권자에게 유리한 채권 추심 제도가 불법적인 채권 추심을 가능하게 하여 신용카드사들은 채무를 진 개인에게 끝까지 부채를 상환하도록 강제할 수 있다고 판단했기 때문이다.

1999년 5월 현금 서비스 이용 한도가 폐지되어, 신용카드사들은 종전 70만 원에서 1천만 원까지 현금 서비스 한도를 올렸고 현금 서비스 이용액은 기하급수적으로 증가했다. 현금 서비스 사용액은 1997년 전체 카드 사용액의 47.1퍼센트였으나 1999년 53퍼센트, 2000년 64.6퍼센트, 2001년 60.45퍼센트로 크게 늘어났다. 여기에 카드론까지 포함할

표 3-8 | 연도별 신용카드 이용 실적 (단위 : 억 원)

연도(년)	신용카드 이용 실적						합계
	일시불	비율(%)	할부	비율(%)	현금 서비스	비율(%)	
1997	243,207	33.7	138,593	19.2	339,353	47.1	(14.4) 721,153
1998	206,695	32.5	101,613	16.0	327,259	51.5	(-11.9) 635,567
1999	302,289	33.3	124,050	13.7	481,486	53.0	(42.9) 907,825
2000	555,949	24.7	239,974	10.7	1,453,159	64.6	(147.8) 2,249,082
2001	1,283,527	28.9	473,554	10.7	2,676,594	60.4	(97.1) 4,433,675
2002	1,920,044	30.8	732,077	11.8	3,576,963	57.4	(40.5) 6,229,084
2003	1,906,716	39.7	504,157	10.5	2,374,563	49.8	(-22.9) 4,805,436
2004	1,883,645	52.6	418,801	11.7	1,276,048	35.7	(-25.5) 3,578,494
2005	2,133,747	58.6	452,041	12.4	1,052,376	28.9	(1.7) 3,638,164
2006	2,276,715	61.8	490,277	13.3	915,696	24.7	(1.2) 3,682,688
2007	2,548,364	64.0	575,705	14.4	857,821	21.5	(8.1) 3,981,891
2008	2,875,134	64.6	690,302	15.5	887,588	19.9	(11.8) 4,453,024
2009	3,012,743	66.3	716,723	15.8	814,514	17.9	(2.0) 4,543,980

주 : 합계의 괄호 안 수치는 전년 대비 증감률 (%).
출처 : 여신금융협회(2010/06).

경우 카드사의 현금 대출 서비스는 전체 이용의 70퍼센트를 훨씬 넘어
선다.

미국과 유럽 등 카드 문화 선진국의 경우 신용카드 사용액 가운데 물
품 구매가 80퍼센트를 차지하고 현금 대출이 20퍼센트를 차지한다는
사실은 당시 한국의 신용카드업이 얼마나 기형적으로 운영되었는지를
보여 준다. 현금 사용을 줄이자고 만든 신용카드가 오히려 현금 융통의
수단인 '대출 카드'로 변질돼 가계 대출을 늘리는 주범으로 자리 잡게 된
것이다. 신용카드사들이 이렇게 신용카드 본래 업무인 물품 구매보다
현금 서비스 및 카드론과 같은 대출 사업에 적극적이었던 것은 그만큼
수익이 높기 때문이다. 앞에서도 지적했듯이 연회비 평생 무료와 같은
마케팅은 기본적인 운영비인 연회비를 무료로 해 수익 구조에 악영향을

표 3-9 | 현금 서비스 이용 기간별 수수료율 변동 추이 (단위 : %)

구분	1997년 11월	1998년 1~2월	1999년 4월	2000년 12월
BC카드	(9.0) 21.63	(9.0) 22.9	(7.8) 22.9	(7.0) 23.56
LG카드	(12.1) 24.87	(12.6) 29.89	(12.7) 28.13	(9.4) 28.13
삼성카드	(12.44) 24.48	(15.18) 29.47	(11.16) 28.16	(9.82) 28.16
은행의 가계 대출금리	12.1	15.87	11.68	9.48

주 : 괄호 안 수치는 자금 조달 금리 (%).
출처 : 공정거래위원회(2002, 135).

끼쳤다. 따라서 이익 감소분만큼 다른 데서 이익을 늘릴 수밖에 없었다. 결국 과도한 영업 경쟁은 신용카드사들로 하여금 신용카드 사용 수수료를 높게 유지해 영업 수지를 개선하도록 강제하는 구조로 작용한다.

〈표 3-9〉는 이런 사실을 잘 보여 준다. 주요 카드사의 현금 서비스 수수료가 30퍼센트 가까이 되는 것을 확인할 수 있다. 특히 자금 조달 금리가 대체로 하락하고 있지만 수수료율에는 큰 변화가 나타나지 않고 있다. 이렇게 높은 수수료율로 인해 정부는 2002년 신용카드 대책을 통해 신용카드사들의 수수료율 인하를 유도한다는 방침을 세웠지만 2003년 연체 증가로 말미암아 신용카드사들이 막대한 손해를 보게 되자 다시 수수료를 업계 자율에 맡기게 된다. 이런 상황에서 카드사들은 현금 서비스와 카드론의 수수료율을 다시 인상했다. 〈표 3-10〉에서처럼 카드사들은 취급 수수료라는 것을 신설해 현금 서비스를 이용하면 선이자 격으로 수수료를 물리는 방식으로 수수료 이득을 더욱 확대하게 된다.

앞에서도 말했듯이 문제는 신용카드사들의 수수료가 거의 변동이 없거나 오히려 증가한 반면 신용카드사들의 자금 조달 금리(콜금리, 회사채 금리)는 급격히 하락했다는 사실이다. 〈그림 3-3〉에서 보듯이 조달 금리

표 3-10 | 수수료율 현황 (단위 : %)

신용카드사	현금 서비스		할부 수수료율	카드론		연체이자율
	수수료율	취급 수수료율		이자율	취급 수수료율	
국민은행	12.5~26.95	3.32	11.0~13.5	8.5~23.2	1.5~4.0	25.0~28.0
롯데카드	14.0~26.8	3.28	12.0~20.0	17.0~25.0	0.0~3.0	25.0~29.0
BC카드	12.0~25.92	3.54	8.8~18.5	11.5~18.7	1.0~3.0	23.5~26.5
삼성카드	13.0~27.5	2.46	10.0~20.0	12.5~23.2	0.0~3.5	28.0
신한카드	12.5~26.95	3.57	11.0~18.8	13.0~17.0	0.5~1.0	24.0~28.0
외환카드	15.9~26.9	4.20	11.5~21.9	12.5~23.5	0.5~4.0	25.0~29.0
우리카드	12.0~27.4	4.00	11.0~19.5	9.5~23.0	0.5~1.5	23.0~28.0
현대카드	14.0~30.8	3.25	12.0~21.2	12.0~24.8	1.0~4.0	25.0~29.9
LG카드	13.8~25.8	4.90	12.0~21.0	9.5~22.5	0.5~4.0	25.0~29.9

주 : 1) 2003년 12월 1일 현재.
　　2) BC카드는 회원 은행을 제외한 자체 수치.
출처 : 최공필·이명활 외(2004, 126).

는 1998년 20퍼센트를 상회하다가 지속적으로 하락해 1999년에는 10퍼센트 아래로 떨어졌으며 2003년 이후에는 5퍼센트 수준에 머물고 있다.

신용카드 이자율과 조달 금리의 차이가 벌어진다는 것은 그만큼 신용카드사가 막대한 초과 이득을 올리고 있음을 의미한다. 그렇다면 금리 체계가 이렇게 탄력적으로 이용되지 못하고 하방 경직적으로 운용되었던 이유는 무엇일까? 먼저 카드 산업 고유의 과점적 시장구조 때문이라는 주장을 생각해 볼 수 있다. BC카드 및 LG카드, 삼성카드는 IMF 경제 위기 상황에서 금리 인상 등을 이유로 1998년 1~2월 현금 서비스 수수료율, 연체이자율 등을 대폭 인상했다. 이후 자금 조달 금리는 하락했지만 수수료율이나 연체이자율의 인하율은 소폭에 그치거나 오히려 인상되는 등 시장 지배력을 이용해 수수료율을 부당하게 유지했다.

이런 주장대로라면 신용카드 시장이 개방되고 경쟁이 강화되면 수수료 인하 경쟁 역시 확대될 것이라고 예측해 볼 수 있다. 실제로 정부는 신

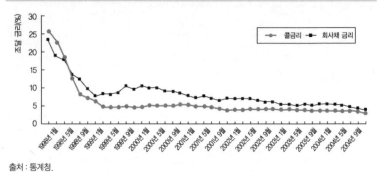

그림 3-3 | 조달 금리 변화 추이

출처 : 통계청.

용카드 시장을 개방하면서 이런 시장 개선 효과를 기대했다. 하지만 신
용카드 시장이 개방되고 2001년 이후 재벌계 신용카드사들이 신규 진출
했지만 신용카드사들의 수수료 인하 경쟁은 나타나지 않았다. 시장이 개
방되었음에도 가격 담합은 유지되었다. 공정거래위원회는 지난 2002년
4월 수수료를 담합해 인상한 혐의로 국민·삼성·LG·외환카드 등 4개 신
용카드사에 대해 233억여 원의 과징금을 부과했고, 이후에도 신용카드
사에 대한 담합 의혹에 대한 조사가 지속되었다(『중앙일보』 2004/09/02).
결국 카드 산업의 초과이윤 가운데 상당 부분은 담합적 가격 결정에 따
른 결과라고 말할 수 있을 것이다.

　이런 사례는 미국의 경우도 마찬가지다. 미국에서 개인이 부담하는
이자 비용은 1981년 이후 급격히 높아진 반면 기업의 조달 비용은 제자
리걸음을 하고 있다. 이에 따라 은행이 저축이나 연방준비제도이사회FRB
등으로부터 조달할 때 부담하는 금리와, 개인과 기업 등 다양한 고객으
로부터 받는 이자율의 차이(스프레드)가 급격히 벌어지는 사태가 발생했

다. 개인의 신용카드 이자율이 1981~92년 사이에 1.4퍼센트에서 14.3퍼센트로 거의 10배 이상 높아졌고, 자가용을 사기 위해 소비자가 부담하는 할부 금리는 1.0퍼센트에서 5.8퍼센트로 5배 이상 높아졌으며, 1980년대 금융시장 독과점 체제에 따라 은행 신용카드의 이자율은 2000년 18.3퍼센트로 뛴 반면, 기업의 우대금리는 2.5퍼센트에서 2.8퍼센트로 거의 변하지 않았다. 2000년 계층 간 신용카드 금리의 차이가 11.0퍼센트까지 줄어들었지만, 은행은 카드 대금을 제때 갚지 못할 경우 부과하는 연체이자율을 급격히 올려 금리 차 축소에 따른 손실을 상쇄했다(Manning 2000, 18). 로렌스 M. 어스벨Lawrence M. Ausubel 역시 4천 개의 기업이 신용카드 시장에 난립해 완벽한 경쟁 아래 놓여 있는 것처럼 보이는 미국에서 실제로 신용카드 수수료율은 조달 금리에 따라 쉽게 인하하지 않는다는 사실을 경험적으로 보여 주었다(Ausubel 1991). 그에 따르면 미국의 신용카드 시장은 몇몇 주요 카드사들이 주도하며 이들은 1983~88년에 은행에 비해 3배에서 5배에 이르는 높은 이득을 올릴 수 있었다.

결국 신용카드 시장 개방으로 신용카드사들 간에 서비스 경쟁을 통한 수수료율 현실화가 이루어져 소비자에게 유리한 결과가 나타날 것이라 예측되었지만, 시장에 내맡긴 자유경쟁이란 결코 이상적 자유경쟁 체제로 나타나지 않았다. 신용카드사들이 이렇게 높은 수수료율을 적용할 수 있었던 것은 1997년 8월 〈여신전문금융업법〉을 제정하면서 신용카드사 각종 수수료율의 최고 한도를 폐지했기 때문이었다.

여기에서 한국의 신용카드 시장을 이용하는 소비자들의 특징도 중요하게 고려되어야 한다. 한국의 신용카드 이용자들은 신용카드 수수료에 대한 사전 정보가 전혀 없어 신용카드 수수료의 등락이 신용카드 사용에 별다른 영향을 미치지 않았다. 다시 말하면 신용카드사들의 수수료 차이가 특정 신용카드를 사용하는 선택 조건이 되지 못했다는 것이다. 2003년 한국소비자보호원이 실시한 '신용카드 이용현황 및 소비자 의식 실태' 조사에 따르면 신용카드 사용 이유 가운데 수수료가 저렴해서 사용한다는 대답은 응답자 620명 가운데 25명(복수 응답)에 불과해 전체의 4퍼센트에 머물렀다. 계속해서 신용카드 관련 인지 정보도를 조사한 결과 현금 서비스 이자율, 할부 수수료율, 연체이자율을 정확히 알고 있는 소비자는 10명 가운데 1명에 불과했다(한국소비자보호원 2003).

이런 사실은 실제로 인터뷰를 통해 만났던 신용 불량자들의 응답 속에서도 확인할 수 있었다. 신용카드 현금 서비스의 수수료율을 사전에 알고 사용했다고 답변한 사람은 단 한 사람도 없었다. 이들은 신용카드사들을 은행과 비슷한 공공 기관으로 인식했고 신용카드사들이 그렇게 높은 이자를 통해 현금 장사를 할 것이라고는 생각하지 않았다고 말했다. 신용 불량자가 되어서야 신용카드 수수료와 연체료가 얼마나 높은지, 신용카드 부채가 기하급수적으로 증가하는 것을 경험한 후에야 카드업이라는 것이 고리대금업이라는 사실을 실감했다는 것이 이들의 공통된 지적이었다. 이런 시장 조건에서 신용카드사들은 굳이 신용카드 수수료율을 경쟁적으로 낮출 유인이 없었다. 오히려 카드사들은 이런 현실을 조장해 담합적으로 수수료율을 유지하거나 변칙적인 방법으로 수수료 수입을 올려 왔던 것이다.

LG카드 직원과의 인터뷰에서 확인되었듯이 사실상 신용카드사들의 수수료율 책정은 담합에 의한 것이었다. 이 외에도 카드사들은 정부의 각종 규제 완화를 틈타 현금 서비스 결제 기간을 늘리는 방식으로 수수료 이득을 올렸다. 신용공여 기간은 고객이 카드로 물건을 사거나 현금 서비스를 받은 날부터 대금을 결제하는 날까지의 기간을 뜻한다. 삼성 카드, LG카드 등 전업 카드사들은 오래전부터 현금 서비스 신용공여 기간을 평균 28~58일로 늘렸으며 이에 따라 상당수 은행계 카드사들도 공여 기간을 늘려 나갔다. 국민카드와 신한카드는 23~53일에서 29~59 일로, 외환카드는 30~60일로 결제 기간을 늘렸다. 한 카드 업계 관계자의 지적과 같이 "현금 서비스는 수수료율이 연 20퍼센트대를 웃돌고 하루 단위로 수수료가 누적 부과되는 구조"(『한겨레』 2003/04/29)로 이루어져 있기 때문에 결제 기간을 늘리는 것은 그만큼 수익의 증가로 이어진다. 또한 신용카드사들은 수수료에 거의 손을 대지 않고도 신용 등급을 하향 조정하는 방식으로 고객들의 저항을 최소화하면서 마진을 높일 수 있었다. 금감원과 여신금융협회에 따르면 신용카드사들은 저금리 추세에 따른 고객 저항을 감안해 수수료율을 상향 조정하지는 않았지만 고객들의 신용 등급 분포를 조정하는 방식으로 마진율을 높인 것으로 조사되었다(금융감독원 2003/02/21).

결국 신용카드사들의 무분별한 카드 발급을 가능하게 했던 높은 수수료율이 일반 서민들을 빚의 노예로 만든 약탈적 대출 시장을 허용한 셈이었다. 금융시장의 금리 자유화가 일반화되면서, 신용카드 시장의 각종 카드 금리도 자유화되었다. 정부는 규제 완화를 내세우며 신용카드사들의 수수료 책정을 업계 자율에 맡겼으나 카드사들은 시중금리가 급격히 인하했음에도 수수료 인하에 소극적이었다. 실제 금감원이 2002 년 3개 우량 전업사의 원가를 분석한 결과, 취급액은 현금 서비스와 신용판매 비중이 6 대 4 수준인 반면, 수익 면에서는 현금 서비스(55퍼센트)

와 카드론(38퍼센트)이 전체의 93퍼센트에 이르는 등 수익의 대부분을 차지했음을 알 수 있다(『한겨레』 2003/04/29).

2004년 국정감사에서 제시된 '적정 신용카드 수수료 산출을 위한 원가 분석 보고서'에 따르면 2001년을 기준으로 삼성카드 등 3개 카드 회사의 초과이윤은 평균 8,403억 원에 이르는 것으로 나타났다. 신용판매에 의한 초과이윤은 328억 원에 불과한 반면 현금 서비스 및 카드론 서비스 등이 각각 4,642억 원, 3,433억 원에 이르러 삼성카드 1조8백억 원, LG카드 9,362억 원, 국민카드 5,047억 원의 초과이윤이 발생했다. 3개사 모두 대출 부분의 초과이윤 규모는 카드사업부 전체의 초과이윤 규모와 거의 일치했다. 따라서 현금 서비스와 카드론 서비스가 카드사업부 전체의 초과이윤을 차지한다고 볼 수 있다. 대출 부분에서 삼성카드는 1조235억 원, LG카드는 8,845억 원, 국민카드는 5,146억 원의 초과이윤을 실현했음을 알 수 있다. 초과이윤이 발생한 원인은 현금 서비스의 수익률이 '1999년 30.21퍼센트 → 2000년 28.32퍼센트 → 2001년 24.13퍼센트'의 수익률로 6퍼센트 감소한 반면, 비용률은 '1999년 25.63퍼센트 → 2000년 18.40퍼센트 → 2001년 15.48퍼센트'로 10퍼센트 감소하여 비용률의 감소 속도보다 수익률의 인하 속도가 더 느렸기 때문으로 분석되었다. 외부 조달 비용 등 비용의 감소 효과가 카드 수수료율 등 수익의 감소로 이어지는 데 시간차가 있었음을 알 수 있다. 이 보고서에서는 카드 시장의 경쟁 속도가 더 강했다면 이런 비용 절감 효과가 카드 이자율 또는 수수료율의 인하로 이어지는 시간차가 줄었을 것으로 분석했다.

하지만 앞에서도 지적했듯이 수수료율에 대해 둔감한 신용카드 사용자들이 존재하고 수수료에서 카드 회사의 신용카드 전체 이익이 산출되는 구조에서, 서로 치열하게 경쟁하는 신용카드사들이 신용카드 수수료율을 낮출 것으로 예상하기는 어렵다. 계속해서 이 보고서는 삼성카드 등 3개 카드사의 순이자 마진은 미국의 카드사보다 3~4퍼센트 높고, 이 3개사가 미국에서 가장 수익성이 좋은 카드 회사인 캐피탈 원Capital One보다 수익성 자산 평균 잔액(평잔) 대비 3퍼센트 정도 높은 수익을 얻고 있으며, 이는 회원들로부터 3퍼센트 정도 높은 수익을 얻고 있다는 것을 의미한다고 보았다. 특히 수수료율 및 연체료율은 2001년에 비해 전반적으로 상승해 신용카드 이용자의 피해는 가중됐으며, 경기 침체 등으로 인한 신용카드 회원의 결제 능력 부재가 연체로 이어져 신용 불량자를 양산했던 것이다(『한국금융』 2004/10/12).

미국에서도 과거 10여 년간 악성 채무 손실과 대손상각이 치솟았지만 이윤은 더 빨리 올랐다. 신용카드 연체율은 1980년대 초에 3퍼센트 이하였지만, 2001~02년에는 4퍼센트가 넘었다. 흥미로운 것은 연체율이 올라가면서 신용카드 대출의 수익성은 다른 대출 형태의 약 2배가 되었다는 사실이다(Warren and Warren Tyagi 2003, 129). 그만큼 신용카드사들의 현금 대출은 연체를 하더라도 높은 연체이자율 탓에 높은 수익을 보장한다고 할 수 있다. 미국에서 신용카드 회사의 높은 수익률을 보고 금융회사들도 신용카드업에 진출하기 위해 규제 완화를 부르짖었고, 그 결과 1999년 〈금융산업 현대화법〉Financial Services Modernization Act을 이끌어 냈다. 미국인은 1994년 말 기준으로 평균 카드빚 4천 달러를 짊어지고 리볼빙 결제를 하는데, 이자율은 고리대와 다름없는 연 17퍼센트였다. 미국인이 짊어진 카드 채무도 늘어나 2000년 초반 전체 개인 채무

1조4천억 달러 가운데 43퍼센트인 6,020억 달러가 카드빚이었다. 특히 리볼빙 결제 채무는 1980년 카드 채무 가운데 15.8퍼센트인 551억 달러에서 1990년 30.2퍼센트인 2,386억 달러로 늘어난 뒤 다시 1995년에는 40.4퍼센트인 4,430억 달러로 지속적으로 증가했다. 리볼빙 결제 채무가 늘어났다는 사실은, 은행이 만기를 연장할 때마다 이자율을 높이는 방법으로 수익을 급격히 높일 수 있게 되었다는 점에서 중요하다(Manning 2000, 11-13).

결국 한국이나 미국에서 신용카드 대출을 통한 높은 수익이 보장되자 기업들은 앞다퉈 신용카드 시장에 진입하고자 했다. 미국에서는 상환 능력이 없는 사람에게 돈을 빌려 주고 이득을 취하는 행위를 '약탈적 대출'predatory lending이라 하여 철저히 금지하고 있다. 전미全美주택연구원The National Housing Institute은 약탈적 대출을 "채무자에게 손해를 입히거나 불평등과 빈곤을 조장하는 신용 제도를 뒷받침하는 모든 불공정한 신용 관행"으로 정의한다(Warren and Warren Tyagi 2003, 151). 하지만 엘리자베스 워런Elizabeth Warren과 아멜리아 워런 티아기Amelia Warren Tyagi는 '약탈적 대출'이라고 할 만한 불공정한 관행을 단속하려는 시도는 규제를 회피하기 위해 상품을 계속 바꾸는 대출업자들보다 항상 뒤처질 수밖에 없다고 말한다. 따라서 약탈적 대출을 최종적으로 중지시킬 수 있는 유일한 길은 이자율에 대한 규제라고 주장한다. 이자율에 대한 제한은 그로 인한 신용카드사들의 수익 구조를 악화시켜 신용카드사들 스스로 신용카드 발급에 대한 조건을 높일 수 있기 때문이다.

그동안 한국의 신용카드사들은 취급 수수료율을 줄이기 시작해 2010년 들어 주요 신용카드사들은 취급 수수료율을 완전히 없앴다. 하지만

표 3-11 | 수수료율 현황 (단위 : %)

신용카드사	현금 서비스		할부 수수료율	카드론		연체이자율
	수수료율	취급 수수료율		이자율	취급 수수료율	
KB카드	7.90~28.80	–	10.00~21.40	7.50~27.90	–	24.50~29.90
롯데카드	7.89~28.19	–	9.90~21.90	7.80~24.90	–	25.00~29.00
BC카드	15.00~25.92	–	11.00~18.50	–	–	25.00
삼성카드	7.90~28.50	–	10.00~21.80	7.90~24.90	–	24.90~29.90
신한카드	9.84~28.34	–	10.8~21.9	7.6~26.9	–	25.00~29.90
우리카드	9.20~27.40	1.88	14.50~19.50	7.69~15.22	1.0~2.0	23.0~28.0
현대카드	8.50~28.50	–	9.90~22.80	8.50~27.50	–	25.00~29.90

주 : 2010년 10월 6일 현재.
출처 : 여신금융협회.

여전히 신용카드사의 현금 서비스 수수료율은 20퍼센트를 훨씬 넘어서고 있으며 연체이자율 역시 30퍼센트에 이르는 고금리를 적용하고 있다. 더군다나 BC카드를 제외한 대부분의 신용카드사들이 현재 리볼빙 결제라는 새로운 결제 방식을 도입해 높은 이자를 챙기고 있다.

최근 미국 정부와 의회는 주택 거품과 함께 가계 부채를 급속히 확대시킨 주범인 신용카드 산업에 족쇄를 채우는 법을 통과시켰다. 미국 상원은 2009년 5월 20일 카드사의 폭리를 줄이는 대신 카드 사용자의 부담을 낮추는 〈카드법〉Credit CARD Act; The Credit Card Accountability Responsibility and Disclosure Act을 압도적 표차로 통과시켰다. 상원에서 통과된 법안의 내용은 대금 납부 만기일 이후 60일이 경과하기 전까지 연체료를 물릴 수 없도록 하고, 카드를 발급한 지 1년 안에 금리 인상을 금지하고 있다. 또 카드 이용 대금 청구서를 납부일 21일 전에 이용객에게 통보하게 했으며, 이자율을 변경할 땐 45일 전에 미리 알리게 했다. 또 카드 발급 남발을 방지하기 위해 21살 이하 가입자에 대한 발급 기준을 까다롭게 했다. 『월

스트리트 저널』은 "수천만 명의 미국인들이 자신들의 카드빚에 대한 더 많은 정보를 갖게 될 것"이라고 보도했다. 상원의 해리 리드Harry Reid 민주당 원내 대표는 "우리는 고객들을 악용하는 신용카드사에 대항하고, 소비자들을 지지한다"라며 "거대 은행들은 열심히 일하는 미국인들을 더는 속여서는 안 된다"라고 말했다. 미국인들은 매년 연체료로 카드사에 150억 달러를 갖다 바치고 있다. 카드 소지자 5명 가운데 1명은 20퍼센트가 넘는 대출 수수료를 물고 있다.

미국 가계의 카드 부채는 2008년 12월 현재 9,923억 달러로 GDP의 6.9퍼센트를 차지할 만큼 급속히 커졌다. 가계의 카드 부채는 지난 10년 동안 25퍼센트 증가했으며, 1973년 이후 35년 만에 약 1백 배 성장했다. 주택 담보대출(14조6,392억 달러)과 카드 부채를 합하면 미국 가계의 부채는 GDP(14조3,300억 달러)를 훨씬 넘어선다. 오바마 행정부는 카드 업계를 규제하여 신용카드로 인해 고통 받는 소비자를 보호하기 위해 노력하고 있다(『한겨레』2009/05/21).

2) 신용카드사의 선택 2 : 강박적 채권 추심

신용카드사들의 무분별한 카드 발급을 가능하게 만든 또 다른 조건은 강박적 채권 추심이라 할 수 있다. 신용카드사들은 채권자에게 유리한 채권 추심 제도로 인해 일단 신용카드를 발급하고 연체를 하더라도 채무자에게 모든 수단과 방법을 동원해서 부채를 받아 낼 수 있다고 판단했다. 실제로 신용카드사들은 대학생처럼 소득이 없는 사람들, 심지어 미성년자에게도 대출해 주었지만 이로 인해 엄청난 이득을 올릴 수 있었다. 이들이 연체하면 높은 연체이자율을 부과했으며, 형사 고소를 하겠다고 부모에게 빚 독촉을 하면 부모들은 대신 빚을 갚을 수밖에 없었다.

당시 카드 업계는 미성년자(만 20세 미만)에게 부모 동의 없이 카드를 발급한 것에 대해 문제가 없다고 항변했다. 〈여신전문금융업법〉이 '18세 이상 소득이 있는 자'에게 신용카드를 발급할 수 있게 해왔다는 근거 때문이다.[1] 전국은행연합회에 따르면 2002년 11월 미성년 신용 불량자는 6,981명으로 여자가 4,246명, 남자가 2,735명에 이르렀다. 대부분 신용카드 이용자였다. 미성년 신용 불량자가 증가하면서 신용카드 회사에 대한 소송이 이루어졌다. 2002년 4월 27일 처음으로 삼성카드, LG카드 등 총 7개 금융회사를 대상으로 미성년 신용 불량자 총 44명이 참여하여 소송이 제기되었다. 2002년 12월 27일 서울지방법원은 "미성년자와의 카드 계약은 무효이고, 카드사는 수수료와 이자를 돌려줘야 한다"라고 판결했지만 아울러 "미성년자라도 부당이득은 반환해야 한다"라고 밝혔다.

이 판결은 "미성년자를 보호해야 한다는 민법의 취지를 재확인해 무분별한 카드 발급에 쐐기를 박으면서도 카드사의 현실적인 손해는 막은 타협적인 판결"이었다. 재판부는 미성년자가 계약을 취소할 경우 처음

---

[1] 〈여신전문금융업법 시행령〉이 법정대리인의 동의 없이 미성년자에게 카드를 발급하는 행위를 금지하는 내용을 담아 개정된 것은 2002년 7월이었다.

부터 계약은 무효가 되고 그 과정에서 발생한 이득은 환원해야 한다고 선고했다. 이 경우 양자의 관계는 채권-채무 관계가 아닌, 부당이득을 서로 반환해야 하는 관계가 된다. 하지만 재판부는 신용카드로 물품을 구입한 경우 카드사가 가맹점에 대납한 대금, 즉 물건 값이 미성년자가 취한 부당이득이라고 보았다. 카드사가 얻은 부당이득은 가입자가 지불한 대금이다. 현금 서비스는 모두 미성년자가 반환해야 할 부당이득으로 보았다. 결국 "돈을 썼으면 갚아야 한다는 보통 사람들의 상식에 기댄 안이한 판결"이었다(『시사저널』 2003/01/16).

또한 신용카드사들이 연체 등의 이유를 들어 사기 혐의로 경찰에 고소한 회원 수가 1999년 1만2,433명, 2000년 1만3,451명, 2001년 1만6,477명에 달했다. 이런 카드사들의 고소에 대해 경찰청이 신용카드사의 책임을 인정하여 연체 회원에 대한 카드 발급 심사 자료를 검토해 애초부터 신용 상태가 카드 발급 요건이 되지 않는 사실을 알면서도 카드를 발급해 준 경우 '혐의 없음'으로 처리를 한 것은 2002년 2월에 이르러서였다. 2002년 2월 이전에는 전적으로 채무자에게 책임을 물었으며 심지어 형사처분까지 가능했다. 2002년 2월 이후 형사 고소는 줄어들었지만 신용카드사들은 채권 추심이라는 권리를 행사할 수 있었다. 신용카드사들에게 강력한 채권 추심이 허용되면서 육체적 폭력을 제외하고는 거의 아무런 제재 없이 모든 채권 추심 수단이 동원되었다.

결국 채무자들은 이런 추심 행위에서 벗어나기 위해 다른 카드사에서 빚을 얻는 이른바 '카드 돌려막기'를 하든지, 사채를 사용할 수밖에 없었다. 강박적 채권 추심에 대해 그나마 채무자가 할 수 있는 일은 금감원에 신고하는 일이었지만 금감원의 민원 창구는 신용카드사의 직원이 파견 근무하는 제도를 채택해 별다른 실효성이 없었다. 이렇게 강박적 채권 추심이 만연해 가면서 불만이 고조되자 2002년 정책 당국에서도 과도한 채권 추심을 규제하기에 이른다. 그 결과 〈여신전문금융업 감독규정〉 24조 8항의 채권 추심 시 준수 사항이 신설되었다(홍종학 2004, 77). 주요 내용은 다음과 같다.

> 제24조의 8(채권 추심 시 준수 사항) [2002.7.4 본조신설] ① 법 제24조 및 시
> 행령 제7조의 제2항 제6호의 규정에 의하여 신용카드업자는 채권을 추심
> 함에 있어서 다음 각 호의 행위를 하여서는 아니된다.
> 1. 폭행 또는 협박을 가하거나 위계 또는 위력을 사용하는 행위
> 2. 채무자의 채무에 관한 사항을 채무이행 의무가 있는 경우 등 정당한 사유
>   없이 그의 관계인(채무자의 보증인, 채무자의 친족 및 약혼자, 채무자와
>   동거하거나 생계를 같이하는 자, 채무자가 근무하는 장소에 함께 근무하
>   는 자를 말한다. 이하 같다)에게 알리어 부담을 주거나 대납을 요구하는
>   행위
> 3. 채무자 또는 그의 관계인에게 채무에 관한 허위 사실을 알리는 행위
> 4. 신용 불량자 등록 시 입을 수 있는 불이익을 허위 또는 과장하여 알리는
>   행위
> 5. 채무자가 결제 능력 증빙서류 등을 위조 또는 허위로 제출하여 신용카드
>   업자를 적극적으로 기망하지 아니하였음에도 사기죄로 고소하겠다고 위
>   협하거나 고소하는 행위
> 6. 심야(오후 9시부터 오전 8시까지를 말한다)에 방문 또는 전화하는 행위
> 7. 기타 비정상적인 방법으로 채권을 추심하여 채무자 또는 그의 관계인의

사생활 또는 업무의 평온을 해치는 행위

② 신용카드업자는 채권을 양도할 경우 양수받은 자가 제1항의 규정을 준수할 수 있도록 하여야 한다.

그러나 2003년 3월 7일 여신금융협회에서 카드채에 대한 자금 지원과 더불어 채권 추심 행위에 대한 제약을 풀어 줄 것을 요청하자 카드사의 자산 건전성을 우려한 정부는 입대나 이민 등으로 장기간 연락이 되지 않는 경우 부모에게 채무 사실을 알릴 수 있도록 허용했다. 이 정책은 채무자가 장기간 피해 다니는 경우 부모에게 알릴 수 있다는 것으로 확대 해석되어 다시 채권 추심의 강도는 높아졌다. 연체율이 높아지자 카드사들은 채권 추심 인력을 대거 충원했는데 채권 회수 실적에 따라 수당을 지급받는 채권 추심인들의 불법적 추심 행위는 구조적으로 만연할 수밖에 없었다(홍종학 2004, 77-78). 실제 신용카드사의 한 고위 임원은 "주위에서 부작용을 떠들면 규제하고 카드사가 어려워지면 풀어 주는 등 땜질 처방의 연속"이었다면서 정부 정책에 일관성이 없었던 것이 카드사에 도덕적 해이를 가져왔다고 지적했다. 임기응변식 조치가 계속되면서 카드사들은 "어려우면 정부가 도와준다"라는 잘못된 믿음을 갖게 됐고 이로 인해 '도덕적 해이'가 만연하게 됐다는 설명이다(『동아일보』 2003/12/08).

더군다나 불법적 추심 행위를 적발하고도 금감원은 해당 카드사와 추심원들에게 아무런 제재 조치를 취하지 않았다. 2004년 9월 5일 감사원이 민주노동당에 제출한 자료에 따르면 2002년 1월부터 2003년 12월까지 금감원은 9,539건의 부당 채권 추심 민원을 접수해 이 가운데 6,364

건(66.7퍼센트)의 경우 해당 카드사로 넘겨 자체 조사하게 했고 3,175건 (33.3퍼센트)에 대해서는 직접 조사했다. 금감원이 직접 조사한 민원 가운데 982건은 민원인의 주장대로 카드사의 불법행위가 사실로 확인됐으나 금감원은 카드사와 추심원의 불법행위와 관련해 단 한 건도 제재 조치를 취하지 않았다(『세계일보』 2004/09/06). 금감원의 문제뿐 아니라 애초에 불법 채권 추심 민원 가운데 70퍼센트 가까이를 해당 카드사가 처리하고 있다는 사실도 민원 처리의 공정성이라는 점에서 문제가 있다. 2004년 1월부터 8월까지 해당 카드사에 접수된 민원은 모두 2,577건으로 LG카드가 951건으로 가장 많았으며, 삼성카드 824건, 우리카드가 658건 순이었다(『문화일보』 2004/10/23).

이후 2005년 4월 26일 국회 재정경제위를 통과한 〈대부업 등의 등록 및 금융이용자 보호에 관한 법률〉(〈대부업법〉)에 따라 채무자의 가족이나 직장 동료 등에게 채무 사실을 알리는 행위가 전면 금지되었다. 〈대부업법〉에 따르면 채무자의 소재 파악이 곤란한 경우를 제외하고는 채무자의 관계인에게 연락하는 행위가 금지되고 엽서 등 제3자가 채무 내용을 알 수 있는 형태로도 채무자에게 통보할 수 없게 되었다. 이런 법률의 변화에도 불구하고 강박적 채권 추심이 사회적인 문제가 되면서 모든 채권자와 그 대리인의 부당한 행위를 막기 위한 별도 법률의 필요성이 제기되었다. 그 결과 여야 합의로 2009년 2월 〈채권의 공정한 추심에 관한 법률〉(〈채권 추심법〉)이 제정되어 8월부터 시행되고 있다. 주요 내용은 다음과 같다.

제1조(목적) 이 법은 채권 추심자가 권리를 남용하거나 불법적인 방법으로

채권 추심을 하는 것을 방지하여 공정한 채권 추심 풍토를 조성하고 채권자의 정당한 권리 행사를 보장하면서 채무자의 인간다운 삶과 평온한 생활을 보호함을 목적으로 한다.

제9조(폭행·협박 등의 금지) 채권 추심자는 채권 추심과 관련하여 다음 각 호의 어느 하나에 해당하는 행위를 하여서는 아니된다.

1. 채무자 또는 관계인을 폭행·협박·체포 또는 감금하거나 그에게 위계나 위력을 사용하는 행위

2. 정당한 사유 없이 반복적으로 또는 야간(오후 9시 이후부터 다음 날 오전 8시까지를 말한다. 이하 같다)에 채무자나 관계인을 방문함으로써 공포심이나 불안감을 유발하여 사생활 또는 업무의 평온을 심하게 해치는 행위

3. 정당한 사유 없이 반복적으로 또는 야간에 전화하는 등 말·글·음향·영상 또는 물건을 채무자나 관계인에게 도달하게 함으로써 공포심이나 불안감을 유발하여 사생활 또는 업무의 평온을 심하게 해치는 행위

4. 채무자 외의 사람(제2조 제2호에도 불구하고 보증인을 포함한다)에게 채무에 관한 거짓 사실을 알리는 행위

5. 채무자 또는 관계인에게 금전의 차용이나 그 밖의 이와 유사한 방법으로 채무의 변제 자금을 마련할 것을 강요함으로써 공포심이나 불안감을 유발하여 사생활 또는 업무의 평온을 심하게 해치는 행위

6. 채무를 변제할 법률상 의무가 없는 채무자 외의 사람에게 채무자를 대신하여 채무를 변제할 것을 반복적으로 요구함으로써 공포심이나 불안감을 유발하여 사생활 또는 업무의 평온을 심하게 해치는 행위

제10조(개인정보의 누설 금지 등) ① 채권 추심자는 채권 발생이나 채권 추심과 관련하여 알게 된 채무자 또는 관계인의 신용정보나 개인정보를 누

표 3-12 | 주요 불법 채권 추심 유형 (2010년 8-9월, 단위 : 건)

제3자에게 채무 사실 고시	채무자 폭행·협박	반복 전화	제3자에게 대리 변제 요구	개인 회생·파산 면책 뒤에도 변제 독촉
61	54	42	17	9

출처 : 금융감독원.

설하거나 채권 추심의 목적 외로 이용하여서는 아니된다.

② 채권 추심자가 다른 법률에 따라 신용정보나 개인정보를 제공하는 경우는 제1항에 따른 누설 또는 이용으로 보지 아니한다.

새로 신설된 〈채권 추심법〉은 미국의 〈공정 채권 추심법〉Fair Debt Collection Practices Law으로부터 상당한 영향을 받아 과거와 같은 강박적 채권 추심에 대한 전반적인 규제를 가하고 있다. 하지만 이런 법률을 제정했음에도 불법적인 채권 추심은 지속되고 있다. 최근 금감원에 접수된 주요 불법 채권 추심 유형을 보면 제3자에게 채무 사실을 고시하는 사례가 가장 많이 나타났고 채무자에 대한 폭행이나 협박 역시 계속되는 것으로 조사되었다. 더군다나 개인 회생이나 파산 면책을 받은 후에도 변제를 독촉하는 불법행위가 이루어지고 있음을 확인할 수 있다. 또한 〈채권 추심법〉 9조 2항의 "반복적으로 또는 야간에"라는 문구를, 야간만 피하면 추심 행위를 할 수 있다고 해석하거나, '반복적으로'의 명확한 기준이 없다는 것을 빌미 삼아 추심자들이 악용할 수 있다는 판단에 따라 법률을 개정해야 한다는 요구 역시 제기되고 있다.

미국의 경우는 〈공정 채권 추심법〉을 통해 채무자는 채권자에게 공정한 채권 추심을 요구할 수 있다. 미국의 〈공정 채권 추심법〉은 소비자를 보호하기 위해 세심히 배려하고 있다. 예를 들어 기본적으로 채권 추심을 하기 위해 소비자 이외의 제3자에게 연락하는 것을 허용하지 않고 있는데, 소비자의 연락처를 알아내기 위해 부득이하게 제3자에게 연락하는 경우에도 소비자에게 피해가 되지 않도록 매우 구체적으로 규제하고 있다(§804. Acquisition of location information). 즉, 채권 추심자는 ① 자신의 신원을 밝히고 자신이 해당 소비자의 연락처를 알기 위해 연락하는 것임을 밝혀야 하며, 상대방이 요구하는 경우에 한해서 자신의 회사를 밝힐 수 있으며, ② 소비자가 빚을 지고 있는 사실을 절대 밝혀서는 안 되며, ③ 제3자가 원하지 않는다면 그에게 한 번 이상 연락해서는 안 되며, 단지 처음 연락 시에는 잘못된 정보를 주었지만 추후에 올바른 정보를 가지고 있다고 판단되는 경우는 예외로 하며, ④ 엽서로 연락해서는 안 되며, ⑤ 우편과 전보를 이용하는 경우에 채권 추심과 관련되어 있음을 알릴 수 있는 일체의 언어, 기호가 나타나서는 안 되며, ⑥ 만약 해당 채무와 관련해 변호사가 선임되어 있는 경우에는 변호사를 제외한 제3자와 연락을 취해서는 안 되며, 다만 변호사와 장기간 연락을 취할 수 없는 경우만 예외로 한다고 규정하고 있다(홍종학 2003).

이 외에도 폭력적 행위 또는 폭력을 사용하겠다고 협박하는 행위나 언어폭력을 사용하는 행위, 소비자를 괴롭히기 위해 반복적으로 전화를 하는 행위를 모두 규제하고 있다(§806. Harassment or abuse). 또한 소비자가 채권 추심자에게 연락을 중단하도록 요청할 수 있는 규정도 있다 [§805. Communication in connection with debt collection, (c) ceasing communication]. 소비자가 서면으로 채권 추심자에게 연락을 중단하도록 요청하는 경우 채권 추심자는 자신이 취할 다음 법률행위를 통고하는 경우 외에는 일체의 연락을 중단하도록 규정하고 있다. 이 경우 전화는 물론 편지 등 모든 수단의 연락을 포함하는 것으로 미국의 채무자는 본인이 원한다면 채권자의 시달림에서 완전히 벗어날 수 있다. 미국에서도 채무자에게 채무를 변제할 의무가 있고, 채권자에게도 채권을 추심할 권리가 있음은 분명하다. 단지 그 모든 절차가 법에 의해 진행되도록, 채권자가 강박적 추심으로 인해 직접적으로 채무자를 괴롭히지 못하도록 규제하고 있는 것이다(홍종학 2003).

소득이 없는 사람들에게 거액의 현금을 대출해 주고 대신 높은 수수료를 받아 이득을 챙기고 이들이 대출금을 갚지 못해 연체하면 채권 추심 회사를 통한 강박적인 추심을 통해 부채를 받아 내는 등 전형적인 약탈적 대출 시장이 등장했고, 그 과정에서 많은 서민들이 희생되었다. 무엇보다 약탈적 대출은 소득이 낮은 일반 서민들에게 자신들의 능력 이상으로 많은 부채를 지게 했고, 신용이 낮은 만큼 더 높은 수수료를 물려 부채는 계속 증가하고 생활은 더욱 어려워지는 악순환의 구조를 낳았다. 그렇게 연체하게 되면 살인적인 채권 추심으로 이어져 카드 돌려막기를 할 수밖에 없고, 급기야 카드깡이나 사채 등으로 빚을 갚으려다 원래 부채의 몇 배에 이르는 부채를 지고 신용 불량자로 전락했다.

미국에서 각 주 정부의 행정 당국과 검찰은 약탈적 대출 행위에 대한 신고 센터를 마련해 놓고 철저히 홍보하고 있다. 약탈적 대출 행위가 적발되면 해당 금융기관에 대해서는 곧 형사소송을 제기해 막대한 벌금을 부과한다. 약탈적 대출을 금지하고 있기 때문에 상환 능력이 없는 채무자에게는 근본적으로 대출이 이루어질 수 없다. 미국에서 금지하고 있는 약탈적 대출에는 심지어 주택 담보대출도 포함된다. 이는 주택 담보

대출을 받은 채무자의 소득이 원리금을 상환하기에 충분하지 않다면 연체가 발생할 가능성이 높고, 채무자의 유일한 재산인 주택이 헐값으로 넘어가기 쉬운데 이런 경우를 방지하는 배려라 할 수 있다(홍종학 2004, 83-84).

사실상 이런 약탈적 대출 시장의 구조가 바뀌지 않는 한 신용 불량자 문제는 앞으로도 계속 지속될 수밖에 없다. 가정이 시장 금리의 2배, 3배, 심지어 10배로 대출을 받는 상황이 이어지는 한 신용 민주화를 이룰 수는 없다. 한 가정의 소득이 합리적인 금리의 대출을 받을 자격에 미달한다면 그 가정은 대출을 받지 말아야 한다. 주택을 사거나 현금 서비스를 받는 과정에서 이자라는 이름으로 강탈당하는 것은 강도를 당하는 것과 다를 바 없기 때문이다. 따라서 약탈적 대출은 불법화되어야 한다(Warren and Warren Tyagi 2003, 152).

제4장

개인 : 신용 불량자 되기

1. 누가 신용 불량자인가?

1) 신용 불량자의 인구학적 특성

앞에서도 지적했듯이, 신용 불량자 문제가 김대중 정부의 신용카드 정책에서 기인한다는 데 많은 연구자들은 대체로 동의한다. 그러나 이들이 왜 자신의 소득을 넘어 과도한 신용카드를 사용했는지는 정부의 신용카드 정책과는 별도로 신용 불량자 문제의 구조를 밝히는 데 중요한 문제임에도 이에 대한 경험적인 연구는 전무하다. 이들이 왜 신용 불량자가 되었는지를 밝히려면 신용 불량자들 개인에 대한 연구가 전제되어야 한다. 여기에서는 먼저 과거 신용 불량자 제도 아래 만들어진 통계와 조사 자료를 중심으로 신용 불량자들의 인구학적 특성을 통해 신용 불량자들 개인에 대한 접근을 시도해 보고자 한다.

표 4-1 | 신용 불량자의 성별 (단위 : %)

	2001년 12월	2004년 12월
남	65.1	58.8
여	34.9	41.2

출처 : 전국은행연합회.

분석 대상으로 신용 불량자 개인을 획득하기 위해서 신용 불량자의 집합적 데이터를 분석해야 하는데 이와 관련해서는 전체 신용 불량자의 수와 연령별 분포를 확인할 수 있는 전국은행연합회 자료와 신용 불량자에 대한 서베이 조사를 실시한 신용회복위원회(2004년), 재경부(2005년) 등의 자료를 사용할 수 있다. 신용 불량자라는 이름으로 전국은행연합회에서 집계·관리한 것이 2004년 12월 말까지였기 때문에 전체 신용 불량자에 대한 자료는 2004년 자료까지로 한정된다.

먼저 신용 불량자의 성별 분포를 살펴보자. 전국은행연합회에서 최종 집계된 2004년 12월 말 전체 신용 불량자는 361만5,367명이었다. 이들의 성별 분포는 〈표 4-1〉과 같다.

전국은행연합회에서 집계한 신용 불량자의 성별과 관련한 통계를 보면 남성 신용 불량자와 여성 신용 불량자의 비율은 남성이 월등히 높은 것으로 나타났다. 하지만 그 비중에는 변화가 나타나 남성 신용 불량자가 2001년 말 65.1퍼센트에서 2004년 말 58.8퍼센트로 감소한 반면, 여성 신용 불량자는 34.9퍼센트에서 41.2퍼센트로 크게 증가한 것을 알 수 있다. 이 부분에 대한 설명은 신용 불량자들과의 인터뷰 자료를 통해 좀 더 보완할 수 있다. 하나의 설명은 보통 신용 불량이 가족 내에서 가장으로부터 부인, 자식들로 확장해 가족 전체로 이어진다는 경험적 사

표 4-2 | 신용 불량자의 연령별 분포 (단위 : %)

20대	30대	40대	50대	60대 이상	합계
18	32	31	12	7	100

출처 : 전국은행연합회 홈페이지에서 환산.

실이다. 아버지의 신용 불량은 부인과 자식의 신용 불량으로 이어지는 것이 일반적이다. 다른 하나는 은행 대출 등이 아닌 신용카드 사용의 확대로 신용 불량자가 증가했던 현상으로 설명할 수 있다. 과거에는 금융 기관에서 까다로운 과정을 거쳐야만 대출을 받을 수 있었지만 신용카드를 통해 손쉽게 대출이 가능해지면서 경제력이 없는 여성 가운데 신용 불량자가 급격히 증가했을 것으로 예상할 수 있다.

연령별로 보면 30대, 40대 신용 불량자가 각각 32퍼센트, 31퍼센트로 가장 많아 30~40대 신용 불량자는 63퍼센트에 이르렀다(〈표 4-2〉 참조). 특히 20대까지를 포함한 젊은 신용 불량자가 전체의 80퍼센트를 넘어 신용 불량자의 대부분을 차지하는 것을 알 수 있다. 최근에는 학자금 대출로 인한 대학생들의 신용 불량이 급격히 증가하는 추세에 있다. 조사에 따르면 2010년 7월 현재 학자금 대출에 따른 신용 불량자는 2만 4,910명에 이른다. 따라서 현재 20대 신용 불량자의 비중은 더욱 증가했을 것으로 예상할 수 있다.

다음으로 2002년부터 개인 워크아웃 제도를 시행해 신용 불량자들에 대한 데이터를 가장 많이 축적하고 있는 신용회복위원회의 상담자(개인 워크아웃을 신청할 수 있는지 자격 조건을 상담한 사람) 및 신청자(실제 개인 워크아웃을 신청한 사람)에 대한 조사 결과를 바탕으로 신용 불량자들의 인

표 4-3 | 신용 불량자의 부채 규모 (단위 : %, 원)

	2천만 원 이하	2천만~3천만 원	3천만~5천만 원	5천만~1억 원	1억 원 초과	합계	평균
상담자	24.9	37.4		14.8	22.9	100.0	-
신청자	20.9	18.6	31.2	25.2	4.1	100.0	4,262만 원

출처 : 신용회복위원회(2004a, 2004b).

구학적 특징들을 추출해 보고자 한다. 신용회복위원회가 출범한 2002년 10월부터 2004년 5월까지 상담자 46만5,918명과 신청자 15만7,226명에 대한 조사 결과 가운데 먼저 신용 불량자들의 부채 규모를 살펴보고자 한다.

〈표 4-3〉을 보면 상담자의 경우 부채 규모는 2천만 원에서 5천만 원 사이가 37.4퍼센트로 가장 많았고 2천만 원 이하가 24.9퍼센트로 다음으로 많았다. 반면에 1억 원 이상도 22.9퍼센트에 이르러 과다 채무의 규모가 심각함을 알 수 있다. 신용회복위원회의 개인 워크아웃 대상이 3억 원 이하의 채무자들을 대상으로 하는 만큼 신청자에 비해 상담자의 부채 규모가 훨씬 크다는 것을 확인할 수 있다. 다만 상담자의 평균 채무는 확인되지 않고 있으며 신청자의 평균 채무는 4천만 원을 초과하는 것으로 나타나고 있다.

문제는 〈표 4-4〉에서 보듯이 상담자의 경우 월 소득 1백만 원 이하가 44.4퍼센트로 가장 높아 150만 원 이하의 저소득층까지 포함하면 저소득층이 73.4퍼센트에 달한다는 사실이다. 신청자의 경우도 150만 원 이하가 70.2퍼센트에 이르는 것으로 나타났다. 이런 수치는 2004년 6월 신용회복위원회에 개인 워크아웃을 신청한 신용 불량자 가운데 월 평균 소득 150만 원 이하의 저소득층이 전체의 80.6퍼센트로 더욱 증가하고

표 4-4 | 신용 불량자의 월 소득 규모 (단위 : %)

	1백만 원 이하	1백만~150만 원	150만~2백만 원	2백만~3백만 원	3백만 원 초과	합계
상담자	44.4	29.0	15.4	8.3	2.9	100.0
신청자	35.5	34.7	19.1	9.2	1.5	100.0

출처 : 신용회복위원회(2004a, 2004b).

있다는 것을 알 수 있다(『문화일보』 2004/07/09). 더욱 심각한 것은 신용 회복위원회에 개인 워크아웃을 신청하려면 일정한 소득을 지닌다는 조건을 충족해야 한다는 것이다. 부채를 장기 분할해 갚아야 하는 만큼 소득이 없는 사람들은 시도해 볼 수도 없는 조치다. 따라서 신청자들은 신용 불량자들 가운데서도 상대적으로 소득이 높은 계층이라고 추정할 수 있다. 따라서 개인 워크아웃을 받을 수 있는 조건에도 미치지 못하는 저소득층의 경우는 경제 상황이 더욱 어려웠던 것으로 보인다.

월 평균 소득 150만 원인 신청자가 평균 채무 4,260만 원을 분할상환하는 경우 8년 이상의 시간이 걸린다. 이들이 8년 동안 최저 생활에도 미치지 못하는 생활을 유지하면서 빚을 갚는다는 것은 쉽지 않은 선택이다. 이들은 평균 채무 4천만 원가량의 부채를 지고 인간으로 누려야 할 최소한의 자존과 시민권을 박탈당한 채 살아가고 있다. 현재 시행되고 있는 채무 재조정 제도나 신용 불량자 등록 제도의 폐지와 같이 단순히 신용 불량자의 수를 줄이려는 정부의 정책은 근본적으로 신용 불량자들의 부채를 해소하거나 신용 불량자 문제를 해결하는 데 한계가 있다. 실제 전체 신용 회복 대상자 가운데 평균 30퍼센트가 신용 회복을 끝까지 완수하지 못하고 중도 탈락한다는 통계는 단지 신용 불량자의 수를 줄이려는 정부의 정책이 얼마나 많은 한계를 안고 있는지를 분명히 보여 준다.

2) 신용 불량자의 사회적 특성

여기에서는 신용 불량자의 사회적 특성을 바탕으로 이들이 누구인지에 대한 답변에 좀 더 가까이 다가가 본다. 신용 불량자들의 사회적 지위와 신용 불량자로 등록된 사유를 중심으로 이들의 사회적 특징을 살펴볼 것이다. 먼저 이들은 어떤 사회적 지위에 있다가 신용 불량자로 전락한 것일까? 신용 불량자의 사회적 지위를 확인하기 위해서는 이들의 직업에 대한 자료가 필요하다. 이와 관련한 전체 신용 불량자에 대한 자료가 없기 때문에 신용 불량자에 대한 면접 조사를 통해 밝혀진 몇 가지 집합적 데이터를 사용하고자 한다.

먼저 2004년 2월 재경부에서 실시한 실태 조사 자료를 사용할 수 있다. 이 자료에 따르면 신용 불량자의 직업군을 정규, 비정규, 무직, 자영업, 전업주부, 학생으로 분류하고 있다. 이 가운데 정규직이 29퍼센트이며 그 외 무직, 비정규직, 자영업 등의 불안정 노동에 놓여 있는 사람들이 70퍼센트 이상을 차지한다(〈표 4-5〉 참조).

당시 신용 불량자의 직업을 유추해 보기 위해 또 다른 자료를 검토해 보자. 그것은 법원을 통해 파산을 신청한 파산자에 대한 직업 현황 자료다. 파산자에 대한 자료를 열람할 수는 없지만 『서울신문』이 지난 2002년 5월부터 2004년 6월까지 완전 면책자를 포함한 파산자 306명의 파산 신청서와 채권 일람표, 자필 진술서 등 서울중앙지법 파산부와 각급

표 4-5 | 신용 불량자 직업 현황 (단위 : %)

자영업	정규직	비정규직	전업주부	학생	무직
21	29	27	7	1	15

출처 : 재정경제부(2005/03/23).

표 4-6 | 파산자의 직업 현황 (단위 : 명, %)

사무직	자영업자	육체 노동자	전업주부	전문직	기타
161(52.6)	70(22.9)	35(11.4)	19(6.2)	5(1.6)	16(5.3)

출처 : 『서울신문』(2004/08/06).

법원에 제출된 기록을 조사한 자료가 있다. 이 자료에 따르면 파산자의 과거 5년간 경력은 〈표 4-6〉과 같다.

〈표 4-5〉에서 살펴본 신용 불량자의 직업 현황 자료와 직업 기준이 다르게 분류되어 동일한 차원에서 비교하기는 어렵지만, 신용 불량자의 경우 무직이 15퍼센트에 이르는 반면, 파산자의 경우 무직이 포함되어 있을 것으로 예측되는 기타가 5.3퍼센트에 불과하고 사무직이 절반을 넘는 것으로 나타난다. 자료만으로 보면 신용 불량자 전체에 대한 조사 결과보다 비교적 안정적인 급여 소득층이 파산한 것으로 추정할 수 있다. 이런 집합 결과는 어떻게 설명될 수 있을까?

이 자료에 따르면 파산자의 부채액이 1억1,101만 원에 달한다는 점에서 일반 신용 불량자보다 3배 가까이 많은 것으로 나타난다. 이는 일반 신용 불량자들에 비해 더욱 큰 빚을 질 수 있었던 계층이 파산을 신청한 것으로 추정할 수 있다. 그러나 무엇보다 파산자에 대한 자료가 5년간의 경력 기록을 조사한 것이라면 신용 불량자 전체에 대한 조사는 조사 시점의 직업을 분류한 것으로, 두 자료의 조사 대상이 다르다는 데서 그 이유를 찾을 수 있을 것이다. 그렇다면 과거 사무직 종사자들이 비정규직과 자영업, 무직으로 전락했을 것으로 추정할 수 있다. 실제 경제 위기로 퇴출된 동화은행 직원들의 6년간의 삶의 행로는 이를 잘 보여 준다. 이들은 퇴출 직후 각 금융기관에서 은행 재직 시절에 진 빚을 갚을 것을 요구받고, 자력으로 또는 부모나 형제의 도움으로 해결할 수 있었는지 여부에 따라 첫 갈림길이 결정되었다. 주택 관련 대출, 우리사주용 대출, 보증 등으로 부채가 많은 28~35세의 젊은 직원 가운데 상당수가 신용 불량자로 전락해 비정규직을 떠돌면서 '제2의 삶'을 모색할 기회조차 박탈당했다. 소득이 감소한 직원이 65.5퍼센트에 이르고 62명이 자영업에 도전했지만 성공한 직원은 7명(11.3퍼센트)에 불과했다(『동아일보』 2004/90/05).

다시 말해 파산자의 경력이 아니라 파산 시점에서의 직업은 이런 수치와 다를 가능성이 있을 것으로 예측된다. 이 파산자들의 파산 이유 가운데 실직, 질환, 사고 등으로 분류된 '사고형 파산'이 전체의 33퍼센트(101명)로 가장 많은 것으로 조사되었다는 결과가 이를 뒷받침한다. 따라서 신용 불량자의 직업 변화에 대한 조사가 필요하다. 신용회복위원회의 상담 카드에는 이런 직업 변화를 보여 줄 수 있는 항목이 포함되어 있으나 이를 통계화해 발표하지 않고 있다. 신용회복위원회를 찾아가 이 자료에 대한 열람을 요구했지만 개인 자료를 공개할 수 없다는 답변을 들었을 뿐이다.

신용 불량자의 채무 이유도 이들의 사회적 특성을 보여 주는 자료로 사용할 수 있다고 본다. 파산자에 대한 『서울신문』의 조사를 보면 파산

실직, 질환, 사고	사기, 카드 대여, 보증채무	저소득, 사업 부진	기타 사례
사고형	타인 원인형	생계형	기타

이유를 실직, 질환, 사고 등 '사고형 파산', 사기, 카드 대여, 보증채무 등 '타인의 불법행위에 의한 파산', 저소득, 사업 부진에 의한 '생계형 파산', '기타'로 분류하고 있다(〈표 4-7〉 참조).

이런 분류 방법이 신용 불량자들의 채무 사유를 분류하는 데 적절하다고 판단해 다음에서 살펴볼 개인 면접 조사 대상자를 추출하는 데 중요한 적용 기준으로 사용했다.[1]

---

1) 한편 인터넷 다음 카페인 신용 불량자 클럽(http://cafe.daum.net/credit)에서 2010년 11월 9일부터 실시한 설문 조사(전체 투표자 433명, 2010년 11월 21일 현재)에서 채무 증대 사유를 묻는 질문에 대해 실직, 사업 실패, 급여 삭감이라 대답한 사람은 72.5퍼센트인 314명, 보증은 18.5퍼센트인 80명, 본인이나 가족의 사고, 질병으로 말미암은 병원비는 6.7퍼센트인 29명, 주택 구입은 2.1퍼센트인 9명이었다. 이들의 총 채무 금액(원금 기준)은 2천만 원 미만이 51명(11.8퍼센트), 2천만 원 이상 5천만 원 미만이 159명(36.7퍼센트), 5천만 원 이상 1억 원 미만이 125명(28.9퍼센트), 1억 원 이상이 97명(22.4퍼센트)으로 나타났다.

2. 신용 불량으로 가는 경로 :

카드 돌려막기, 카드깡 그리고 사채의 덫

1) 신용 불량자 되기 : 왜 대출을 받았나?

그렇다면 신용 불량자들은 왜 신용카드를 통해 대출을 받았으며 이를 갚지 못해 신용 불량자로 전락한 것일까? 이 문제를 살펴보기 위해서는 신용 불량자 개인에 대한 심층 면접 조사를 활용한 경험 연구가 뒷받침되어야 한다. 여기서 하나의 행위자로서 개인은 정부와 신용카드사의 신용카드 정책을 수용했던 정책의 수용자 혹은 소비자라 할 수 있다. 분석 초점을 신용 불량자 개인에 두는 것은 기존의 정책 결정 연구가 정부와 같은 공급자 중심의 정책 생산 과정만으로 이루어진 데 반해, 수요자 중심의 정책 소비 과정을 좀 더 구체적으로 개척할 수 있기 때문이다. 그러나 분석 초점을 신용 불량자 개인으로 옮겨 얻을 수 있는 가장 중요한 이점은 윤리적 판단을 위한 경험적 기반을 튼튼히 할 수 있다는 사실이다.

체계 이론system theory적 관점에서 볼 때 정책의 소비 과정이란 산출의 환류 과정feedback의 핵심을 구성하는 것으로, 이를 통해 기존의 정책 결정을 개선할 수 있는 재투입 요소를 생산할 수 있다. 무엇보다 정책 결정의 수요적 측면에 대한 연구는 민주화 이후 이루어진 경제정책이 하층에게 실제 어떤 영향을 미쳤고 그 정치적·사회적 결과는 무엇이었는지에 주목하게 해준다는 점에서 의미를 갖는다.

그러나 신용 불량자 개인을 분석 단위로 한다는 것과 그것이 충분한

표 4-8 | 개인별 조사 대상자의 특성

구분	A씨	B씨	C씨	D씨	E씨	F씨
성별	여	남	여	남	여	여
연령	43세	67세	29세	33세	64세	73세
직업	서류 대행업	보험 외판원	회사원	목수	파출부	무직
거주지	인천	서울	서울	부천	서울	안산
결혼 생활	이혼	별거	미혼	위장 이혼	유지	사별
신용 불량 사유	실직 (사고형)	저소득 (생계형)	사업 부진, 과소비 (생계형 및 기타형)	사업 부진 (생계형)	사기, 카드 대여 (타인 원인형)	질환 (사고형)

인과적 설명의 조건을 만족시키는지 사이의 격차는 매우 크다. 개인의 경험을 아무리 분석하고 또 그런 사례를 확대한다 해도 그 자료들이 사태 전체의 구조를 보여 주는 것으로 환원될 수는 없기 때문이다. 신용 불량자 개별 면담 결과를 토대로 한 연구의 자료와 분석 역시 그런 한계에서 자유로울 수 없음은 분명하다.

여기에서는 앞에서 살펴본 신용 불량자의 사회적 특성에 따른 분류를 바탕으로 심층 인터뷰를 통해 실제로 만났던 신용 불량자들이 왜 대출을 받았고 결국 신용 불량자가 되었는지를 분석해 보고자 한다. 실제 분석에 사용한 여섯 가지 사례의 인구학적 특성과 사회적 특성은 〈표 4-8〉로 정리할 수 있다.[2]

---

[2] 신용 불량자에 대한 일대일 면접 조사는 2004년 11월부터 2005년 4월까지 비정기적으로 이루어졌다. 인터뷰 대상자는 신용회복위원회를 찾은 상담자, 민주노동당 개인 파산 강좌 참가자뿐 아니라 개별적으로 소개를 받거나 신용 불량자 클럽(인터넷 다음 카페)에서 지원자를 받아 이루어졌다.

사례 1 | 중산층 전문직 여성 A씨의 신용 불량자 되기

43세의 A씨는 인천에서 서류 대행업을 하면서 월세 20만 원짜리 방에서 대학생 딸과 고등학교에 입학한 아들과 함께 살고 있다. 7,500만 원의 빚을 지고 2003년 5월 신용 불량자가 된 그녀는 경제 위기 전에는 리서치 회사의 전문직 종사자였으며 남편은 조그만 공장을 경영했다. 자신 명의의 공장과 아파트, 자동차를 갖고 중산층으로 살던 그녀의 삶은 1997년 말 경제 위기로 물건 대금을 받지 못하고 남편의 공장이 연쇄 부도가 나면서 어긋나기 시작했다. 1998년 5월 공장을 정리하기까지 몇 개월 동안 빚을 늘리면서 공장을 살려 보고자 노력했으나 실패해 결국 공장을 처분하고 7천만 원의 부채를 지게 되었다. 아파트를 처분해 빚을 갚자는 남편과 싸우면서 아파트만은 처분하지 않으려고 매달 3백만 원을 고스란히 빚 갚는 데 사용했다. 정상적인 생활을 포기하고 오직 빚 갚는 데에만 관심을 기울여 당시 초등학교에 다니던 둘째는 학교에서 거지라고 놀림을 받으며 왕따를 당하기도 했다. 그렇게 매월 3백만 원씩 5년 동안 빚을 갚으니 2002년 원금 6천만 원을 갚고 1천만 원의 부채가 남았다. 그러나 그렇게 빚을 갚아 나가는 과정에서 남편과 의견 충돌이 잦았고 그로 인해 남편과의 사이도 점점 멀어져 2001년부터 별거 생활에 들어갔다. 그러던 가운데 그녀는 실직하게 되었고 다른 직장을 알아봤지만 이전과 같은 정규직 일자리를 구할 수가 없었다. 그러면서 11개의 카드로 돌려막기를 시작했으며 아파트도 처분하고 전세에서 다시 월세로 옮겼지만 2002년 이혼 당시 1천만 원이었던 빚은 1년 만에 다시 7천만 원으로 불어났다. 못 먹고 못 입고 아들이 왕따까지 당하면서 5년 동안 갚았던 6천만 원의 빚은 카드 돌려막기와 카드깡으로 1년 만에 고스란히 돌아왔다. 중산층의 삶을 살았던 그녀에게 월세 20만 원을 내지 못해 집세를 밀리고 집에 쌀이 떨어진다는 것은 한 번도 상상해 보지 못한 일이었지만 그런 일이 실제 그녀에게 일어났다.

사례 2 ¦ 퇴직자 B씨의 신용 불량자 되기

67세의 B씨는 3,500만 원의 빚을 지고 2004년 11월 신용 불량자가 되었다. 두 딸과 아들 하나를 두고 있는 그는 부인과 별거 중이며 고시원에서 생활하고 있다. 중소기업에서 경리일을 보던 B씨는 1993년 퇴직 후 1년간 쉬다가 1994년부터 화재보험 회사의 보험 영업을 시작했다. 처음 하는 영업일에 자동차는 필수라 생각하고 자동차를 구입하는 등 보험 영업에 필요한 비용을 신용카드로 충당하기 시작했다. 더군다나 새로 시작한 보험 영업도 쉽지 않아 몇 년간 영업 비용과 생활비로 사용한 신용카드는 경제 위기 이후 영업이 더욱 어려워지면서 증가하기 시작했다. 그러다 2002년부터 3개의 카드를 새로 발급받아 모두 4개의 카드로 돌려막기를 시작했다. 2년 가까운 시간 동안 카드 돌려막기로 버티다가 결국 2004년 11월 손을 들 수밖에 없었다. 10년 가까이 사용해 온 신용카드였지만 2년간의 카드 돌려막기는 그를 결국 신용 불량자로 만들었다. 큰딸은 시집을 갔지만 둘째 딸과 아들 때문에 처음에는 가족들에게 부채 사실을 숨겨야만 했다. 다행히 작은딸은 신용 불량자 등록 전에 결혼했지만 경제적으로 아무런 도움도 주지 못했다. 신용 불량자가 된 사실을 가족들도 모두 알게 되었지만 자신의 잘못 탓이라는 부끄러운 생각에 친척, 친구들에게는 알릴 수가 없었다. 2004년 봄 허리가 아파서 보험 외판도 그만두면서 몇 달 동안 자살을 생각했다. 하지만 자식들에게 해준 것이 아무것도 없는데 또 씻을 수 없는 상처를 남긴다고 생각하니 도저히 실행에 옮길 수가 없었다고 했다. 그는 지하철을 이용한 택배 아르바이트라도 하고 싶지만 채권 추심 전화 때문에 휴대전화를 사용할 수 없어 그나마도 하지 못하고 있다고 고통스럽게 말했다.

사례 3 | 20대 C씨의 신용 불량자 되기

동대문에서 점원으로 일하다가 2001년 대학로에 옷가게를 연 C씨는 20대에 신용 불량자가 되었다. 동대문에서 일하던 23세에 처음으로 카드를 발급받았으나 사업 시작 전까지 카드로 현금 서비스를 받은 경험이 없었으며 주로 할부 구매에만 이용했다. 2001년 옷가게를 열면서 은행에서 1천만 원 대출을 받고 4백만 원의 현금 서비스를 받았다. 카드에 대한 인식이 부족했고 언제든 갚을 수 있다는 생각에 신용카드 현금 서비스 받은 돈으로 사업 구상차 일본에도 다녀왔다. 사업이 부진하면서 월 보험료 90만 원, 가게 운영에 필요해서 구입했던 1,500만 원 상당의 중고차 할부 금액을 내기 어려워지자 현금 서비스를 받기 시작했다. 처음 4개로 시작된 카드 돌려막기는 12개까지 늘어났다. 이후에도 카드를 만들라는 홍보물을 계속 받았다. 카드 돌려막기로 1년을 버티다가 카드론, 대환 대출을 이용할 수밖에 없었고, 급기야 카드깡까지 하면서 1년을 더 버텼다. 카드 돌려막기, 카드론, 대환 대출, 카드깡과 사채로 이자가 기하급수적으로 증가하면서 보험을 해지하고, 자동차도 처분하고 가게도 정리했지만 결국 2003년 3월 신용 불량자가 되었다. 신용 불량자가 되면서 끔찍한 채권 추심이 시작되었다. 시도 때도 없이 걸려 오는 전화 때문에 수없이 죽고 싶다는 생각을 했다. 한때는 장기를 팔고 싶다는 생각까지도 했다. 다행히 2003년 아는 사람을 통해 조그마한 직장에 취직할 수 있었고 2004년 신용회복위원회를 통해 채무 조정을 받을 수 있었다. 그러나 그녀는 8년 동안 빚을 갚아야 하기 때문에 결혼하자는 남자 친구와 헤어질 생각을 하고 있다고 말했다. "결혼은 빚을 다 갚는 40세까지는 하지 않겠다고 결심했습니다." 그렇게 말하면서 그녀는 끝내 눈물을 보였다. 신용 불량자가 되어서도 부모님들에게는 차마 말을 하지 못하고 남자 친구가 대환 대출을 할 때는 보증까지 섰지만 자신의 부채를, 부채로 인한 고통을 남자 친구에게까지 떠넘길 수는 없다고 생각하기 때문이다.

사례 4 | 영세 자영업자 D씨의 신용 불량자 되기

D씨는 33세로 목수 일을 하고 있다. 일찍 결혼을 해 고향인 전남 장흥에서 농어민후계자 영농자금 2천만 원을 대출받아 1999년부터 소를 키우기 시작했다. 소를 키우던 가운데 소 파동이 있으리라는 이야기를 듣고 소를 팔아 2000년부터 동업으로 PC방을 하기로 마음먹었다. 창업 비용 1억 원 가운데 7,500만 원을 자신이 부담하기로 하고 창업 자금 대출, 전세 담보대출, 소를 판 돈, 마이너스 통장, 카드 현금 서비스 등을 이용하여 자금을 마련했다. 친구와 3개월 동업을 하다가 가게가 어려워지면서 혼자서 가게를 떠맡게 되었고 1년 6개월 만에 가게를 확장하기로 했다. 15대로 시작한 PC를 25대로 늘리고자 카드로 3천만 원을 빌렸다. 사업 부진으로 결국 모두 6개의 카드로 돌려막기를 시작했고 1년 만인 2003년 5월부터 연체가 시작되면서 채권 추심도 시작되었다. 결국 부인과 위장 이혼하고 전세금과 PC방을 모두 부인 명의로 변경했지만

2004년 10월 가게를 정리해야 했다. 부채는 신용카드 빚 7천만 원을 포함해 모두 1억2천만 원에 이르렀다. 가게를 모두 정리하고 전세 보증금 1,800만 원이 남았지만 창업 자금 1천만 원을 갚고 8백만 원은 동생의 부채를 갚는 데 썼다. 세 아이들, 부인과 함께 부천에서 살고 있지만 채권 추심 때문에 낮에는 친구 집에 있다가 건설 현장에 나가 막노동을 하고 저녁에 다시 집으로 들어가는 생활을 하고 있다. 그는 "신용카드를 통해 쉽게 대출이 되지 않았다면 창업이나 가게 확장은 섣불리 생각하지 못했을 것"이라고 말했다. 처음 신용카드 한도가 50만 원이었는데 6개월 만에 7백만 원으로 증가했고 카드 한 장으로 몇 천만 원을 빌리는 것이 가능해지면서 서민들도 카드 몇 장이면 1억~2억 원을 쉽게 대출할 수 있었다는 얘기다. 그는 도박이나 술, 주식으로 부채를 진 것이 아니기 때문에 부모님이나 가족, 친지들에게 비밀로 하거나 자살, 범죄와 같은 극단적인 생각은 해보지 않았다고 말했다. 파산을 준비하고 있지만 자신이 파산을 하게 되면 영농자금으로 농협에서 대출받으면서 세운 연대 보증인이 그 부채를 갚아야 하는 것 때문에 가장 힘들다고 말했다.

사례 5 | 사기를 당한 E씨의 신용 불량자 되기

64세의 E씨는 파출부 일로 생계를 유지하고 있다. 남편과 회사에 다니는 딸과 함께 살고 있는 그녀는 6천만 원의 빚을 지고 2003년부터 신용 불량자가 되었다. 민주노동당 개인 파산 강좌에서 만난 그녀는 딸과 함께 나왔다. 자신이 사용한 딸의 카드 때문에 딸도 신용 불량자가 되었다고 했다. 처음 분식집을 운영하다가 경기가 나빠 실패하고 식당에서 허드렛일을 하다가 2001년부터 다단계판매를 시작했다. 그렇게 시작했던 다단계판매 회사가 문을 닫으면서 결국 사기를 당하고 말았다. 남편도 일을 그만두면서 부족한 자금과 생활비를 충당하기 위해 당시 길거리에서 카드를 발급받아 사용하기 시작했다. 그러다가 어렵다는 친구에게 카드를 빌려줬고 친구는 2천만 원을 현금 서비스 받아 갚지 않았다. 결국 본인이 발급받은 2개의 신용카드 외에 딸 명의로 2개의 카드를 더 발급받아 돌려막기를 시작했다. 처음엔 급한 자금을 융통할 수 있다는 단순한 생각에 카드를 사용했지만 친구에게 돈을 받지 못하면서 돌려막기를 할 수밖에 없었고 부채는 기하급수적으로 증가했다. 압류가 들어오고 부채를 갚으라는 독촉 전화에 숨을 쉬고 살 수가 없었다. 결국 채권 추심을 피해 몇 달 동안 도망을 다니기도 했다. 그녀는 전화 벨소리만 들으면 심장이 뛰어 계속 가슴을 누르며 살고 있다고 고통을 호소했다. 결국 5천만 원 가까운 자신의 카드 연체는 신용회복위원회에서 월 50만 원씩 8년 동안 분할 납부하도록 결정되었지만 딸 카드로 사용한 920만 원에 대해서는 파산으로 해결하려고 딸과 함께 파산 강좌를 찾았다고 했다. 그녀는 아직 시집도 안 간 딸에게 못할 짓을 시켜 너무 미안하다며 결국 눈물을 보였다. 집도 팔고 월세방에서 살고 있지만 돈을 벌어서 갚고 싶어도 할 수 있는 일은 파출부뿐이라고 말했다.

사례 6 ı 국민기초생활보장 수급자 F씨의 신용 불량자 되기

F씨는 73세로 안산에 있는 1,150만 원짜리 임대 아파트에 혼자 거주하는 기초생활보장 수급자다. 남편이 혈압으로 쓰러져 1984년 사망하기까지 6년 동안 자신이 2남 2녀의 자식을 키우며 생계를 유지해야 했다. 분식 장사, 파출부, 건설 현장에서 벽돌 나르는 일까지 안 해본 것 없

이 같은 고생을 했다. 그러다 큰아들은 캐나다로, 큰딸은 일본으로 건너가고 혼자 생활하면서 화재보험 설계사를 시작했고 수금이 안 되고 영업이 부진할 때 카드를 만들어 생활비를 융통했다. 2000년 목 디스크로 병원에 입원하면서 병원비를 카드 대출로 충당했고 1년 동안 일하지 못하면서 카드빚이 늘어났다. 그러던 가운데 납골당 투자를 하면 지분을 주겠다는 말에 속아 카드빚을 갚아 보고자 투자를 했으나 사기를 당하면서 카드 5개로 돌려막기를 시작했다. 결국 엄청나게 불어난 이자를 감당하지 못해 2002년 신용 불량자로 등록되었다. 채권 추심으로 임대아파트는 가압류가 된 상태라 불법 거주자로 몰렸다고 했다. 그녀는 2004년 11월까지 임대료 2배를 내고 생활해 왔고 명도 소송을 낸 상황이라고 말했다. 인터뷰 당시에도 단전·단수하겠다는 협박 속에서 살고 있다고 말했다. 그녀는 기초생활보장 수급자로 정부로부터 월 21만 원을 지원받는 것과 교회와 봉사 단체의 도움으로 겨우 생활을 꾸리고 있었다. 다행히 기초생활보장 수급자 1급 판정을 받아 병원비는 무료라고 했다. 시도 때도 없이 걸려 오는 채권 추심 전화 때문에 신경외과를 1년이나 다니고 있다고 했다. 채권 추심에 시달리다가 2004년 11월 파산을 신청하고 선고를 기다리는 상태였다. F씨는 "능력이 있는데 빚을 갚지 않는다면 문제지만 능력도 없고 일자리도 없어 빚을 갚고 싶어도 갚을 수 없다"라고 말했다. "정부 정책에 문제가 있어서 장사도 안 되고 취직을 하고 싶어도 취직도 안 되고 물가는 비싸고 …… 결국 서민들은 살기 힘든 세상이다. 일정日政, 전쟁 겪으며 힘들게 살아온 세대인데 죽을 때까지 이렇게 고생만 하다가 가는구나 하는 생각에 가슴이 아프다 …… 노인들이 있었으니까 지금 대한민국도 있는 건데……"라며 힘겹게 말했다. 인터뷰 당시에는 채권 추심보다 임대 아파트 문제 때문에 더 힘들다고 말했다. 자식들에게 도움을 요청해 보지 않았느냐고 하자 "큰아들은 캐나다로 이민 갔지만 아직 정착하지 못한 상황이고 작은아들 역시 카드빚 때문에 어려움을 겪고 있다. 큰딸은 일본에 있고 작은딸 역시 애가 셋이나 되어 어렵게 살고 있다"라고 답했다. 자식은 모두 넷이나 되었지만 그나마 나은 생활을 하는 자식은 하나도 없는 듯 보였다.

2) 카드 돌려막기, 카드깡 그리고 사채

신용 불량자들 개인에 대한 인터뷰 결과를 보면, 연체 이유는 제각각이었지만 이들이 신용카드를 발급받고 연체를 하게 되면서 이후 동일한 경로를 걷게 된다는 것을 확인할 수 있다. 즉, 한 장의 신용카드로 받은 부채를 갚지 못하자 신용카드 돌려막기를 하게 된 것이다. 앞에서 이야기했듯이 2002년 이전 신용 불량자의 등록 건수는 평균적으로 1인당 2.77건이었다. 이는 신용 불량자 한 사람에 대해 2.77개의 금융기관이 장기 연체를 신고했음을 의미한다. 반면에 2002년 1월부터 2003년 5월까지 증가한 69만여 명의 평균 등록 건수는 무려 9.16건에 달했다. 신용 불량자로 등록되기 이전에 무려 9개 이상의 금융기관에서 대출을 받았음을 의미한다. 이른바 카드 돌려막기가 얼마나 성행했는지를 보여 주는 예라고 할 수 있다(홍종학 2003). 신용회복위원회의 설문 조사 결과 역시 과다 채무에 대한 최초 대응 방안을 묻는 질문에 신용카드 돌려막기라고 대답한 수가 78.1퍼센트로 대다수를 차지하고 있음을 보여 준다

(신용회복위원회 2004a).

이른바 '카드 돌려막기'는 본질적으로 복리계산이다. 채권자를 달리할 뿐 이자를 '갚은 것으로 치고' 원금에 가산하여 다시 이자를 계산하는 것과 본질적으로 같기 때문이다(김관기 2004, 42-43). 원금 1백만 원을 통상 신용카드 현금 서비스 이자율인 연 30퍼센트, 즉 월 2.5퍼센트로 계산했을 때 발생하는 복리 이자를 계산해 보면 카드 돌려막기를 하는 경우 2년 5개월 만에 채권자에게 건너간 이자는 원금을 상회한다. 더군다나 채권자에게는 원금 이상의 이자를 받고도 아직 원금을 받을 권리가 남는다.

인터뷰를 통해 만났던 신용 불량자들은 대부분 신용카드 연체에 대해 카드 돌려막기를 1년 이상 하다가 신용 불량자가 되었다는 공통점을 가지고 있다. 이들은 처음에 실직, 사업 실패로 소득 감소를 경험하면서 생활비나 창업 자금을 마련하기 위해 쉽게 신용카드 현금 서비스를 받았고 이를 갚기 어렵게 되자 카드 돌려막기를 시작했다. 사실상 카드 돌려막기라는 행위는 채무자들의 입장에서 보면 신용 불량자가 되지 않겠다는 의지의 표현이며 어떻게든 부채를 갚고자 하는 노력의 결과라고 할 수 있다. 그리고 1~2년 이상 돌려막기를 했다는 사실은 이들이 신용카드사에 지급한 이자가 이미 원금을 상회했음을 의미한다. 이들은 카드 돌려막기가 복리의 이자를 발생시켜 오히려 빚을 기하급수적으로 늘려 결국 신용 불량자로 전락하게 만든다는 것을 알지 못했다. 인터뷰에 응했던 신용 불량자 가운데 단 한 사람도 신용카드의 이자가 연 30퍼센트에 이르는 고금리라는 것을 인지하지 못했다.

신용카드로 현금 서비스를 대출받고 이를 갚지 못해 신용카드 돌려

그림 4-1 | 대환 대출 상환 방식

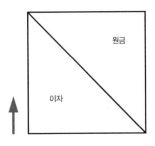

막기를 한 사람들은 결국 더는 돌려막기가 불가능해지면서 신용카드사들로부터 연체금을 대환 대출로 전환해 주겠다는 말을 듣게 된다. 당장 신용카드 빚에서 벗어날 수 없는 서민들은 일단 부채를 대출로 돌려 분할상환할 수 있다는 말에 어느 누구도 이 제안을 거절하기 어려웠을 것이다. 그러나 사실상 대환 대출은 신용카드사들이 연체율을 낮추기 위해 이용한 방법으로, 이들은 대환 대출을 통해서도 높은 폭리를 취했다. 통상 신용카드사들은 현금 서비스나 카드론으로 빌린 현금과, 그에 붙은 이자까지를 포함한 금액을 원금으로 간주하고, 여기에 다시 대환 대출 금리를 적용하여 대출을 해준다. 결국 대환으로 돌리는 대출 금액은 '원금＋이자'를 포함한 금액에 다시 이자를 더한 금액이 된다. 그런데 이런 대환 대출의 상환 방식은 처음에는 원금은 적게 갚고 이자는 많이 갚는 방식으로 이루어져 있어 몇 년간 빚을 갚아도 이자만 계속 갚게 되는 부채의 악순환을 반복하게 된다(〈그림 4-1〉 참조).

그것은 빚을 갚도록 도와주는 것이 아니라 오히려 어려운 사람들에게 높은 이자만을 물게 하는 전형적인 고리대금 방식이라 할 수 있다. 더군다나 대환 대출의 경우 대부분의 신용카드사들이 보증인을 세우도록 요구해 과다 채무가 연쇄적인 채무 연체로 이어진다. 보증채무는 개인 파산과 면책을 통해서도 해결되지 않기 때문에 결국 보증인도 파산을 해야 하는 연쇄 파산으로 이어질 수밖에 없다.

이제 대환 대출로도 빚은 감소하지 않고 오히려 눈덩이처럼 불어난다. 이런 상황에서 살인적 채권 추심에 내몰린 사람들은 마지막 탈출구로 카드깡이나 사채를 선택한다. 카드깡은 카드로 물건을 구입한 것처럼 전표를 끊고 높은 이자를 붙여 불법적으로 대출을 해주는 행위다. 신용카드 불법행위인 이른바 카드깡을 통해 돌려막기를 했을 경우에는 1년 만에 원금의 최대 5배로 빚이 불어나는 것을 알 수 있다. 금감원 분석 결과 총 이용 한도가 5백만 원인 신용카드 4장을 소지한 사람이 사채업자한테서 카드깡을 통해 선이자 격인 15퍼센트의 수수료를 물고 현금 4백만 원을 일시불로 빌린 뒤, 다른 소득 없이 돌려막기로 빌린 돈을 갚는 행위를 1년간 반복했을 경우 빚이 원금의 5.23배인 2,140만 원으로 불어나는 것으로 나타났다. 같은 방식으로 6개월간 돌려막기를 했다면 원금의 2.31배인 925만 원이 된다(『한겨레』 2004/07/15). 이제 신용카드 한 장으로 시작된 빚은 평생의 삶을 짓누르고 죽어서야 겨우 벗어날 수 있는 무시무시한 괴물로 변하게 된다.

금감원이 2004년 10~11월 대부 업체나 카드깡 등 사금융을 이용한 3,859명을 대상으로 이용 실태에 관해 설문 조사한 결과 연 이자율은 223퍼센트로 2003년의 176퍼센트에 비해 47퍼센트나 상승한 것을 알 수 있다. 당시 이자율 제한 범위인 연 66퍼센트의 이자를 지급하는 이용자는 15퍼센트에 불과했다. 카드빚 상환 등을 위해 사금융 업체를 찾았던 사람 가운데 85퍼센트는 2년 이내에 신용 불량자가 된 것으로 조사됐다(『파이낸셜 뉴스』 2005/01/18). 당시 정부가 음성화된 사채 시장을 양성화하기 위해 만든 〈대부업법〉의 연 66퍼센트라는 이자 제한이 전혀 실효성을 거두지 못했음을 알 수 있다. 경제 위기 이후 1998년 정부는 〈이자제한법〉을 폐지했고, 그 결과 연이자 2백 퍼센트가 넘는 살인적인 고금리의 사채 폐해가 발생하는 원인을 제공했다. 이로 인해 일반적인 서민들은 고통을 받게 되었다. 2007년 정부는 〈이자제한법〉을 부활해 최고 이자율 연 40퍼센트를 초과하지 못하도록 법적으로 제한했다. 〈대부업법〉의 경우는 2010년 7월부터 연 이자율이 49퍼센트에서 44퍼센트로 인하된 상황이다. 하지만 불법적인 대부 업체의 경우 여전히 수백 퍼센트에 이르는 살인적 고금리를 적용하고 있는 것으로 조사되었다.

과거 신용카드를 통한 약탈적 대출 시장은 이제 사채 시장으로 옮겨 가고 있다. 한국의 대부업 시장, 즉 사채 시장은 이미 외국자본의 격전장이 되었다. 대부업 시장 대부분을 장악하고 있는 일본계 자본은 말할 것도 없고(국내 대부 업체 1~10위 회사가 모두 일본 계열 회사) 영미 계통 금융자본도 상당수 들어와 있다. 2006년 메릴 린치Merrill Lynch가 산와머니에 1억 달러를 투자하고, 같은 해에 스탠다드차타드은행SCB이 한국PF금융을 설립하면서 국내시장에 진출했다. 대부업 이자율 한도가 66퍼센트였던 호시절에, OECD 국가 가운데 가장 넓고 두터운 저신용 등급자를 보유하고 있던 한국 대부업 시장의 성장 잠재력을 보고 막강한 자본력을 앞세워 국내에 들어온 것이다. 국내에서 상당한 입지를 구축하고 있는 '러시앤캐시'의 경우 2006년과 2007년의 자본금 평균액은 133억 원, 해당 기간 동안 벌어들인 수익은 1,600억 원에 이른다. 2년간 자기 자본이 익률ROE, Return on Equity이 무려 1,200퍼센트(연평균 6백 퍼센트)로, 투자한 자본의 12배에 달하는 수익을 올렸음을 알 수 있다(『오마이뉴스』 2010/02/14). 현재 케이블 방송의 광고가 사채 광고로 도배되고 있는 것은 이런 현실을 반영한다. 금융 채무 불이행자, 즉 신용 불량자 수가 지속적으로 감소하고 있다는 정부의 안일한 안도감 속에서 사채 시장을 통한 저신용·저소득층을 대상으로 한 무차별적 공격은 계속되고 있다.

이렇듯 경제 위기 이후 어려워진 경제 상황을 벗어나기 위해 저소득층은 신용카드를 통해 현금 대출을 이용하기 시작했고 빚이 증가하면서 카드 돌려막기, 대환 대출, 카드깡, 사채라고 하는 동일한 경로를 통해 처음 사용했던 원금의 몇 배에 해당하는 빚을 늘리고서야 신용 불량자로 전락했다. 아마 이들이 처음 신용카드를 통해 빚을 지고 더는 빚을 갚을 수 없다고 생각했을 때 손을 들었다면 빚은 현재와 같이 불어나지 않았을 것이다. 그리고 그들이 만져 보지도 못한 채 고스란히 신용카드 사와 대부 업체의 이자로 들어간 부채로 고통 받지도 않았을 것이다. 그렇다면 이들은 왜 이런 비합리적 선택을 했던 것일까?

인터뷰에 응했던 사람들은 모두 신용 불량자라고 하는 오명과 낙인을 두려워했기 때문이라고 말했다. 남의 돈을 빌려 쓰고 갚지 못해 신용 불량자가 된다는 것은 결코 받아들일 수 없는 일이었다. 이들은 어떻게 해서든지 그런 상황만은 모면하고 싶었다. 가진 것이 아무것도 없는 상황에서 이들이 당장 선택할 수 있는 것은 당시 누구에게나 나눠 주던 신용카드를 추가 발급받아 카드 돌려막기를 하는 것이었다. 그리고 한번 카드 돌려막기라는 길로 들어서면 복리 이자로 인해 빚은 기하급수적으로 늘어나고 이후 대환 대출, 카드깡, 사채라는, 다른 선택이 없는 경로를 따라 똑같이 신용 불량자가 될 수밖에 없었다.

경제 위기의 결과를 하층의 미래 소득을 담보로 극복하려던 정부의 단기적 정책에 의해 이루어진 신용의 상품화와 약탈적 대출 시장의 허용은 이들을 신용 불량자로 만든 구조적 힘이었다. 그렇다면 신용 불량자가 되지 않기 위해, 어떻게든 돈을 갚기 위해 돌려막기를 하고 대환 대출을 이용하고 카드깡이나 사채에 손을 대고 자신들이 사용하지도 않은 빚 때문에 신용 불량자가 되어 고통 받는 사람들을 도덕적 해이의 문제로 몰아붙일 수 있을까?

3. 신용카드와 과소비의 함수

1) 신용 불량자와 과소비

1990년대 중반까지만 해도 보통 사람들은 수천만 원이라는 큰 빚을 지고 싶어도 질 수가 없었다. 금융기관들이 확실히 회수할 수 있는 담보물이 없는 그들에게 그렇게 큰 금액을 대출해 주지 않았기 때문이었다. 그렇다면 신용 불량자의 증가를 단순히 소득 이상으로 신용카드를 과다하게 사용한 소비자 개인의 잘못된 소비 결정 때문이라고 결론지을 수 있을까? 정말 이들은 신용카드를 발급받아 과소비와 사치를 통해 이득을 취했던 것일까?

표 4-9 | 전체 신용카드 사용액 가운데 현금 대출 비중 (단위 : %)

	2001년	2002년	2003년(10월까지)
현금 대출 비중	75.5	73.8	74.0

주 : 현금 대출=현금 서비스+카드론+대환 대출.
출처 : 『한겨레』(2003/12/11).

〈표 4-9〉는 신용카드 사용액 가운데 현금 대출 부분에서 현금 서비스 외에 카드론과 대환 대출까지를 포함한 자료다. 이 자료에 따르면 신용카드 영업 가운데 부대 업무라고 할 수 있는 현금 대출 서비스가 전체 사용액의 70퍼센트를 넘어서면서 본업인 신용판매(일시불 및 할부.구매) 사용액은 20퍼센트대에 머물고 있음을 알 수 있다. 신용카드의 과다 사용이라는 것이 신용카드로 물건을 구입했다기보다는 주로 현금 대출을 받아 사용한 결과라는 것을 보여 준다. 여기에서 신용카드 '과다 사용=과소비'라는 등식이 매우 불완전한 것임을 알 수 있다. 소비의 문제라면 당연히 신용판매의 비중이 높은 것으로 나타나야 하기 때문이다. 이와 관련해 신용회복위원회의 조사 보고서 역시 신용 불량자들의 채무 증대 사유에서 생활비, 교육비, 병원비, 사업 부진 등이 전체의 67.8퍼센트를 차지한 반면 과소비는 1.6퍼센트에 불과한 것으로 나타났다는 결과는 이런 사실을 뒷받침한다(신용회복위원회 2004a).

이에 대해 몇 가지 반론이 있을 수 있다. 애초에 현금 서비스를 받았다는 것이 과소비 때문이 아니라는 것을 완전히 증명하지 못한다는 주장이다. 현금 대출을 받아 유흥비나 도박으로 탕진했을 가능성을 배제할 수 없기 때문이다. 또한 신용 불량자에 대한 조사 결과 역시 조사의 특성상 자신에게 불리한 과소비 항목에 대한 응답이 과소평가되었을지

표 4-10 | 도시 근로자 가구의 월 평균 소비지출 구성 (단위 : %)

연도(년)	식료 품비	주거비	광열· 수도비	가구·가 사용품비	피복· 신발비	보건· 의료비	교육비	교양· 오락비	교통· 통신비	기타
1996	28.5	3.6	4.1	4.4	7.4	4.4	9.8	5.2	12.6	19.9
1997	28.7	3.4	4.5	4.2	6.6	4.5	10.3	5.2	13.1	19.5
1998	27.6	3.5	5.4	3.9	5.4	4.4	10.7	4.5	14.6	19.9
1999	27.7	3.3	4.9	3.7	5.6	4.5	10.7	4.9	16.1	18.8
2000	27.5	3.3	5.1	3.7	5.7	4.1	10.9	5.3	16.4	18.0
2001	26.5	3.4	5.0	4.0	5.6	4.2	10.8	4.9	17.1	18.6
2002	26.3	3.4	4.9	4.1	5.6	4.3	10.9	4.8	17.0	18.7
2003	26.6	3.2	4.7	3.9	5.6	4.6	11.4	5.0	17.5	17.4

출처 : 통계청.

모른다는 신뢰도의 문제를 제기할 수도 있을 것이다. 이 문제를 해결하기 위해서 실제 1999년 이후 일반 가구에서 과소비 지출이 그 이전과 비교할 때 증가했는지를 경험적으로 분석해 볼 필요가 있다. 4백만 명에 이르는 사람들이 과소비로 인해 신용 불량자가 되었다면 경제 위기 이후 한국의 소비 패턴에서 일정한 변화가 나타나야 하기 때문이다. 이와 관련해 당시 통계청의 도시 근로자 가구 소비지출 조사는 매우 적합한 자료라 할 수 있다. 〈표 4-10〉은 조사 결과를 연도별로 요약한 것이다.

〈표 4-10〉에 나타난 도시 근로자 가구의 월 평균 소비지출 구성 항목 가운데 과소비와 관련되는 것은 가구·가사용품비, 피복·신발비, 교양·오락비라고 할 수 있다. 집합 자료가 보여 주듯이 이런 항목의 소비지출 비중은 경제 위기 이후 증가하기보다 오히려 감소했음을 알 수 있다. 반면에 가구의 소비지출 비중이 증가한 항목은 광열·수도비, 보건·의료비, 교육비, 교통·통신비와 같은 공공요금으로 나타났다. 바꿔 말하면 경제 위기 이후 생활비 항목의 지출 비중이 눈에 띄게 증가했음을 알

수 있다. 이런 통계 수치는 신용 불량자 증가의 핵심 원인이 과소비가 아니라는 주장을 일정 정도 뒷받침해 준다. 물론 신용카드 사용이 낭비성 소비를 증가시키는 데 어느 정도 영향을 미쳤을 것이라는 추론은 합리적이다. 실제 신용 불량자 가운데 신용카드를 이용해 과소비를 하여 신용 불량자가 된 사람이 있다는 사실도 분명하다.

그러나 지금까지 살펴본 것처럼, 적어도 거시적 차원에서 신용카드 사용이 뚜렷하게 과소비를 증가시켰다는 경험적 증거는 찾아보기 어렵다. 관련 자료들은 오히려 기초 생계비 항목의 소비 비중이 증가했음을 보여 준다. 더군다나 신용카드 사용에 따른 낭비성 소비 증가 현상만으로 4백만 명에 이르는 대규모의 경제활동인구가 과다 채무자로 전락했다고 보는 것은 비합리적 추론이다. 개인의 과소비가 문제가 아니라면 이들이 신용카드를 통해 과도한 현금 대출을 받았던 이유는 무엇일까?

2) 부채 증가 원인 1 : 소득의 감소

1997년 IMF 경제 위기는 무엇보다 대량 실업이라는 커다란 사회적 충격을 가져다주었다. 1997년 2퍼센트대에 머물던 실업률은 급격히 증가해 1999년 8퍼센트를 넘어서는 등 단기간에 4배 가까이 증가했다. 경제 위기 이후 기업 구조 조정과 금융 구조 조정 과정에서 많은 사람들이 퇴출되어 실업자로 전락했다. 통계청의 '경제활동인구 조사'에 따르면 1997년 사사분기 2.6퍼센트였던 실업률은 1998년 일사분기에 5.8퍼센트로 2배 이상 증가했으며 1999년 일사분기에 8.5퍼센트를 정점으로 다시 하락하기 시작해 이후 3퍼센트대로 감소했다.

단기간에 급격히 이루어진 실업의 충격은 1998년과 1999년 일자리를 잃은 서민들의 고통이 어느 때보다 심각했음을 보여 준다. 더군다나 경제 위기를 극복하는 과정에서 선택된 IMF식 구조 조정은 노동의 유연성을 강조하면서 노동시장의 불안정을 더욱 강화했다. 그 결과 김대중 정부 이후 한국의 노동시장 유연성은 세계에서 가장 유연하다고 하는 미국은 물론 OECD 국가 가운데서도 가장 높은 것이 되었다(김유선 2005, 56). 한국의 노동시장 유연성은 급격한 비정규직의 증가 통계에서도 분명히 드러난다. 통계청이 2003년 8월에 실시한 '경제활동인구 조사 부가 조사'에서 비정규직은 784만 명(임금노동자의 55.4퍼센트)이고 정규직은 631만 명(44.6퍼센트)으로 전체 노동자의 절반 이상이 비정규직임을 알 수 있다.[3] 문제는 실업과 비정규직의 증가라는 노동시장의 불안정이 이들의 소득 감소로 이어졌다는 사실이다. 시간당 임금으로 비교해서 정규직 임금을 100으로 할 때 비정규직 임금은 46.2에 불과하다는 최근의 연구는 이를 단적으로 보여 준다(김유선 2010).

노동시장의 유연성은 신자유주의적 세계화의 주요 특징이라 할 수 있다. 1970년대 이후 경제 위기를 경험한 서구 국가들은 이를 극복할 수단으로 노동시장 유연화 정책을 채택했다. 경기 침체는 기업 간의 경쟁

---

[3] 2001년 8월부터 2007년 3월까지 55~56퍼센트 수준을 유지하던 비정규직 비율은 2007년 8월 54.2퍼센트, 2008년 8월 52.1퍼센트로 하락한 데 이어, 2010년 3월에는 49.8퍼센트로 떨어졌다(김유선 2010).

을 촉진했으며 이런 상황은 기업들로 하여금 노동생산성을 증가시키고 노동비용을 절감하는 정책을 수용하도록 압력을 넣었고 이에 대한 하나의 방안으로 노동시장 유연화 정책이 채택되었다(채구묵 2002, 152에서 재인용).

한국에서는 1997년 경제 위기를 극복하기 위해 노동시장 유연성을 제고하는 추가적인 조치들이 IMF와의 양해 각서에 포함되어 노동시장의 유연화가 명시적으로 이루어졌다. 정부와 기업은 한국 경제의 구조 조정을 가로막는 요소로 노동시장의 경직성을 지적하고 노동시장의 유연성 제고가 앞으로 노동정책·경제정책의 최우선 과제가 되어야 한다고 주장했다. 구체적으로는 파견 근로제의 도입, 계약직 근로의 활성화, 시간제 근로 및 재택 근로의 활성화, 임금체계의 유연성 제고, 퇴직금 제도의 개편, 연월차 휴가의 축소 등을 내용으로 하는 노동시장의 유연화 제고 방안이 제출되었다(이병희 1998, 108-109).

이에 정부는 1998년 노동법 개정을 통해 경영상의 이유에 의한 해고를 허용했고, 〈파견 근로자 보호 등에 관한 법률〉을 제정하여 파견 근로를 공식적으로 인정했으며 일자리 나누기 등 단시간 근로를 적극적으로 권장했다. 한편 경제 위기 이후의 마이너스 성장과 기업의 부도, 도산, 대규모 구조 조정에 따른 인원 감축, 정리 해고, 명예퇴직 등으로 대량 실업 사태가 발생하면서 유휴노동력이 양산되었고 기업은 쉽게 비정규 노동자를 채용하게 되었다(채구묵 2002, 157). 이런 노동시장의 변화는 신용 불량자들이 채무를 확대하게 된 일차적 원인으로 작용했다.

〈표 4-11〉은 근로자 가구의 실질소득 및 소비지출 변화를 보여 준다. 1996년 소득을 1백 퍼센트라고 할 때 1998년의 실질소득은 93.9퍼센

표 4-11 | 근로자 가구의 실질소득 및 소비지출

구분	증가 지수			증가율 (단위 : %)		
	1997년	1998년	1999년	1996~97년	1997~98년	1998~99년
실질소득	103.5	93.9	93.1	3.5	-9.2	-0.8
실질 경상 소득	103.0	92.4	89.1	3.0	-10.3	-3.5
실질 근로 소득	102.9	93.5	88.9	2.9	-9.1	-5.0
실질 비 경상 소득	111.1	115.9	149.4	11.1	4.3	28.9
실질 가계 지출	101.7	87.2	95.0	1.7	-14.2	8.9
실질 소비지출	100.7	84.6	92.0	0.7	-16.0	8.8

주 : 1996년 소비자물가 기준을 100으로 상정.
출처 : 정건화·남기곤(1999, 94).

트, 1999년은 93.1퍼센트로 지속적으로 감소했음을 알 수 있다. 실질 지출 역시 1996년을 기준으로 1998년 급격히 감소했다가 정부의 소비 진작 정책으로 1999년부터 다시 증가한 것으로 나타났다. 하지만 여전히 1996년 수준에는 미치지 못했다. 게다가 이런 실질소득 감소 통계는 전 계층에 대한 평균값으로, 실질적으로 저소득층의 소득 감소는 상위 계층보다 더욱 컸을 것으로 추정된다는 점에서 한계가 있다. 〈표 4-12〉는 소득 계층별 명목소득의 증감을 보여 준다. 소득 계층별로 소득 증감의 차이가 분명히 나타나고 있음을 알 수 있다. 경제 위기 이후 상위 20퍼센트의 소득은 오히려 증가한 반면, 하위 계층으로 갈수록 소득 감소폭이 커져 하위 20퍼센트의 경우는 소득이 급격히 감소했음을 알 수 있다. 이는 경제 위기로 인한 부담이 전체적으로 공평하게 이루어지지 않았을 뿐만 아니라 오히려 하층의 어려움이 훨씬 심각했음을 의미한다.

결국 경제 위기 이후 실업과 비정규직, 영세 자영업의 증가가 가져온 소득 감소는 저소득층으로 갈수록 더욱 심각했음을 알 수 있다. 이런 소득 감소는 사실상 서민들이 부채를 급격히 확대하게 된 일차적인 원인

표 4-12 | 소득 계층별 명목소득

소득	증가 지수			증가율(단위 : %)		
	1997년	1998년	1999년	1996~97년	1997~98년	1998~99년
상위 20퍼센트	120.9	127.7	132.4	20.9	5.6	3.7
20~40퍼센트	126.6	122.4	120.8	26.6	-3.3	-1.3
40~60퍼센트	104.5	100.8	98.4	4.5	-3.6	-2.3
60~80퍼센트	90.1	84.3	81.3	-9.9	-6.4	-3.6
하위 20퍼센트	91.8	82.3	75.4	-8.2	-10.3	-8.4

주 : 1996년 소비자물가 기준을 100으로 상정.
출처 : 정건화·남기곤(1999, 95).

이었으며 그 결과 신용 불량자가 증가하게 된 조건이었다.[4] 일자리를 잃은 실업자가 실업 상태로 있는 동안 저축과 같은 다른 소득이 없다면 아무리 생활비를 줄인다 하더라도 채무는 늘어날 수밖에 없다. 더군다나 월세를 지불해야 하는 최저 계층은 자신의 주택을 소유하고 있어 주거비용을 지불할 필요가 없는 계층보다 훨씬 많은 생활비를 부담해야 한다. 따라서 이들이 소득이 감소했음에도 소비를 줄이지 않았다는 주장은 사실이 아니다.

일반적인 경제 이론은 단기적 가계소득의 변화에 대해 소비지출은 영

---

4) KDI 용역 보고서도 1999~2000년 기간 경기 호황에도 불구하고 신용 불량자가 감소하지 않았던 것은 고용구조의 변화로 소득 감소 위험이 높아진 계층이 존속되었기 때문으로 보고 있다. 즉, 고용구조 변화는 우리나라의 신용 불량자 수준이 1999~2001년간 240만 명 수준으로 예전보다 높게 유지된 현상의 원인으로서 유의성이 인정된다는 것이다. 이는 고용구조의 변화로 소득이 감소하여 부족한 소득을 신용카드를 통해 사용하다가 1~2년 이상 카드 돌려막기를 한 끝에 2002년 이후 신용 불량자들이 급증했다는 사실로 설명된다(신인석 외 2003).

향을 받지 않거나 둔감하게 반응한다는 소비의 하방 경직성을 주장한다. 그러나 경제 위기 이후 가계소득 감소에 대해 소비지출이 민감하게 반응했음을 보여 주는 다수의 연구들이 있다(두경자 1999; 양세정 2002). 이런 경험적 연구를 통해 볼 때 신용 불량의 원인을 신용 불량자의 과소비로 설명하는 주장들은 잘못된 가정 위에 서있음을 알 수 있다. 급격한 소득 하락으로 부채를 질 수밖에 없는 사람들에게 신용카드라는 손쉬운 현금 융통 방법이 제시되었을 때 과연 이들에게 다른 선택이 가능했을까?

3) 부채 증가 원인 2 : 허약한 복지 체계

소득 하락과 더불어 한국의 허약한 복지 체계는 개인이 현금 대출을 늘린 직접적인 원인이었다. 노동시장이 불안정해 실질소득은 감소했지만 이런 소득 감소를 보전해 줄 수 있는 사회적 안전망이나 사회복지 체계는 거의 존재하지 않았다. 경제 위기의 부담이 하층에 일방적으로 부과되는 상황에서 허약한 한국의 복지 체계는 저소득층의 어려움을 완화하는 데 전혀 도움을 주지 못했다.

경제 위기 이후 실업자의 급증으로 김대중 정부는 다양한 실업 대책을 내놓기도 했지만 이는 대개 일시적 대응이었을 뿐 어려움에 처한 사람들에게 사회적 안전망의 역할을 하지 못했다. 김대중 정부 들어서 사회복지 예산이 증가해 사회정책에 획기적인 변화가 있었다는 주장이 제기되기도 하지만 이는 사실과 다르다.

중앙정부 지출의 증감을 나타내는 자료인 〈표 4-13〉은 이를 잘 보여

표 4-13 | 중앙정부 지출

구분	1998년	1999년		2000년	
	금액(조 원)	금액(조 원)	증가율(%)	금액(조 원)	증가율(%)
교육비	17.5	17.9	2.3	19.1	6.6
국방비	14.6	14.9	2.2	15.6	4.6
공무원 급여	14.4	14.4	0.0	16.3	12.9
사회간접자본	11.5	13.4	16.6	14.0	4.7
농업 및 어업	8.5	8.5	0.5	8.9	4.3
사회 안전망	5.7	5.1	-11.2	5.7	11.9
중소기업	3.9	4.5	15.1	3.8	-16.1
이자 비용	3.6	5.8	61.1	8.6	48.3
금융 구조 조정	1.3	4.0	207.7	6.6	65.0
과학기술	3.6	4.0	11.5	4.6	13.5
환경	1.8	2.3	29.2	2.8	20.4
문화·관광	0.4	0.7	66.3	0.9	40.2

출처 : OECD(2000/09, 89).

준다. 이에 따르면 경제 위기 직후인 1999년 금융 구조 조정에 대한 정부 지출이 207.7퍼센트 증가하는 동안 사회 안전망에 대한 중앙정부 지출은 −11.2퍼센트로 크게 감소했음을 알 수 있다.

경제 위기로 인한 실업의 증가로 일시적으로 사회복지 예산이 증대한 것은 사실이지만 그 변화의 효과는 크지 않았다. 사회복지 예산 총액은 늘어났지만, 증가 추세에 있었던 사회복지 예산 증가율은 2002년부터 다시 감소 추세로 돌아섰고 이런 추세는 노무현 정부에서도 계속되었다. 한국의 GDP 대비 사회보장 및 복지 예산은 경제 위기 이후 지속적으로 증가했지만 저소득층의 소득을 보전해 주기에는 터무니없이 낮은 수준이었다. 이런 사회복지 예산 비율은 세계에서 가장 불평등한 나라의 하나인 미국과 비교해서도 현저히 낮은 수치임을 알 수 있다.

김대중 정부 복지 정책의 최대 업적이라 할 수 있는 기초생활보장제

표 4-14 ｜ 소득세와 사회 이전 지출이 지니계수를 낮춘 정도 (단위 : %)

	한국(1995~2002년)	일본(1996년)	미국(1999년)	영국(1999년)	뉴질랜드(1996년)
소득세	2.9~3.6	2.6	4.7	5.7	6.4
사회 이전 지출	1.2	15.7	10.9	28.3	18.7
합계	4.1~4.8	18.3	15.6	34.0	25.1

주 : 숫자가 작을수록 소득재분배 효과가 낮다.
출처 : 성명재(2003)에서 재구성.

도 역시 실제 수급률이 빈곤층의 30퍼센트 수준에도 못 미친다는 점에
서 한계를 드러냈다. 한 조사 결과에 따르면 빈곤 가구 가운데 27.1퍼센
트만이 국민기초생활보장제도의 혜택을 받고 있으며, 소득이 빈곤선의
120퍼센트에 해당되는 차상위 계층까지 포함할 경우에는 그 비중이 더
욱 낮아지는 것을 알 수 있다(이상호·최효미 2004, 6). 비정규직이 증가해
사회보험의 기여자가 심각하게 줄어드는 상황에서 실시된 사회보험 중
심의 빈곤 대책 역시 원천적으로 성공하기 어려운 문제를 안고 있다(양
재진 2003). 실제 혜택을 받아야 할 저소득층은 정규직이 아니라는 이유
로 대상에서 배제된 탓에 비정규직의 사회보험 가입률은 20퍼센트대에
머물렀다(김유선 2005, 61).

특히 〈표 4-14〉에서 보듯이 한국의 소득분배 정책은 소득 불평등 완
화에 전혀 기여하지 못하는 것으로 나타나고 있다. 소득세와 사회 이전
지출(각종 연금과 중앙정부·지방자치단체의 영세민 지원금 등)을 포함한 한국
의 소득 불평등 완화 정도는 4.1~4.8퍼센트로 미국 15.6퍼센트, 영국
34.0퍼센트, 뉴질랜드 25.1퍼센트에 비해 현저히 낮다. 소득세만으로는
소득재분배 효과가 한국보다 낮은 일본도 사회 이전 지출을 포함하면
18.3퍼센트로 한국의 3~4배에 이른다.

결국 소득의 감소와 생활상의 하락을 경험한 사람들에게 정부의 구제 정책이 사회적 안전망의 기능을 하지 못할 때 개인의 선택이라는 것은 진정한 의미에서의 선택이라기보다는 현실이 일방적으로 부과한 압력의 결과였다고 할 수 있다. 더군다나 신용카드를 이용한 현금 대출은 저소득층일수록 높은 수수료를 부과해 고리대금과 다를 바 없었을 뿐 아니라 현금 대출을 이용하는 사람들에게 더 많은 신용 대출이 허용되면서 이들의 피해는 더욱 심각했다.

| 제5장 |

신용 불량자 문제와 사회적 재난

1. 신용 불량자 문제의 결과 : 공동체 해체와 새로운 사회 계급화

1) 신용카드 정책의 결과

그렇다면 신용카드 정책이 한국 사회에 미친 영향은 무엇인가? 단순히 수백만 명의 신용 불량자, 금융 채무 불이행자를 양산한 것으로 끝나지 않았다는 데 신용 불량자 문제의 심각성이 있다. 신용카드 정책의 결과는 단기적으로 볼 때 정부와 기업 모두에게 이익을 가져다준 것으로 보인다. 먼저 민주 정부는 내수 진작을 통해 1999년부터 2002년까지 평균 7퍼센트 이상의 높은 경제성장을 이뤄 냈다. 이런 경제성장은 신용 불량자들의 미래 소득을 기반으로 이루어졌다. 내수 확대를 신용카드 정책만으로 설명하기는 어렵겠지만 신용카드 사용의 급증이 내수 확대에 상당히 기여했을 것으로 짐작할 수 있기 때문이다. 신용카드사를 비

표 5-1 | 거시 경제지표추이 (단위 : %)

항목	1997년	1998년	1999년	2000년	2001년	2002년
GDP 성장률	5.0	-6.7	10.9	9.3	3.1	6.3
실업률	2.6	7.0	6.3	4.1	3.8	3.1
소비자물가 상승률	4.4	7.5	0.8	2.3	4.1	2.7
무역수지(억 달러)	-84.5	390.3	239.3	117.8	93.4	103.4

출처 : 통계청 홈페이지에서 재구성.

롯한 기업들 역시 신용 불량자들의 희생 속에서 엄청난 이자율을 통해 부당이득을 챙겼다.

내수 진작에 힘입어 1998년 마이너스 성장에 머물렀던 한국 경제는 급격히 성장하기 시작해 GDP 성장률이 1999년 10.9퍼센트, 2000년 9.3퍼센트를 기록했다. 실업률은 1998년 7.0퍼센트에서 1999년 6.3퍼센트, 2000년 4.1퍼센트로 감소했다. 소비자물가 상승률도 1998년 7.5퍼센트까지 치솟았으나 1999년에는 0.8퍼센트에 머물렀다.

이런 수치는 정부의 내수 진작 정책의 성과로 평가되면서 1999년에 IMF 조기 졸업을 선언하기에 이른다. 신용카드 정책의 효과였다고 해도 과언이 아니다. 2001년 세계경제는 불황에 허덕였지만 한국은 상대적으로 높은 3퍼센트 후반의 성장률을 기록했다. 두 자릿수 후퇴의 부진을 보인 수출을 내수 시장이 메워 주며 국내 경기의 버팀목 역할을 한 것은 신용카드였다. 민간 소비지출에서 신용카드 거래가 차지하는 비율은 1999년 15.8퍼센트에서 2000년 삼사분기에는 27퍼센트로 증가했다(재정경제부 2001). 2001년에는 민간 소비의 약 35퍼센트가 신용카드를 통해 이뤄진 것으로 나타났다(김유헌 2002, 19).

신용카드사들 역시 정부의 신용카드 정책에 따른 막대한 이득을 얻

표 5-2 | 신용카드사 실질 연체율 추이 (단위 : 억 원, %)

항목	2002년 12월	2003년 3월	2003년 6월	2003년 9월
총채권(A)	830,069	787,564	701,407	635,481
연체 채권(B)	49,535	74,397	65,672	71,238
대환 대출 잔액(C)	57,112	88,287	114,555	153,104
연체율(B/A)	6.0	9.5	9.4	11.2
실질 연체율((B + C)/A)	12.8	20.7	25.7	35.3

주 : 1) 국민카드 제외. 2) 연체 채권(B)은 관리자산 1개월 이상 연체 기준.
출처 : 최공필·이명활(2004, 135).

었다. 앞에서 보았듯이 2001년 삼성 등 3개 카드 회사의 초과이윤은 평균 8,403억 원에 이르는 것으로 나타났다. 이것은 신용카드 정책을 통해 카드사들이 현금 대출 위주의 영업으로 얼마나 큰 수익을 얻었는지를 보여 주는 수치다.

이런 점에서 신용카드 정책은 정부와 자본의 입장에서 볼 때 성공적인 정책이었다고 평가할 수 있을 것이다. 그러나 이런 신용카드 정책은 시행 초기에 정부와 기업 모두에게 단기적 이득을 제공했지만 시간이 갈수록 큰 비용으로 남게 되었다. 먼저 2001년 이후 신용 불량자가 급격히 확대되어 내수 침체가 재현되면서 정부는 경제적으로 어려움을 겪기 시작했다. 가계 부채가 확대되면서 많은 사람들이 소득을 부채 갚는 데 사용해 소비 여력이 떨어졌기 때문이다. 그뿐 아니라 신용 불량자 증가는 민주 정부의 정책 실패로 평가되면서 정치적 책임이라는 부담감도 안게 되었다. 신용카드사들 역시 현금 서비스 위주의 영업으로 단기적으로는 연 1조 원에 이르는 수익을 얻었지만 이후 연체율이 급증하면서 수익이 급격히 감소했다. 이런 신용카드사들의 유동성 위기는 2003년 LG카드 사태로 표면화되었다.[1]

결국 민주 정부의 단기적인 정치적 이해와 신용카드사의 단기적인 경제적 이해가 만나서 이루어진 정부와 기업의 연합은 부분적으로는 자기 파멸적인 결과를 낳았다. 사회 하층인 서민의 미래 소득을 담보로 신용카드 사용을 조장해 국가 경제가 일시적으로 성장했지만, 결국 이들은 몇 년 뒤 수천만 원의 빚을 지고 신용 불량자로 전락했던 것이다. 의도하지는 않았지만 정부와 기업의 공모로 이루어진 신용 불량자 문제의 확대는 한국 사회에 심각한 문제를 던져 주었다.

사실상 이 서민들의 부채는 몇 년 동안 몇몇 재벌을 비롯한 신용카드사들의 이익으로 고스란히 이전했다. 경제 위기로 인한 충격은 사회적으로 공평하게 부담되었어야 했지만 경제 위기 직후 실업과 도산 등으로 큰 고통을 감수했던 이들은 또 다시 국가 경제를 활성화하기 위해 희생되었고 그 수익은 재벌을 비롯한 거대 기업들의 수중으로 들어갔다. 그리고 이런 서민들의 부가 재벌 기업들로 이전될 수 있었던 것은 정부의 신용카드 정책 때문이었다.

한국노동연구원 보고서에 따르면 연평균 개인소득 증가율은 1980년대 10.6퍼센트, 1990~96년에 7.0퍼센트였다가 2000년부터 2004년까지

---

1) 2004년 정무위 국정감사 자료에 따르면 2003년 11월 16일 LG카드 사태가 일어나기 전인 7월부터 10월까지 구본무 LG그룹 회장을 비롯한 대주주들이 3,978억 원의 주식을 매도해 매수가에 비해서 2,664억 원의 추정 매도 차액을 얻은 것으로 드러났다. 신용카드업이 호황을 누릴 때 연 1조 원에 가까운 초과이윤을 실현했던 LG카드가 무분별한 경영전략의 결과 부실이 증가하자 대주주들이 사전에 주식 매도를 통해 이윤을 실현했던 것이다(국회 정무위원회 2004).

4년간 평균 2.4퍼센트에 그쳤다. 반면에 같은 시기 연평균 기업소득 증가율은 각각 7.8퍼센트, 6.5퍼센트, 18.9퍼센트로 나타나 IMF 이후 개인소득은 급격히 감소한 반면 기업소득은 오히려 가파르게 증가했다. 더군다나 2004년 개인소득 증가율이 2.6퍼센트에 그쳤던 반면 기업소득 증가율은 38.7퍼센트로, 개인과 기업의 소득 증가율 격차가 갈수록 심화되고 있음을 알 수 있다(한국노동연구원 2005).

이 과정에서 거대 기업은 경제 위기를 불러온 주역이었음에도 경제위기를 극복하는 과정에서 정부의 공적 자금으로 회생했고 이제 신용카드를 통해 서민들의 소득을 이자라는 명목으로 수취해 간 것이다. 이렇게 만들어진 정부-기업 간 정치 연합의 구조는 정부든 정당이든 신용 불량자 문제에 대한 어떤 적절한 대응책·해결책을 제시하지 못하게 만든 핵심적인 이유였다.[2] 자신의 단기적 이익을 위해 재벌을 동원해 기업과의 연합을 형성했던 정부는 다시 재벌의 이익을 보장해야 하는 상황에 놓였고 이것이 정부의 신용 불량자 대책이 채권자에게는 유리하고 채무자에게는 불리한 것으로 나타났던 원인이었다.

2) 신용 불량자 문제와 공동체의 해체

정부가 신용카드 정책을 시행한 결과 급격히 증가한 신용 불량자의

---

2) 이 문제에 대해서는 제6장에서 다시 다룬다.

문제는 그들이 단순히 경제활동에서 배제된다는 경제적 문제를 떠나 심각한 사회문제가 되었다. 신용 불량자들과의 인터뷰를 통해서 이들이 과다 채무로 인해 이혼이나 별거와 같은 가정 파탄을 경험한 경우가 일반인보다 훨씬 더 높은 것으로 확인되었다. 실제 인터뷰에 응했던 사람들 가운데 기혼자의 60퍼센트 가까이가 이혼을 경험했거나 위장 이혼 및 별거 상태에 있었다. 또한 자살과 같은 극단적인 생각을 했다는 응답자도 전체의 절반에 이르렀다. OECD 평균 자살률(인구 10만 명당)이 1980년 15.0명에서 1990년 14.3명, 2002년 12.4명으로 계속 감소 추세에 있는 반면 한국의 자살률은 1980년 6.8명에서 1990년 7.9명, 2002년에는 18.7명으로 급격히 증가해 자살률 증가 속도가 OECD 국가 가운데 가장 빠른 것으로 나타났다(송태정 외 2005, 5-6). 한국은 2003년 이후 OECD 국가 가운데 자살률 1위 자리를 계속 지켜 오고 있다. 신용 불량자들은 대부분 강박적인 채권 추심으로 말미암아 자살, 장기 매매와 같은 극단적인 수단을 고려한 적이 있다고 대답했다. 실제 인터뷰에 응한 신용 불량자 가운데 90퍼센트 이상이 신용 불량자가 되어 느끼는 가장 큰 고통이 이런 살인적 채권 추심이라고 밝혔다. 추심원들은 밤낮을 가리지 않고 전화를 하고 집으로 찾아와서 채무자를 괴롭혔다. 채권 추심을 대행하는 업체는 사실상 조직 폭력배와 같은 조직으로 채무자에 대한 협박을 자행했다. 신용 불량자들은 채권 추심으로 인해 전화벨 소리만 들어도 가슴이 두근거리면서 지독한 불안 증세를 느꼈고 심한 경우 우울증 증세가 나타나기도 했다. 이들 가운데 상당수가 자살을 생각한 것도 인간 이하의 취급을 받으며 채권 추심업자들에게 협박과 괴롭힘을 당했기 때문이었던 것으로 보인다.

인터뷰에 응했던 60대 신용 불량자는 처음엔 급한 자금을 융통할 수 있다는 단순한 생각에 카드를 사용했지만 친구에게 빌려준 돈을 받지 못하면서 카드 돌려막기를 할 수밖에 없었고 신용 불량자가 되었다. 압류가 들어오고 부채를 갚으라는 채권 추심원들의 독촉 전화에 시달리면서 전화벨 소리만 들으면 심장이 뛰어 숨을 쉴 수가 없는 고통이 가슴을 짓누르기 시작했다. 그렇게 정신적으로 고통을 받으면서 살이 빠지고 우울증에 걸렸다. 이 얘기를 하면서 "빚지고 사는 게 죄야"라고 한탄조로 말했다. 자신은 천주교 신자이기에 자살이라는 극단적인 생각은 하지 않았지만 자살하는 사람들을 이해할 수 있다고 말했다.

신용 불량자들은 스스로 자신들을 "남의 빚을 진 죄인"으로 여겨 정치적·집단적 행동에 참여하거나 인간으로서 누려야 할 정당한 권리를 요구하는 데도 소극적일 수밖에 없었다. 이들은 모두 "신용 불량의 책임이 일차적으로 자신에게 있다"라고 말했다. 어쨌든 자신은 남의 빚을 지고 갚지 않은 죄인이기 때문에 떳떳하게 나서서 자신의 권리를 요구할 수 없다는 것이다. 신용 불량자를 도덕적으로 문제가 있는 사람으로 바라보는 사회적 인식, 이를 교묘하게 조장하는 언론들로 인해 이들 스스로도 신용 불량의 문제를 개인적인 문제로 생각하고 있음을 알 수 있었다. 여기에 이들이 심리적으로 겪는 또 다른 고통이 있었다.

인터뷰에 응했던 다른 신용 불량자는 "법원에서 파산을 신청하고 1백 퍼센트 면책을 받더라도 없어지는 것은 채무일 뿐, 신용 불량자라는 낙인보다 더한, 남의 빚을 지고 떼먹은 파산자라는 사회적 인식이 바뀌지 않는 한 결코 파산을 대안으로 생각할 수 없다"라고 단호하게 말했다. 결국 신용 불량자들은 채권 추심으로 인한 물리적 고통 이상으로 사회적인 시선에 의한 심리적 고통으로 괴로움을 겪고 있었다.

한 사회의 경제적 불평등 증가는 자살률·이혼율·범죄율을 증가시켜 그 결과 가정 해체, 공동체 파괴라는 심각한 사회문제로 이어진다는 것은 주지의 사실이다. 1997년 대비 2003년 5대 범죄(살인·강도·강간·절도·폭력) 발생 건수가 2배 가까이 급증한 가장 큰 이유가 경제난에 따른 생계형 범죄의 증가였다는 사실은 한국 사회가 민주화 이후 더욱 나빠지고 있음을 보여 주는 단적인 예다(경찰청). 신용 불량자들의 자살·이혼·범죄의 증가 역시 다르지 않다.

신용 불량자들과의 인터뷰에서 확인할 수 있는 또 다른 한국 사회의 변화된 특징은 이제 빚을 상환하기 위해 가족이나 친척, 친구의 도움을 받기 어렵다는 사실이다. 어머니가 자신의 이름으로 만든 신용카드 때문에 신용 불량자가 된 30대 신용 불량자는 친척이나 친지, 친구 등 다른 사람들에게 도움을 요청해 보았느냐는 질문에 대해 "친척 분들도 다 마찬가지로 어렵게 살기 때문에 손을 벌릴 수가 없죠. 결국 그들에게도 똑같은 일을 반복하게 할 수는 없었습니다"라고 말했다. 신용회복위원회의 조사에 따르면 과다 채무에 대한 대응 방안은 카드 돌려막기가 80퍼센트로 가장 많았고, 가족 및 친지의 도움이 8.3퍼센트, 친구 등 주변인의 도움이 7.6퍼센트를 차지한 것으로 나타났다. 소득은 감소하고, 기댈 수 있는 사회적 복지 체계가 거의 전무한 상황에서 예전처럼 가족이나 친지와 부담을 나눠 가질 수 있는 공동체마저 약화되면서 이들이 느끼는 고통은 더욱 심각했던 것으로 보인다.

그러나 이런 공동체의 약화가 진행되는 한편 아직 남아 있는 전통적 공통체 의식이 친구나 친척이 진 빚에 대해 느끼는 상환 의무로 나타나면서 또 다른 의미에서 서민들의 고통으로 이어졌다. 인터뷰에 응했던 신용 불량자들 가운데 20퍼센트에 이르는 사람들이 친구나 친지에게 신용카드를 빌려 주고 받지 못해 신용 불량자가 되었다고 응답했다. 또한 상당수 신용 불량자들의 연체가 가족의 연체나 신용 불량으로 이어지는 것으로 나타났다. 특히 현대의 신용 사회와 배치되는 전통적 보증 제도의 지속은 공동체의 약화와 더불어 서민들에게 이중의 고통을 주는 것으로 볼 수 있다. 실제로 신용 불량자를 대상으로 한 설문 조사에서 가족이나 친지 가운데 신용 불량자가 있느냐는 질문에 대해 절반가량(48.1 퍼센트)이 있다고 대답해 신용 불량자 문제가 연대보증 등을 통해 가족 단위로 확산되고 있음을 보여 준다(조혜진 2004, 12).

이런 의미에서 가부장적인 사회 분위기가 과도한 카드빚의 한 요인이 되고 있다는 기존의 주장은 잘못된 것이다. 이런 주장에 따르면 실제 소득이 없는 대학생이나 젊은 사람들이 카드를 쉽게 만드는 것은 부모의 소득을 마치 자신의 소득인 양 생각하기 때문이다. 자식들에게 재산을 물려주는 가부장 제도에 익숙한 한국인들은 은연중에 '아버지의 것 = 자식의 것'으로 생각하는 경향이 있다는 것이다. 서길수 서경대학교 교수는 "가부장적 혹은 가족적 사고 구조가 소득이 없는 자식들도 신용카드를 가질 수 있게 하는 정신적 배경"이라고 말했다. 자식들 입장에서는 부모의 재산을 어차피 내 몫으로 돌아올 재산이라고 생각하는 경향이 있다는 얘기다. 카드 대금을 부모가 대신 내주는 것도 용돈의 일부로 생각한다는 것이다. 또 카드사도 소득이 없는 학생에게 카드를 발급하면서 문제가 생길 경우 부모에게 변제를 받으려고 한다고 설명했다. 소득이 없는 자식이나 그런 자식에게 카드를 발급해 주는 카드사 모두 가부

장적 사회 문화를 교묘히 이용한다는 것이다(『이코노미스트』 2002/06/18).

그러나 실제 인터뷰에 응했던 젊은 층들은 카드로 인해 신용 불량자가 되었다는 사실이 부모에게 알려질까 봐 가장 고민하고 있었다. 신용 불량자 클럽(인터넷 다음 카페) 게시판에 글을 올린 젊은 신용 불량자들의 경험담을 분석해 봐도 대다수가 신용카드 빚을 부모에게 숨기고 있었고 빚이 부모에게 알려지는 것을 가장 두려워했다. 대학생들이나 젊은 층의 경우 학자금 대출이나 교육비가 증가해 채무를 진 사실은 묻히고 일부 젊은 층의 과소비로 인한 과다 채무 문제만 언론에 보도되면서, 마치 이들이 부모를 믿고 과소비를 한 것으로 소개되는 등 현실과 다른 왜곡된 사실들이 언론을 통해 유포되고 있다는 것이다.

카드빚이 늘어난 까닭은 한국인의 정서적 특성 때문이라는 주장이 제기되기도 한다. 남에게 지기 싫어하는 경쟁심, 비뚤어진 평등 의식은 경쟁에서 지는 것을 용납하지 못하게 만든다고 전문가들은 지적한다. "평등적 집단의식이 강한 한국 사람들의 특성상 남들보다 뒤처지는 것은 참지 못한다"라는 것이다. 즉, 비뚤어진 평등 의식과 공동체에서 탈락된다는 두려움이 복합적으로 작용해 자신의 능력 이상으로 소비하게 된다는 언론의 주장들로 말미암아 신용 불량은 정서적으로 과소비에 물든 사람이라는 인식이 확산된다. 따라서 다수의 신용 우량자는 대우를 받아야 하며 그렇지 못한 신용 불량자들은 어떤 형태로든 대가를 지불해야 한다는 주장이 제기되는 것이다. 신용 불량자들은 신용카드 시스템의 희생자이기 이전에 소득수준 이상의 소비로 사회적 불안을 초래한 원인 제공자라는 것이다. 따라서 해결책도 금융권에서 이 문제들을 처리하는 것이 아니라 사회복지 차원에서 이들을 격려해 신용 교육 등을 이수하게 하는 것이 바람직하다는 주장이 공공연히 제기된다(『주간한국』 2003/03/20). 결국 신용 불량의 문제를 개인의 도덕적 문제로 치환해, 신용 교육에서 해결책을 찾고 있는 것이다.

칼 폴라니Karl Polanyi는 시장이 사회적 규제에서 벗어나 자기 조정적 시장self-regulating market이 될 때 사회는 악마의 맷돌에 의해 으깨질 수밖에 없음을 경고했다(폴라니 2009). 경제 위기 이후 신자유주의적 세계화는 완전경쟁 시장의 신화를 만들어 냈다. 자유로운 시장에 대한 어떤 규제나 간섭도 비효율적인 것으로 비판되었다. 그렇게 진행된 한국의 금융 자유화는 신용 불량자 문제를 만들어 내면서 결국 자살과 이혼, 범죄가 증가해 가정도, 공동체도, 나아가 사회도 심각하게 훼손하고 파괴하는 결과를 가져왔다. 신용카드를 통한 신용 불량자 문제는 규제되지 않은 시장의 파괴적 성격을 보여 준 가장 극적인 예라 할 것이다.

3) 새로운 사회 계급화와 경제적 불평등

앞에서도 지적했지만 신용카드 사용액 가운데 현금 서비스와 할부 구매는 주로 저소득층이 이용한다고 볼 수 있다. 그런데 이런 현금 서비스와 할부 구매에는 높은 수수료가 적용된다. 따라서 신용카드사들이 거둬들이는 주요 수익은 높은 수수료에도 불구하고 현금 서비스와 할부 구매를 이용하는 저소득층에게서 얻어진다는 것을 알 수 있다. 소득이 높은 사람들이 주로 이용하는 일반 판매는 수수료율이 적용되지 않아 실제로 신용카드사들의 이득에는 기여하는 바가 크지 않다. 그럼에도

표 5-3 | 삼성카드 (단위 : %)

구분	특별1군	특별2군	우대1군	우대2군	일반1군	일반2군
수수료율	9.9~13.0	13.5~19.9	20~22.9	23.0~26.9	26.0~26.9	27.0~27.5
회원 비중	16.3	45.1	15.0	11.2	4.3	8.1

출처 : 삼성카드.

표 5-4 | LG카드 (단위 : %)

구분	VIP	Royal	Prestige	Prime	Green Plus	Green
수수료율	12.9~15.9	17.9~21.9	23.9~25.4	25.9~26.3	26.6	26.9
회원 비중	5.2	37.3	36.4	9.1	3.9	8.1

출처 : LG카드.

각 신용카드사들은 이용 실적과 신용 상태에 따라 회원 등급을 분류하면서 소득에 따라 수수료율을 차등 적용하고 있다. 2005년 신용카드사들의 회원 등급별 수수료율과 회원 분포는 〈표 5-3〉, 〈표 5-4〉와 같다.

　두 재벌계 신용카드사들은 모두 6개로 회원 등급을 나누어 서로 다른 수수료율을 적용하고 있었다. 가장 높은 등급의 회원과 가장 낮은 등급의 회원이 현금 서비스를 이용했을 때 내야 하는 수수료율은 2배에서 3배 가까이 차이가 난다. 미국에서도 1989~91년의 경기 침체를 벗어나기 위해 신용카드 사용을 늘리면서 빚의 규모가 증가했다. 리볼빙 결제 채무가 폭발적으로 늘어나면서 1983~88년 사이 은행의 카드 부문은 다른 부문보다 3~5배 이상 높은 수익을 올려 은행에서 가장 많은 돈을 벌어들이는 곳이 되었다. 신용카드 간의 이자율 차이도 이 시기에 들어서면서 더욱 벌어져 최우량 고객에게 발급한 플래티넘카드와 노동자·중산층용 카드의 수수료율 차이는 1982~85년 사이에 연 8.8퍼센트 수준이었

표 5-5 | LG카드 회원 등급 분류 (단위 : %)

구분		기여도			
		A	B	C	계
신용도	1	2.50	-	0.08	2.58
	2	6.39	0.00	0.23	6.62
	3	13.79	0.01	0.25	14.04
	4	20.05	0.78	0.28	21.10
	5	4.53	0.41	0.13	5.07
	6	13.64	0.27	0.12	14.03
	7	5.45	0.53	0.05	6.03
	8	10.16	-	0.09	10.26
	9	2.76	0.70	0.04	3.50
	10	4.26	-	0.03	4.29
	11	3.69	0.36	-	4.05
	12	8.42	-	-	8.42
	계	95.64	3.05	1.30	100.00

출처 : 여신금융협회.

지만 1991~94년 사이에는 13.2퍼센트로 확대되었다. 비록 1990년대 후반 이자율 차이는 11퍼센트대로 줄기는 했지만 신용카드 회사는 연체 수수료와 한도 초과분에 대한 이자율을 크게 올려 손실을 벌충했다. 이 때문에 카드 회사의 수수료 수입은 1993~98년 사이에 63억 달러에서 189억 달러로 3배 이상 늘어났다. 카드 회사가 저소득층의 신용 위험에 도 불구하고 왜 이들에 대한 카드 발급을 확대하려고 했는지 짐작할 수 있다(Manning 2000, 94).

그렇다면 회원 등급은 어떻게 만들어지는 것일까? 신용카드사들의 인 터넷 홈페이지의 현금 서비스 수수료율에 대한 안내를 보면 신용도와 기 여도를 기준으로 회원 등급을 분류하고 있다고 말한다. 〈표 5-5〉는 LG 카드가 2005년 1월 31일 현재 공시한 신용 등급 분포다. 신용도와 기여도를 나누어 회원 등급을 분류하는 것을 알 수 있다. 그러나 인터뷰에 응했던 카드사의 직원은 실제로 신용카드사에 기여도가 높은 집단은 저소득층이지만 회원 등급을 나누는 데는 사회적 지위social position 항목이 포함되어 국회의원이나 기업 임원 등이 최고의 회원 등급을 받게 되기 때문에 사실상 소득을 기준으로 회원 등급이 결정된다고 말했다. 회원 등급이 소득으로 구분된다면 결국 신용 사회에서 신용이 있다는 것과 신용이 없다는 것은 소득이 있는지 없는지와 크게 다르지 않음을 알 수 있다.

결국 저소득층은 고소득층의 2~3배에 이르는 높은 수수료를 감수하면서 현금 서비스를 이용하고 있는 것이다. 신용카드사들은 실제로 소득을 기준으로 회원을 등급별로 나누어 놓고 저소득층으로부터 얻은 수수료 수익을 고소득층의 포인트나 마일리지 등 각종 혜택으로 보상하고 있다. 자금이 필요해서 현금 대출을 받아야 하는 저소득층이 신용이 없다는 이유로 높은 수수료율을 물어야 한다는 것은 결국 부가 고소득층에서 저소득층으로 이전되는 것이 아니라 역전되고 있음을 의미한다. 나아가 경제 위기 이후 일시적으로 이루어졌던 경기회복은 사실상 이 저소득층이 부채를 짊어져 가능했다는 점에서 사회의 부가 재분배되는 것이 아니라 오히려 저소득층의 부가 고소득층으로 이전되어 경제적 불평등이 심화되었다고 볼 수 있다.

미국 경제에서도 소비자 신용은 점점 더 중요해졌고 거시 경제정책에 영향을 미치는 민영화된 은행의 힘도 더 커졌다. 이런 흐름의 결과 다양한 사회집단들에 대한 신용의 유용성과 부채 비용에서도 불평등은 증가했다. 이런 불평등은 미국 사회의 사회경제적 불평등을 그대로 반영한 것이다(Manning 2000, 18). 로버트 D. 매닝Robert D. Manning은 미국에서 리볼빙 결제 채무가 늘어났다는 사실은 여러 면에서 중요한 의미를 갖는다고 말한다. 은행이 만기를 연장할 때마다 이자율을 높이는 방법으로 수익을 급격히 높일 수 있다는 점과 리볼빙 결제의 단골 고객인 저소득층과 중산층으로부터 거둬들인 수수료와 이자로 고소득층의 카드 사용자에게 더 많은 혜택을 줘 후기 산업사회의 불평등을 더욱 조장했다는 것이다(Manning 2000, 28-30). 미국에서처럼 한국에서도 신용카드는 신용 등급 분류를 통해 사회적 불평등을 좀 더 심화하는 기제로 작용했을 뿐만 아니라, 저소득층에서 고소득층으로 부가 이전되는 것을 허용했다는 점에서 심각하다.

2. 신용 불량자를 바라보는 사회적 시선 : 도덕적 해이

1) 도덕적 해이 담론의 위력

지금까지 보았듯이 신용 불량자들은 경제 위기 이후 실질소득 감소와 비정규직의 증가 등 불안정한 고용 환경과 허약한 복지 체계 아래 생활비와 병원비를 마련하기 위해 신용카드를 발급받았다. 이들이 신용카드를 발급받아 물건 대금을 결제하는 데 사용한 것이 아니라 현금 서비스 등 대출을 받았다는 것은 이들이 남의 돈으로 과소비와 사치를 일삼다가 돈을 갚지 않았다는 일방적인 비판이 사실이 아님을 보여 준다. 그러나 여전히 신용 불량자들이 개인 회생이나 개인 파산을 신청한다고 할 때 도덕적 해이라는 담론이 언론을 도배한다. 신용 불량자에 대한 이런 따가운 사회적 시선은 김대중·노무현·이명박 정부 사이에 아무런 차이를 보이지 않는다.

실제로 도덕적 해이 담론은 진보와 보수 정부를 막론하고 신용 불량자 대책을 어렵게 만드는 가장 큰 장애요인으로 작용한다. 경제 위기 이후 한국 정부가 엄청난 규모의 공적 자금을 기업과 금융기관을 회생시키는 데 사용했다는 사실과 견주어 보면 도덕적 해이를 이유로 신용 불량자의 부채를 탕감하는 것은 절대로 안 된다는 정부의 주장은 설득력이 떨어진다. 정부는 구조 조정을 위해 총 158조9천억 원의 공적 자금을 끌어 모아 자금의 거의 전부(156조2천억 원)를 2002년 3월까지 금융 부문에 투입했다. 그 자금의 사용처는 ① 자본 구조 재조정을 통해, 곤경에 처한 금융기관들에 대한 지분 참여(60조2천억 원), ② 부실채권 및 다른 자산들의 매입(53조6천억 원), ③ 다른 부실 금융기관들을 인수한 금융기관들에 대한 자본 제공(16조1천억 원), ④ 청산된 금융기관들의 예금주들에 대한 예금보험 지급(26조 원) 등이었다. 공적 자금에서 상실된 이자소득 및 다른 기회비용들이 포함된다면 공공 재정에서 총 손실은 139조3천억 원으로 2000년 GDP의 26.9퍼센트에 맞먹는다. 이는 정부가 2002년부터 4년 동안 매년 중앙정부 총예산의 16~22퍼센트에 상당하는 22조~30조 원을 갚아 나가야 하는 것으로, 공공 재정에 큰 부담이 될 수밖에 없었다(신장섭·장하준 2004, 187-188). 결국 금융기관의 부실 대출로 말미암아 도산에 직면한 기업은 공적 자금을 받아 회생시켰지만, 신용카드사의 부실 대출로 말미암아 파산에 직면한 신용 불량자들에게는 도덕적 해이 가능성 때문에 공적 자금을 투입해서는 안 된다는 논리가 지배하고 있는 것이다.

신용 불량자의 도덕적 해이 담론을 지속적으로 유포하고 재생산해 온 것은 보수 언론들이다. 정부의 신용 불량자 대책이 나올 때마다 보수 언론에 어김없이 등장하고 있는 도덕적 해이 담론은 정부의 지원 안 때문에 '배째라형' 신용 불량자들의 도덕적 해이로 채권 추심 회사들이 어려움을 겪고 있다는 것을 극단적 사례들을 제시하며 보여 준다. 또한 "먹을 것 못 먹고 입을 것 못 입고 밤을 낮 삼아 피땀 흘려 성실하게 의무"를 다한 사람들의 독자 기고를 실어 정부의 정책이 갖는 부당성을 주장하기도 한다. 개인 부채에 대한 탕감이나 원리금 대폭 감면 등은 성실하고 정상적인 채무 상환자의 상대적 박탈감을 불러올 뿐 아니라 상습 연체자의 도덕적 해이를 증폭할 수 있다는 논거를 대면서 정부의 정책을 비판한다.

이들은 〈개인 채무자 회생법〉마저 "일정 기간 본인이 갚을 수 있는 만큼만 갚고 나머지는 모두 탕감받는 조치로서 자칫 채무자들의 도덕적 해이가 걷잡을 수 없이 커져 신용 회복 제도의 근간이 흔들릴 수 있다"라고 우려한다(『조선일보』, 2004/02/26). 2004년 3월 정부의 배드뱅크 설립을 담은 신용 불량자 대책의 세부안이 발표되자 "빚 안 갚고 버티면 된다 …… 배드뱅크가 '배드맨' 양산"이라는 제목의 기사가 등장하기도 했다 (『동아일보』 2004/03/19). 또한 2005년 3월 정부의 생계형 신용 불량자 지원 방안이 발표되자 "또 대책 나올텐데 …… 도덕적 해이 만연"(『문화일보』 2005/03/24)이라는 기사가 신문을 장식했다.

보수 언론들은 신용 불량자들이 대부분 사치와 낭비로 인해 신용 불량자가 되었다는 가정 아래 이들에 대한 정부의 지원 대책은 물론 법적으로 보장되는 개인 회생이나 파산에 대해서도 우려의 목소리를 높인다. 채권 추심 현장을 통해 자기가 진 빚을 갚지 않으려는 신용 불량자들의 행태를 보여 주며 이들을 낭비로 빚을 지고도 갚지 않으려는 비도덕적인 사람들로 몰아붙인다. 하지만 파산 강좌에서 만난, 어머니 때문에 신용 불량자가 되었던 35세의 딸은 다음과 같이 말했다. "재산도 없고 아무것도 가진 것 없는 사람들이 꿈을 이루려다 이렇게 되었다고 생각합니다. 의지가 있어도 자립할 기회가 너무 적은 것 같아요. 처음엔 돈을 왜 이런 식으로 가져가게 하느냐는 원망이 많았습니다. 몇 년 동안 이자만 부었고 무엇보다 채권 추심을 당하면서는 사람답게 살 수 없다는 생각 때문에 너무 힘이 들었습니다"라고 했다. 언론들은 정작 신용 불량자들이 빚을 지게 된 현실에는 눈을 감을 뿐 아니라 채권 추심원들로 인해 선량한 사람들이 피해를 입거나 고통을 받는다는 사실은 애써 외면한다.

지난 2004년 12월 27일 노무현 대통령은 『경향신문』과의 인터뷰에서 생계형 신용 불량자에 대한 탕감을 약속했지만 곧이어 열린우리당 내에서는 생계형 신용 불량자에 대한 공적 자금 투입 방안에 대해 강봉균·이계안 의원 등이 도덕적 해이 가능성을 들어 반대를 나타냈다(『한겨레』 2005/01/19). 노무현 정부는 생계형 신용 불량자에 대한 마지막 대책을 내놨지만, 영세 자영업자와 국민기초생활보장 수급자, 청년층 신용 불량자를 대상으로 하는 새로운 대책은, 재경부 자료에서 밝히고 있듯이 원금 탕감은 없다는 기본 원칙을 바탕으로 채무자들의 도덕적 해이를 방지하고자 노력한 결과, 과거의 정책과 크게 다르지 않은 의미 없는 정책이 되어 버렸다.

국민기초생활보장 수급자 가운데 신용 불량자의 경우 수급을 받는 동안만 채무를 유예해 준다는 정책은 이들이 수급자에서 벗어나면 수천만 원의 채무를 갚아야만 하기 때문에 결국 이들을 평생 수급자에 머물게 하는 불합리한 결과를 가져올 수밖에 없다. 정부로부터 최저생계비를 지원받고 있는 기초생활보장 수급자들에게 카드를 발급해 주고 현금을 대출해 준 기업의 책임을 묻고 이들이 벌어들인 이자를 감안해 신용 불량자들에게 과감한 원금 탕감 조치를 취했어야 했다. 또한 영세 자영업자나 실업, 군복무 등으로 소득원이 없는 청년층 실업자에 대한 대책도 일정 기간 동안 원금 상환을 유예해 줄 뿐 결국 현재 있는 제도 아래 원금 분할상환을 하게 했다는 점에서 정부의 선전과 달리 실질적으로 신용 불량자 문제를 해소하는 데는 큰 효과가 없었다(재정경제부 2005/03/23).

2) 도덕적 해이와 개인 파산

채권자로 하여금 강력한 채권 추심을 통해 끝까지 채무자의 부채를 받을 수 있도록 허용하면서 채무자로 하여금 개인 파산을 하기 어렵게 만든 구조는 오히려 신용카드사의 도덕적 해이를 유발해 자격 조건을 무시한 신용카드 발급을 가능하게 했다고 볼 수 있다. 금융 규제와 관련해서는 일반적으로 독일형 모델과 미국형 모델로 분류할 수 있다. 독일형은 강한 규제를 특징으로 고리대금, 채권 추심을 금지하고 파산과 면책도 좀처럼 인정하지 않는 제도라고 할 수 있다. 우리는 경제 위기 이후 독일형에서 미국형으로 옮겨 가고 있다. 채권 추심을 허용하고 고리대금을 양성화하고 신용을 확대하도록 허용했던 것이다. 하지만 미국은 개인 파산을 안전장치로 둔 반면 우리는 파산을 '채권을 떼이는 제도'로 전제하고 파산 제도에 대한 홍보를 등한시하여, 채무자들이 채권 추심에 의해 고통을 받더라도 이를 사회적으로 해결할 수 있는 제도를 막아 놓은 꼴이 되어 심각한 사회문제의 구조를 지속시켰다.

결국 신용 불량자가 증가할 수밖에 없는 조건들을 만들어 놓고 그에 대한 탈출구인 파산으로 갈 수 있는 길은 막아 놓은 채, 채권자들에게 강박적 추심을 할 수 있는 권리를 부여해 막다른 골목에 몰린 신용 불량자들을 자살과 범죄로 내몬 것이다. 개인 파산 신청 건수가 많다는 것은 그만큼 관대한 파산 제도를 통해 개인이 과다 채무로부터 법적 구제를 받는 비율이 높다는 것을 의미한다. 다시 말해 일본이나 미국의 높은 개인 파산 신청 건수는 개인의 과다 채무가 한국보다 심각하다는 것을 의미하는 것이 아니라 그만큼 개인의 채무 문제가 사회적 비용으로 해소되고 있다고 보아야 한다.

사실상 개인 파산 제도는 자본주의 아래 존재할 수밖에 없는 경제적 실패자의 회생을 위해 마련해 놓은 법적 구제책이라고 할 수 있다. 파산과 관련된 법률은 이미 1962년에 설치되었지만 1997년 경제 위기로 인해 면책을 받기까지 이 법을 통해 구제를 받은 사람은 단 한 사람도 없었다. 무엇보다 개인 파산에 대한 잘못된 인식은 채무자들로 하여금 개인 파산을 징벌적 의미로 받아들이도록 만들었기 때문이다. 이는 남에게 진 빚을 갚지 않고 파산 신청과 면책 과정을 통해 빚을 탕감받는 개인은 정상적인 경제활동이나 사회 활동을 할 수 없으리라는 잘못된 인식을 바탕으로 한 것이다. 이런 담론은 채권자들의 이익을 대변하는 보수 언론에 의해 유포되어 대다수 사람들의 인식을 지배했다. 그러나 개인 파산 제도란 자신의 능력으로는 부채를 갚을 수 없는 경제적 실패자에게 다시 경제활동을 시작할 수 있도록 경제적 회생을 돕는 제도로 일종의 사회보장 정책이라 할 수 있다.

신용 산업이 발전하지 않았던 과거에는 개인 파산이 그냥 개인적 문제로 치부되고 사회문제화되지 않았지만 카드나 할부, 은행 대출처럼 금융 산업이 거대해지고 금융 산업에서 신용 산업이 차지하는 비율이 급속히 늘어나면서 개인 파산 문제는 이제 개인의 문제가 아니라 사회문제가 되었다고 볼 수 있다. 이런 사회문제를 해결하기 위한 가장 좋은 방법은 사회 전체적으로 위험을 분산하는 것이다. 실제로 법원의 파산 제도는 사회적으로 위험을 분산하는 역할을 한다. 부실에 빠진 개인에게 5천만 원이라는 금액은 큰돈이지만 전체 금융권 입장에서는 그리 크지 않은 금액이다. 게다가 은행권은 6개월 이상 연체가 된 채무에 대해서는 1백 퍼센트 대손충당금을 쌓아 회계상 손실 처리를 하기 때문에 이미 어느 정도 금융권 내에서 개인 부실 채권을 정리하고 손실을 분담할 준비가 되어 있다고 볼 수 있다. 더군다나 은행들은 수수료 인상 등을 통해 이런 비용을 사회 전체적으로 분산해 온 것도 사실이다(오명근 2004, 29-30).

문제는 이런 법적 조치가 있음에도 정부가 신용 불량자를 구제하기 위해 이런 조치들을 적극적으로 수용하지 않고 있다는 사실이다. 또한 앞에서도 보았듯이 법원에서 파산과 면책 결정을 받았음에도 면책이 법적으로만 유효해 실제 채권자들의 추심이 계속되는 등 문제가 나타나고 있다. 이런 점을 고려한다면 현재의 개인 파산 제도도 신용 불량자 문제를 해결하는 데 충분하지 않다.

파산 제도를 이용해 문제를 사회화하는 것이 가장 좋은 방법이지만 현재의 파산 제도로는, 면책을 받더라도 채권자의 태도가 변하고 사회적 인식이 바뀌지 않는 한 신용 불량자로 느끼는 수치심이 파산자로 느끼는 모멸감으로 확대될 뿐이라는 비판에서 자유롭기 어렵다. 결국 현재의 신용 불량자 문제를 해소하려면 저소득층에 대한 정부의 과감한 부채 탕감을 포함하는 획기적인 조치가 요구된다고 할 수 있다.

3. 문제의 해결 : 다른 나라와의 비교

지금까지 정부의 신용카드 정책의 결과 나타난 신용의 상품화와 약탈적 대출 시장의 등장, 그리고 신용 불량자의 급증으로 야기된 사회적 문제들을 살펴보았다. 신용 불량자 문제는 발생한 지 수년이 지났지만 여전히 한국 사회의 잠재적인 사회문제로 자리하고 있다. 이미 발생한 신용 불량자 문제를 해결할 수 있는 방법은 무엇인가? 과연 이들에게 미래의 희망을 열어 줄 방법이 있기는 한 것일까? 여기에서는 신용카드 정책의 결과로 나타난 신용 불량자 문제에 대한 정부의 대응 정책을 미국 사례와 비교해 살펴보면서 해결 가능성을 탐색해 보고자 한다.

1) 정부의 신용 불량자 구제 제도

신용 불량자 증가라는 문제를 정부의 신용카드 정책 선택의 부정적 결과로만 해석한다면 신용카드 사용과 관련하여 동일한 과정을 겪은 미국이 한국과 다른 결과를 낳은 이유를 설명하기 어렵다. 미국에서도 1970년대 후반과 1980년대 초반 신자유주의의 영향으로 산업 구조 조정과 금융시장 규제 완화의 결과 신용카드 시장이 팽창했지만 한국처럼 심각한 사회문제가 되지는 않았다. 개인의 과다 채무 문제를 심각한 사회문제가 되게 만든 한국적 특수성은 무엇인가? 정부의 신용 불량자 문제에 대한 대응책이 그 실마리를 제공한다.

먼저 정부의 신용 불량자 구제 제도를 살펴보자. 신용 불량자의 신용 회복을 지원하는 제도로는 2002년 10월 설립된 신용회복위원회를 통한 개인 워크아웃 제도와 2004년에 한시적으로 운영되었던 한마음금융의 배드뱅크 제도가 있다. 현재 신용회복위원회는 3개월 이하의 금융 채무 불이행자를 대상으로 한 프리 워크아웃 제도와 개인 워크아웃 제도를 시행하고 있다. 이 제도들은 정부가 주도해 마련했지만 채권자들의 자율적 협약 아래 채무 조정을 해주는 제도이기에 정부의 적극적 정책이라고 보기는 어렵다.

개인 워크아웃의 경우 채무 조정이 이루어지면 신용 불량자 명단에서 제외되어 살인적 채권 추심에서 벗어날 수 있지만 최저생계비로 최장 8년에 이르는 장기간에 걸쳐 채무를 갚아 나가야 하기 때문에 결코 채무자들에게 유리한 정책이라고 보기 어렵다. 민주노동당 신용 회복 자료에 따르면 신용회복위원회는 월 소득이 150만 원인 서울 방배동에

사는 이모 씨에게 8년 기준으로 3인 가족의 생계비를 25만 원으로 책정하고 이 씨에게 나머지 소득 125만 원으로 부채를 상환하라는 비현실적인 상환 요구를 한 것으로 드러났다(민주노동당 2005). 개인 워크아웃을 통해 신용 회복 지원을 받은 신용 불량자는 2003년 3만5,500명, 2004년 26만8,451명으로 증가했으나 이후 2006년 8만5,826명, 2007년 6만3,706명, 2008년 7만9,144명, 2009년 9만3,283명으로 감소했다. 2002년 신용회복위원회가 출범한 이후 지난 2009년 말까지 87만4천 명이 접수했고 82만7천 명이 채무 조정을 완료했다. 개인 워크아웃 제도는 현실을 무시한 무리한 채무 조정으로 말미암아 채무 조정을 확정받고도 수많은 사람들이 중도에 포기하는 문제를 가져왔다.

이 외의 법적 제도로는 개인 회생 제도와 개인 파산 제도가 실시되고 있다. 개인 회생 제도는 〈개인 채무자 회생법〉이 2004년 9월 국회를 통과해 처음 시행된 일종의 개인 법정관리 제도다. 이 법은 소득이 있는 사람에게 법원이 강제로 채무를 재조정해 최장 8년(사실상 5년) 동안 성실히 빚을 갚으면 나머지 채무는 탕감해 주는 제도다. 개인 워크아웃과 달리 사채를 포함해 15억 원(담보 10억 원, 무담보 5억 원) 이하의 채무를 구제할 수 있다.

사실상 이 법은 〈채무자 회생 및 파산에 관한 법률〉(〈통합 도산법〉)로 2002년 11월에 시안이 만들어졌으나 16대 국회에서 법안을 심사하지 못해 자동으로 폐기됐다가 17대 국회에서도 처리하지 못해 〈개인 채무자 회생법〉만 분리해 법제화되었다. 신용 불량자 문제가 심각함에도 국회는 대표적인 민생 법안인 〈통합 도산법〉의 국회 처리를 늦춰 신용 불량자를 효과적으로 구제할 책임을 방기했다. 그러다 지난 2005년 3월 1

일 〈개인 채무자 회생법〉을 포함한 〈통합 도산법〉이 제정되어 2006년 4월 1일부터 시행되고 있다. 이 법에 따라 개인 회생 제도는 최장 변제 기간이 8년에서 5년으로 단축되었다. 그러나 이전 법률에 채무액의 일정액이나 일정 비율 변제 규정이 없어 도덕적 해이를 가져온다는 판단 아래 최저 변제액을 새로이 법률로 명시하고 있다.

한편 1962년에 설치된 〈파산법〉은 채무자가 감당할 수 없는 빚을 졌을 때 법원이 그 경위를 심리한 뒤 면책 선고로 개인이 채무를 탕감받는 제도다. 조세 채무를 제외한 모든 책임이 소멸되며 신분과 자격 제한도 사라진다. 다만 공무원, 변호사, 공인회계사, 의사, 약사 등의 직업을 가질 수 없다. 앞서 본 〈통합 도산법〉의 제정에 따라 파산 제도 역시 일부 개정되었다. 먼저 이전의 〈파산법〉에서는 파산 선고 후 별도로 면책 신청을 해야 했지만 〈통합 도산법〉에서는 파산과 동시에 면제를 신청한 것으로 간주하도록 절차를 간소화했다. 또한 파산자의 기본적 생존권을 보장하는 방향으로 법이 보완되었다. 과거 면제 재산의 범위가 너무 적어 채무자에게 지나치게 가혹하다는 판단 아래 압류금지재산 외에 기초 생활을 위한 임차 보증금과 6개월간의 생계비를 보장하고 있다.

신용 불량자 클럽(인터넷 다음 카페)에서 2010년 11월 9일부터 실시한 설문 조사(전체 투표자 433명, 2010년 11월 21일 현재)에 참여한 사람들은 연체가 될 수 있다고 판단한 후 가장 먼저 생각한 해결 방법으로 워크아웃 19.4퍼센트(84명), 개인 회생 30.7퍼센트(133명), 파산 면책 23.1퍼센트(100명), 개별 상환 26.6퍼센트(115명)라 대답했다. 또한 이런 제도를 선택한 사유를 묻는 질문에 대해 '다른 제도는 무엇이 있는지 몰랐다'라고 대답한 사람이 31.6퍼센트인 137명, '나의 상황에 가장 적합한 제도'라고 답한 사람이 52.2퍼센트인 226명, '기타'가 15.9퍼센트인 69명이었다. 이들은 현재 상황에 대해 '아직 어느 것도 결정하지 못하고 있다'가 43.6퍼센트인 189명, '워크아웃, 개인 회생, 개인 파산 신청을 했다'가 33.9퍼센트인 147명, '워크아웃, 개인 회생, 개인 파산 등으로 채무가 모두 해결이 되었다'고 대답한 사람이 22.2퍼센트인 96명이었다. 개인 회생 제도에 대한 생각으로는 '최저 생계비 기준이 너무도 현실과는 먼 기준'이라고 대답한 사람이 195명(45퍼센트)으로 가장 많았으며, '워크아웃에 비해 채무자의 입장을 잘 이해하는 제도인 것 같다'가 3.9퍼센트인 17명, '신청 절차가 너무 복잡하다'가 28.4퍼센트인 123명, '나의 수입 상황에 맞추어 변제를 할 수 있고 면책이라는 절차도 있으니 채무자에게 합리적인 제도'라고 답한 사람이 22.4퍼센트인 97명이었다. 개인 파산에 대한 생각은 '어떠한 경우라도 파산만은 하고 싶지 않다'가 24.7퍼센트(107명), '파산 자격 요건에만 충족이 된다면 꼭 파산을 하고 싶다'가 29.6퍼센트(128명), '도덕적 해이를 불러일으키는 좋지 않은 제도라 생각'하는 사람이 4.4퍼센트(19명), '나는 신청하지 못했지만 서민들의 삶에 새로운 기회를 줄 수 있는 꼭 필요한 제도'라 답한 사람이 41.1퍼센트(178명)였다.

개인 워크아웃 제도나 배드뱅크 제도는 채권자의 입장에서 채무 재조정을 해주는 제도로 평균 4천만 원의 빚을 지고 월 소득 150만 원 이하의 수입을 올리는 보통의 신용 불량자들에게는 효과를 거두기 어려운 정책이다. 한 통계에 따르면 이런 정부의 신용 불량자 대책이 포괄하는 대상은 신용 금액으로 보면 전체의 18.7퍼센트에 머무르는 것으로 조사되었다(국회 정무위원회 2004). 이 제도들 가운데 신용 불량자를 실질적으로 구제하는 방법은 파산과 면책을 통해 개인의 채무를 탕감하는 제도다. 그러나 이런 정책은 채권자의 입장에서는 채무를 지고도 법적으로 채무를 완전히 면제한다는 점에서 수용하기 어려운 제도로 인식되고 있다. 더군다나 이런 인식은 정부, 채권자, 채무자 모두에게 공통적으로 나타난다. 적극적으로 홍보를 펼쳐 잘못된 인식을 바꿔 나가야 할 책임이 있는 정부 역시 이 문제에 별 관심을 두지 않았다.

신용 불량자 문제가 IMF 경제 위기 이후 한국 사회의 가장 심각한 문제가 되었음에도 당시 여당인 열린우리당을 비롯한 한국의 정당은 이를 해결하겠다는 어떤 적극적 정책도 제시하지 않았다. 그나마 민주노동당은 경제민주화운동본부를 통해 신용 불량자들에 대한 파산 관련 강좌를 운영했으며 〈이자제한법〉이나 〈파산법〉 개정안 등에 대한 지속적인 관심과 해결 방안을 제시했다. 반면에 당시 여당인 열린우리당의 경우는 신용 불량자 대책을 담당하는 당내 기구조차 존재하지 않았으며, 17대 총선 전에 신용 불량자 문제를 해결하겠다는 공약을 내놓았지만 그저 말뿐, 이후 신용 불량자 문제에 관심을 기울이거나 어떤 특별한 조치를 취하지 않았다. 또한 신용 불량자 문제는 그것이 사회에 미치는 영향을 생각한다면 정부 내의 사회복지 관련 위원회나 복지부에서 중요하게 다뤄져야 하지만 이를 재경부에서만 담당하고 있다는 것도 문제였다.

현재 이명박 정부에서는 친서민 행보의 대표적인 정책으로 2009년 12월에는 미소금융, 2010년 7월에는 정부와 서민 금융회사가 공동으로 출자한 햇살론을 출시했다. 정부는 이를 통해 저신용·저소득 서민에게 10퍼센트대의 저금리로 대출을 해준다고 선전하고 있지만, 정작 저신용·저소득 서민에게는 대출의 문턱이 지나치게 높아 정책의 실효성에

표 5-6 | 채무 조정 프로그램 비교

구분	사전 채무 조정 (프리 워크아웃)	개인 워크아웃	개인 회생	개인 파산
운영 주체	신용회복위원회	신용회복위원회	법원	법원
시행 시기	2009년 4월 13일	2002년 10월 1일	2004년 9월 23일	1962년 1월 20일
대상 채권	협약 가입 금융기관 (3,600여 개) 보유 채권	협약 가입 금융기관 (3,600여 개) 보유 채권	제한 없음(사채 포함)	제한 없음(사채 포함)
채무 범위	5억 원 이하	5억 원 이하	담보 채무(10억 원), 무 담보 채무(5억 원)	제한 없음
대상 채무자	30일 초과 90일 미만	연체 기간이 3개월 이상 인 자	과다 채무자인 봉급생 활자, 영업소득자	파산 원인
보증인에 대한 효력	보증인에 대한 채권 추심 불가	보증인에 대한 채권 추심 불가	보증인에 대한 채권 추심 가능	보증인에 대한 채권 추심 가능
채무 조정 수준	무담보 채권 최장 10년, 담보 채권 최장 20년, 신 청일 기준 연체이자 감면	변제 기간 8년 이내, 이 자채권 전액 감면, 원금 은 상각 채권에 한해 최 대 2분의 1까지 감면	변제 기간 5년 이내, 변 제액이 청산 가치보다 클 것	청산 후 면책
법적 효력	사적 조정에 의해 변제 완료 시 면책	사적 조정에 의해 변제 완료 시 면책	변제 완료 시 법적 면책	청산 후 법적 면책
은행연합회(연체 등) 정보 해제 여부	미등록	신용 회복 지원 확정 시 모든 정보(연체 등) 해세	변제 계획 인가 시 해제	면책 결정 시 해제
은행연합회 공공 정보 내용	미등록	신용 회복 지원 중 (1101)	개인 회생 절차 진행 중 (1301)	파산으로 인한 면책 결정(1201)
은행연합회 공공 정보 삭제 시기	미등록	채무 변제를 완료하거나, 신용 회복 지원 확정 이 후 2년 이상 변제한 때 삭제	채무 변제를 완료하거 나 개인 회생 인가 이후 최장 5년간 변제한 때 삭제	면책 결정 후 5년 경 과 시 삭제

주 : '은행연합회 공공 정보 내용' 항목의 괄호 안 숫자는 은행연합회에서 공공 정보를 구분하기 위해 통용되는 코드.
출처 : 신용회복위원회.

의문이 제기되고 있다. 더군다나 이런 정책이 이미 수천만 원의 빚을 진 신용 불량자들에게는 빚을 갚기 위해 빚을 내는 방식으로 빚을 더 추가할 뿐 감당할 수 없는 빚을 해결할 만한 근본적인 대책이 될 수 없음은 분명하다. 이런 대출 서비스만으로, 서민층을 대상으로 무분별하게 전개되는 대부 업체들의 공격으로부터 저소득 서민층을 보호하는 것이 가능할까?

2) 미국 사례와의 비교 : 개인 파산의 문제

미국에서 '신용카드 제국'credit card nation의 건설은 1970년대 후반 산업 구조 조정에 따른 경제적 격변과 금융 산업의 규제 완화 과정에서 이루어졌다. 한국과 마찬가지로 미국에서도 신자유주의적 세계화의 영향은 신용카드 시장의 급팽창이라는 결과로 나타났다. 그것은 금융자본이 산업자본을 누르고 우위를 차지한 시대적 배경과, 기업들에게 자금을 대주기보다는 개인들에게 자금을 대출해 주는 등의 소매 금융에 치중하는 것이 수익성이 좋다는 사실을 반영한 결과였다(Manning 2000, 2-4).

미국에서 신용카드 회사는 1980년대 경기 침체에 따른 기업의 구조 조정으로 길거리에 내몰린 중산층은 물론 블루·화이트칼라층까지 파고들었다. 또 1980년대 중반에는 대학생과 연금 생활자인 노인층에까지 침투해 들어갔으며, 1980년대 후반에서 1990년대 초반 사이에는 저소득층뿐 아니라 파산한 개인들마저 '신용카드 제국'으로 끌어들였다. 미국 신용카드 산업의 규제 완화는 1978년 연방대법원의 판례에 의해 이루어졌다. 1970년대 말까지 은행업은 많은 규제를 받았고, 고리대 관련 법은 은행이 대출에 부과할 수 있는 이자율에 엄격한 상한선을 두었다. 연방 정부가 성립된 이래 이자율은 각 주가 결정할 문제였으며 각 주는 소비자 대출에 부과할 수 있는 이자율에 한계를 두어 왔다. 주 정부는 각 가정의 주택을 빼앗으려는 악덕 사채업자와 공격적 대출업자에게서 시민들을 보호하기를 원했다. 그러나 1978년의 대법원 판결에 의해 은행이 한 주에서 다른 주로 이자율을 '수출'할 길이 열렸다. 다른 대부분의 주에서는 이자율 상한선이 12~18퍼센트였을 때에도 사우스다코타 주에서는 24퍼센트였다. 대출 사업부를 사우스다코타 주나 델라웨어 주 등 이자율 규제가 없는 곳으로 옮기고, 전국 고객에 대해 이자율을 높이는 것이 가능해진 것이다(Warren and Warren Tyagi 2003, 128). 이자율 규제 완화 이후 신용카드 대출은 지속적으로 증가해 1999년 삼사분기 말 가계 부채는 총 6조3천억 달러인데 그 가운데서 주택 담보대출은 4조4천억 달러, 소비자신용은 1조4천억 달러에 달했다(홍종학 2004, 100).

이른바 마켓Marquette 판례는 미네소타 주의 은행(마켓 은행Marquette National Bank)에 반해 인접 주인 네브래스카 주의 은행(오마하 제일은행First of Omaha Bank)에 미네소타 주의 법정 최고 금리보다 높은 금리로 대출하는 것을 허용한 판결이다. 이 판례는 전반적인 은행 대출에 적용된 것이지만, 신용카드사의 높은 수수료에 대해 신용카드사의 소재지 이자율을 적용하는 결과를 가져와 신용카드사들은 앞다퉈 법정 최고 금리가 높은 지역으로 이동하기 시작했다. 각 주에서도 신용카드사들을 유치하기 위해 경쟁적으로 법정 최고 금리를 높였다. 판결 이후 불과 2년 내에 대형 신용카드사인 시티은행Citibank과 MBNA는 법정 규제 금리가 높은 델라웨어 주와 사우스다코타 주로 이전하여 전국 영업을 시작했다(홍종학 2004, 100).

한국에서도 1997년 말 금융 위기와 외환 사정의 악화로 고금리정책에 의한 저축의 적극적 장려가 절대적으로 요청되었고, 당시의 긴축재정 및 외자 유치의 금융정책을 뒷받침하기 위해서는 자유로운 이자율 결정을 제약해서는 안 된다는 의견이 대두되어 〈이자제한법〉을 폐지하게 된다. 특히 IMF는 이런 이유를 들어 협정 이행에 따른 세부 시책의 하나로 〈이자제한법〉의 폐지를 강력히 요구했으며, IMF의 지원 없이는 외환 문제를 해결할 수 없었던 정부로서는 그 요구를 거절할 수 없었다.

이에 정부는 "경제의 개방화·자유화가 진전되고 있는 현 상황에서, 자금의 수급 상황에 따라 금리가 자유로이 정해질 수 있도록 하여, 자원배분의 효율성을 도모하고자 최고 이자율을 규정하고 있는 현행 규정을 폐지하는 것"이라고 밝히고 동법을 서둘러 폐지했다. 결국 〈이자제한법〉은 1998년 1월 13일에, 그리고 그 시행령인 〈이자제한법 제1조 제1항의 최고 이자율에 관한 규정〉은 1998년 2월 24일 폐지되었다.

미국·일본·유럽 등 선진국에서도 국민소득 1만 달러 시대를 맞이하기 전후 6~7년간은 신용거래가 폭발적으로 증가하기 시작한 신용 혁명의 기간이었다(이동주 외 2003, 44). 그러나 한국의 경우 미국과 유사한 신용카드 시장의 팽창을 경험했지만 그 과정은 더욱 급격했다. 〈그림 5-1〉에서 보듯이 국민소득 1만 달러를 전후해 미국은 10년 동안, 그리고 일본은 7년 동안 가계 대출이 2배 가까이 증가했음을 알 수 있다. 반면에 한국의 경우는 4년 만에 2배 이상 급증한 것으로 나타나 미국과 일본에 비해서도 훨씬 더 급격한 변화를 겪었다. 더군다나 미국과 일본은 가계 대출이 2배 증가하는 동안 1인당 국민소득 역시 2배 가까이 증가했지만, 한국은 가계 대출이 2배 증가하는 동안 국민소득 증가율은 아주 미미한 것으로 나타나고 있다. 따라서 미국, 일본과 비교할 때 한국의 신용카드 사용을 포함한 가계 대출의 폭발적 증가가 좀 더 심각한 문제를 야기할 것으로 예측할 수 있다.

그러나 〈그림 5-2〉와 〈그림 5-3〉이 보여 주는 것처럼 일본과 미국의 개인 파산 신청 건수는 엄청난 증가세를 보였을 뿐 아니라 한국과 비교할 때 수십 배에서 수백 배에 이르는 것을 알 수 있다. 이 국가들의 개인 파산 신청 건수만을 놓고 본다면 개인의 과다 채무 문제는 한국보다 훨

그림 5-1 | 국민소득 1만 달러 전후의 소비자 금융 시장 규모

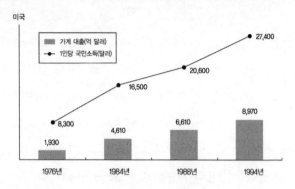

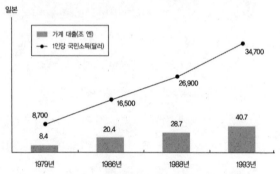

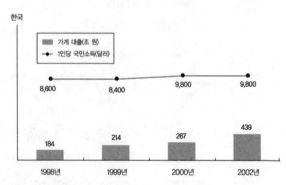

출처 : 여신금융협회; 금융감독원; 이동주 외(2003, 45).

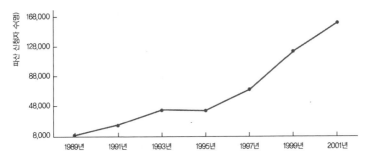

그림 5-2 | 일본의 개인 파산 신청 건수

출처 : 이동주 외(2003, 55).

씐 더 심각한 것으로 보인다. 이런 결과는 어떻게 설명할 수 있을까?

〈그림 5-2〉와 〈그림 5-3〉에서 보듯이 일본의 개인 파산 신청 건수는 가파르게 증가하는 추세에 있으며 2001년 이후 16만 건을 넘어서 10여 년 만에 20배 이상 증가했다. 미국의 개인 파산 신청 건수 역시 1990년 78만2,960명에서 1991년 94만3,987명으로 1백만 명에 육박했으며 다소 감소 추세에 있다가 1995년 92만6,601명으로 다시 증가하기 시작해 1998년 144만2,549명으로 급증했으며 2003년 160만 명을 넘어섰다.

2010년 8월 현재 미국의 개인 파산 신청 건수는 전년 동기 대비 6퍼센트 늘어났다. 미국파산연구소ABI, American Bankruptcy Institute에 따르면 2010년 1~8월 동안 미 법원에 파산을 신청한 미국인은 약 1백만 명으로 지난해 같은 기간의 92만 명을 넘어섰다. 8월 개인 파산 신청 건수는 12만 7,028건으로 전달보다 8퍼센트 줄어들었다. 그러나 이는 지난해 8월의 11만9,874건보다는 6퍼센트 늘어난 것이다(『아시아경제』 2010/09/02). 미국의 개인 파산 신청은 지난 2005년 미국 의회가 채권자들의 압력에 의

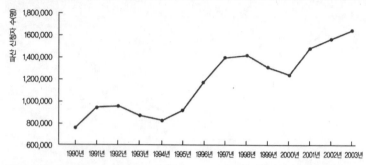

그림 5-3 | 미국의 개인 파산 신청 건수

출처 : American Bankruptcy Institute(2005).

해 파산을 더욱 어렵게 하도록 새로이 〈파산 남용 방지 및 소비자 보호
법〉Bankruptcy Abuse Prevention and Consumer Protection Act을 제정했지만 2008년 경
제 위기를 경과하면서 여전히 160만 명 수준을 유지하고 있다.[3]

---

3) 최근 미국의 오바마 정부는 미국에서 촉발된 세계적 금융 위기로 인해 드러난 문제
점들을 해결하기 위해 〈금융 개혁 및 소비자 보호법〉(〈도드-프랭크법〉)(안)(Dodd
Frank Wall Street Reform and Consumer Protection Act) 제정을 추진하고 있다.
이 법은 금융 산업, 금융시장, 금융 감독 등을 전반적으로 개혁하는 내용을 담고 있
다. 미국 상원의 크리스토퍼 도드(Christopher Dodd) 금융주택위원장 및 하원의
바니 프랭크(Barney Frank) 금융서비스위원장이 입법을 주도해 공동으로 입안했
다. 법의 주요 내용은 금융 감독 시스템의 개편, 금융회사 규제 개선, 금융시장 투명
성 강화 및 금융 소비자 보호 등 크게 4개 분야로 정리해 볼 수 있다. 이런 미국의 금
융 소비자 보호를 위한 행정 시스템 및 법제의 변화들을 보면, 당초 오바마 행정부가
제기한 독립된 금융 소비자 보호기관의 신설 등 강력한 규제 움직임이 상당히 완화
된다는 비판도 있지만 서민금융(소비자 금융)을 포함한 금융 소비자 보호를 위한 규
제 강화의 측면을 읽을 수 있다(이종인·김미성 2010).

표 5-7 | 법원의 개인 파산 신청 현황 (단위 : 명)

	2000년	2001년	2002년	2003년
한국	329	672	1,335	3,856
일본	139,590	166,951	228,494	266,461
미국	1,217,972	1,452,030	1,539,111	1,625,208

출처 : 송수영(2004, 56)에서 재인용.

한국의 경우 대법원 집계에 따르면 2004년 전국 법원이 접수한 한국의 개인 파산 신청 건수는 모두 1만2,373건으로 전년도 3,856건의 3배를 넘어섰다(『중앙일보』, 2005/02/17). 그러나 이런 가파른 증가에도 불구하고 당시 한국의 개인 파산 신청 건수는 일본·미국과 비교할 때 미미한 수준이라 할 수 있다. 〈표 5-7〉에서 보듯이 한국은 두 국가에 비해 개인 파산 신청자 수가 현저히 떨어진다. 2003년 기준으로 일본은 한국의 69배에 달하며 미국은 무려 421배에 달하고 있다. 통계청에 따르면 2002년 한국의 경제활동인구는 2,287만7천 명이며 2001년 일본은 6,752만명, 미국은 1억4,181만5천 명이었다(통계청). 경제활동인구를 기준으로 미국은 한국의 약 7배, 일본은 약 3배라는 점을 감안해도 미국과 일본의 개인 파산 신청 건수는 놀라운 수치라고 할 수 있다.

개인 파산 신청 건수가 개인 과다 채무 문제의 수준을 보여 주는 것은 사실이지만 이것을 개인 과다 채무 문제의 심각성과 동일한 깃으로 보기는 어렵다. 오히려 개인 파산 신청 건수는 개인의 과다 채무 문제를 사회에서 어떻게 해소하고 있는가를 보여 주는 지표로 해석할 수 있다. 한국에서는 신용 불량자로 등록되어 금융기관에서의 거래가 중단된 과다 채무자가 2004년 360만 명을 넘어섰지만 이를 파산 제도로 해소한 사람은 전체의 0.3퍼센트에 불과했다. 반면에 미국과 일본에서 개인 파산 신청 건수가 많다는 것은 그만큼 과다 채무 문제가 증가했다는 지표인 동시에 개인의 경제적 실패를 사회적으로 해결하고 있는 것으로 보아야 한다. 이것이 한국에 비해 미국과 일본의 개인 파산 신청 건수가 월등하게 많음에도 이 국가들에서 개인 채무가 심각한 사회문제가 되지 않는 이유다.

현재 한국의 개인 파산자 수는 급격히 증가하고 있는 것이 사실이다. 〈통합 도산법〉 제정으로 비교적 관대한 파산법이 만들어지면서 개인 파산을 신청하려는 신용 불량자들이 급격히 늘어난 것도 주요한 역할을 했을 것으로 보인다. 전국 법원에서 접수한 개인 파산 신청 건수는 2006년 4월부터 2010년 6월까지 53만4,628건에 이른다. 이는 경제 위기 직후인 1998년부터 2006년 3월까지 신청 건수 7만5,816명의 7배를 웃도는 수준이다.

그러나 여전히 보수 언론이나 정부가 생각하듯이 이 파산자들의 수가 한국 신용 불량자의 수에 비해 많은 것이 아니라는 것을 강조할 필요가 있다. OECD 주요국과 비교한 인구 1천 명당 개인 파산 및 개인 회생 제도 이용 비율이 한국은 3.1명으로 미국(5.0명)에 이어 2위를 차지하면서 최고 수준에 도달한 상태라고 하지만 한국의 신용 불량자 수가 정부의 공식 통계로도 연 2백만 명 수준에 이른다는 현실을 감안해야 한다. 법원행정처가 발간한 『2010 사법연감』을 보면 개인 파산은 지난 2007년 15만4천여 건, 2008년 11만8천여 건, 2009년 11만9백여 건으로 여전히 미국의 10분의 1 수준에도 미치지 못한다(법원행정처 2010).

현실이 이런데도 개인 파산의 수가 빠르게 증가하자 개인 파산 제도를 남의 돈을 빌리고 돈을 떼먹는 제도로 간주하는 담론들이 떠돌기 시작한다. 여전히 "빚 갚으면 바보되는 사회? …… 파산, 10명 신청하면 9명꼴 인정", "〈통합 도산법〉 시행 후 개인 파산 신청 53만 명 밀물 …… 도덕적 해이 도마에"(『동아일보』 2010/08/17)라는 표제가 언론을 장식하고 있다. 그러나 개인 파산은 정부에서 시행하는 사회보장 정책의 하나로 누구든지 경제적 실패를 딛고 다시 경제활동을 재개할 수 있는 국민의 기본 권리임을 강조할 필요가 있다. 김대중 정부에서 만들어진 신용불량자 문제를 해소하기 위해서는 이들에 대한 획기적인 조치가 필요하지만, 무엇보다 현재의 개인 파산 제도와 같은 최소한의 구제책에 대한 국민들의 인식, 채권자의 태도부터 변화해야 한다.

제6장

민주주의와 경제정책 결정 구조

1. 민주주의와 경제정책 : 대표성과 책임성

1) 대표성과 책임성의 원리

지금까지 신용 불량자 문제를 김대중 정부의 신용카드 정책을 둘러싼 거시적 구조, 신용카드사들의 대응 그리고 신용 불량자 개인의 선택이라는 미시적 구조를 중심으로 살펴보았다. 여기에서는 신용 불량자 문제의 기원이라 할 수 있는 신용카드 정책이 상대적으로 개혁적인 김대중 정부에서 선택되고 집행된 좀 더 근본적인 문제로, 민주주의에서 경제정책을 결정하는 구조에 대해 탐색해 보고자 한다. 왜 상대적으로 개혁적인 김대중 정부에서 신용 불량자를 양산한 정책이 채택될 수 있었나?

민주주의에서 경제정책의 결정과 집행에 관련한 문제는 정부의 경제

정책이 인민들의 선호를 대표하는지, 그리고 이런 정책의 결과에 대해 책임을 물을 수 있는지로 집약된다. 따라서 민주화 이후 경제정책 결정은 민주주의의 두 가지 원리인 대표성representation과 책임성accountability의 원리를 중심으로 평가할 수 있다. 여기에서는 김대중 정부의 경제정책 결정이 이런 두 가지 원리에서 볼 때 어떤 문제점을 갖는지를 구체적으로 분석하기에 앞서 이 원리들에 대해 간단하게 살펴보고자 한다.

먼저 민주주의와 대표성을 연결 짓는 핵심은 민주주의에서 정부는 선거를 통해 선출되기 때문에 이 선거 기제를 통해 대표된다는 사실에 있다. 선거가 자유로운 경쟁을 보장하고, 참여가 광범위하게 이루어지며, 시민들이 정치적 자유를 향유한다면 정부는 인민의 최대 이익을 위해 행동할 것이라는 가정이다. 이런 대표성의 문제는 위임mandate과 책임성이라는 문제와 연결된다. 민주주의에서 대표성을 가져오는 핵심 기제인 선거는 '위임'이라는 관점에서 보면 좋은 정책 또는 좋은 정책을 수행할 수 있는 정치인을 선택하는 데 기여하는 것으로 생각된다. 정당이나 후보자는 선거 캠페인 기간에 정책을 제시하고 이런 정책이 어떻게 시민의 복지에 영향을 미칠 것인지에 대해 설명한다. 여기에서 시민은 그들이 원하는 정책 제안과 그것을 수행할 수 있는 정치인을 선택한다. 따라서 선거에서 승리한 공약은 국민들로부터 '위임'을 받는 것이다.

다른 한편 책임성의 관점에서 보면 선거는 정부의 지난 행위의 결과에 대해서 책임을 지게 하는 데 기여한다. 정부는 유권자의 판단을 예견할 수 있기에 다음 선거에서 시민들이 긍정적으로 평가할 수 있는 정책을 선택하기 때문이다. 그러나 이런 두 가지 논리는 현실에서 그대로 적용되지 못하는 문제점을 안고 있다. 선거에서 선출된 정치인은 특수 이

그림 6-1 | 정책 결정 과정

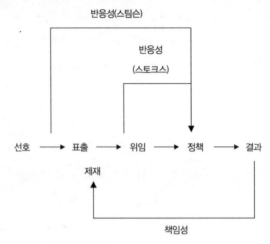

출처 : Manin, Przeworski and Stokes(1999, 9).

익을 추구할 수 있고 유권자는 정치인의 행위에 대해 모든 정보를 갖지 못하기 때문이다(Manin, Przeworski and Stokes 1999, 29).

기예르모 A. 오도넬Guillermo A. O'Donnell은 위임과 대표성 간의 연계에 주목했다. 대통령이 "자신이 생각하는 최선에 따라" 통치한다면 유권자는 모든 권력을 그에게 위임할 것이다. 정부의 정책이 선거 캠페인에서 제시한 공약과 완전히 다르다면 이때 정부는 유권자를 대표하지 못하는 것이 된다. 오도넬이 민주적 대표성의 조건으로서 위임의 완수를 강조한 반면, 호르헤 도밍게즈Jorge Domínguez는 책임성을 강조했다. 즉, 한편으로 정부가 위임을 받고 이를 따르지 않는다면 정부는 유권자를 대표하는 데 실패하는 것이라는 주장이 가능하다. 그러나 다른 한편으로 이런 위임의 침해는 정부가 그에 대해 책임을 질 수 있는 한 문제가 되지 않는다는 주장 또한 가능하다(Stokes 2001, 5).

〈그림 6-1〉은 대표·위임·책임의 문제를 잘 집약해 보여 준다. 정책 결정 과정에 대한 그림이 보여 주듯이 표출signals과 정책 사이는 '반응성'(제임스 A. 스팀슨James A. Stimson, 마이클 B. 맥쿠엔Michael B. MacKuen, 로버트 S. 에릭슨 Robert S. Erikson)으로, 위임과 정책 사이는 '위임-반응성'(수전 C. 스토크스Susan C. Stokes)으로, 결과와 제재 사이는 '책임성'으로 개념화할 수 있다. 시민이 자신의 선호에 따라 표출한 정책을 정부가 선택한다면 이 정부는 반응적이라 할 수 있다. 여기에서 표출은 여론조사, 시위, 선거기간 내 특정 공약에 대한 투표를 포함한다. 정부가 시민에 의해 표출된 선호에 따라 행위를 하되 선거를 거쳤을 경우는 위임-반응적인 것이 된다. 마지막으로 시민이, 대표하는 정부와 대표하지 못하는 정부를 구분할 수 있고 그에 대해 적절한 제재를 가할 수 있다면 이때 정부는 책임성을 갖는다고 말할 수 있다(Manin, Przeworski and Stokes 1999, 8-10).

김대중 정부의 신용카드 정책 역시 민주주의 아래에서 이루어지는 이런 정책 결정 과정의 세 가지 차원에서 검토해 볼 수 있다. 상대적으로 개혁적인 정부에서 사회의 하층과 서민의 경제적·사회적 삶의 질을 급격히 저하시켰던 정책이 결정되고 집행되었다는 점에서 이런 정책이 가능했던 원인을 정책 결정 구조의 문제에서 찾을 수 있기 때문이다. 첫째, 유권자가 자신의 선호에 대해 신호를 보낼 때 이에 반응하는 문제다. 둘째, 선거 캠페인에서 위임받은 공약을 이행하는 문제다. 셋째, 정책의 결과에 대해 책임을 지느냐의 문제다. 정부가 대표성을 갖느냐의 문제는 앞에서 본 것처럼 넓게 보면 위임과 책임성이라고 하는 두 가지

측면을 모두 포함한다. 하지만 여기에서는 세 가지 차원 가운데 시민의 선호에 반응하고 위임을 준수하는 문제를 '민주적 대표성'의 문제로, 정책의 결과에 대해 책임을 지느냐의 문제를 '민주적 책임성'의 문제로 구분하여 김대중 정부의 신용카드 정책을 분석해 보고자 한다.

정당이 선거를 통해 정부로 선출된다는 점에서 정당과 정당 체제의 발전은 정부의 정책 결정에 중요한 영향을 미친다. 민주주의에서 사회의 다양한 이익과 선호들이 집약되고 폭넓게 표출되지 못하는 것과, 선출된 정부가 선거를 통해 국민으로부터 받은 위임에 따라 정책을 결정하지 못하는 것은 근본적으로 사회적 기반을 갖지 않는 정당 체제에 기인한다. 한국과 같이 협소한 범위의 사회적 갈등에 기초하고 있는 정당 체제는 사회의 좀 더 중요한 여러 이익과 갈등, 요구들을 정당을 통해 조직하여 대변하지 못할 뿐 아니라 선거를 통해 표출된 국민의 위임에 따라 행위를 해야 할 합리적 이유를 갖지 못한다. 즉, 사회적 기반을 갖지 않는 허약한 정당 체제는 정부를 구성하여 민주적 대표성을 실현하는 데 심각한 장애로 작용한다.

특히 한국과 같이 대통령과 의회 대표를 직접선거로 선출하는 대통령제에서 정당과 대통령의 연계는 책임의 실현이라는 관점에서 필수적이다. 이 연계가 없거나 약하다면 대통령 개인의 인격이나 가치관 외에는 다른 전망적 평가를 내릴 기준이 없으며, 또한 대통령이 수장인 정부에 대한 사후적 평가의 의미가 없거나 효과를 갖지 못한다. 따라서 정당과 후보 연계의 부재나 느슨함은 '인스턴트 정치'의 특성을 강화하는 결과를 낳을 수밖에 없다(최장집 2006, 121-122).[1] 즉, 정당이 정책 결정 구조에 들어오지 못하고 선출되지 않은 경제 관료의 손에서 경제정책이 결정되면서 심각한 책임성의 문제를 야기한다.

한국 정치, 특히 사회적 기반을 갖지 않는 정당 체제의 특징들은 김대중 정부의 정책 결정 구조에 심대한 영향을 미쳤으며 그것은 신용카드 정책의 결정을 허용한 힘이었다. 정부와 정당의 연계가 강하고 정당이 자신들의 확실한 지지 기반을 가질 때, 사실상 분배적 효과를 갖는 경제정책은 신중하게 결정되고 집행될 수밖에 없다. 그리고 이런 조건 아래에서라면 국민의 16퍼센트에 이르는 대규모의 사람들을 신용 불량자로 만드는 정책이 수립될 수도 없었을 것이다.

2) 경제정책의 결정 : 경제 관료 헤게모니

김대중 정부의 경제정책 결정 구조를 구체적으로 분석하기에 앞서 실제 김대중 정부의 경제정책이 결정되는 과정을 새로 신설된 '경제정책조정회의'라는 제도를 중심으로 살펴보자. 김대중 정부에서 경제정책

---

1) 인스턴트 정치(instant politics) : 빠르게 변하는 상황에 즉각적이고 즉자적으로 대응하고, 그럼으로써 제도화가 극도로 불안정하고 취약한 현상을 일컫는다. 이런 의미에서 한국에서 발생하는 '인스턴트 정치'는 빠른 사회적 변화와 사람들의 선호, 그리고 정치인들의 변화에 대응한 결과가 아니라, 오히려 정당의 사회적 기반이 협애하고 정당이 사회적 갈등을 제대로 대표하지 못하고 있다는 사실에는 변함이 없지만 새로운 정치 엘리트층의 출현과 신구 정치 엘리트들 간의 이합집산만큼은 빠르게 이루어지고 있는, 서로 다른 두 수준의 특성이 결합한 결과로 설명할 수 있다(최장집 2006, 110).

을 결정하는 핵심 제도로 경제정책조정회의가 정착되는 과정에서 나타
난 정치 엘리트와 관료 엘리트 간 갈등의 결과, 관료 엘리트 간 위계적
구조의 형성, 이것이 가져온 정책 결정 과정의 문제들이 주요 분석 대상
이다.

김대중 대통령은 집권 초 경제개혁을 위해 구 재경원 조직을 통하지
않고 직접적으로 이니셔티브를 쥐고 경제개혁을 추진하겠다는 의지를
표명했다. 경제개혁에 대한 대통령의 의지는 경제부총리제가 폐지되면
서 청와대 경제수석비서관의 경제정책 조정 역할이 어느 때보다 커진
상황에서 관료가 아닌 개혁론자로 평가되는 김태동 교수를 청와대 경제
수석으로 발탁한 데서 드러난다(『문화일보』 1998/02/10). 과거 경제정책
은 대부분 경제부총리와 청와대 경제수석 간의 조율로 이뤄져 왔다. 박
정희·전두환 정부에서 강력한 조정권을 행사했고 노태우 정부 아래에
서도 어느 정도 힘을 발휘했던 대통령 경제비서실의 경제정책 조정 기
능은 김영삼 정부에 들어서 현격하게 약화되었다. 김영삼 정부의 가장
중요한 경제개혁 정책이라 할 수 있는 금융실명제를 추진하는 과정에서
청와대 경제비서실은 완전히 소외되었다. 따라서 이 정책은 김영삼 대
통령의 특별 지시에 의해 경제기획원 장관인 이경식 부총리와 재무부의
홍재형 장관의 주도로 이루어졌다(정정길 1994a, 267).

김대중 정부는 정부 조직 개편에 따라 경제부총리가 재경부 장관으
로 격하되고 예산 기능을 갖지 못해 재경부 장관의 영향력이 대폭 줄어
들면서 중요 경제정책을 청와대 경제수석을 중심으로 재경부 장관, 신
설된 기획예산처장, 청와대 정책기획수석, 경제특별보좌관의 5각 구도
로 변화시키고자 했다(『서울신문』 1998/02/11). 그러나 이런 시도는 경제

관료와의 갈등으로 인사 단행 3개월 만에 김태동 경제수석과 경제 관료 출신인 강봉균 정책기획수석이 자리를 맞바꾸는 것으로 나타났고 경제 정책 결정의 주도권은 다시 재경부를 중심으로 한 경제 관료 쪽으로 넘어갔다. 김대중 대통령은 1999년 5월 강봉균 재경부 장관, 이기호 경제 수석, 진념 기획예산처 장관을 중심으로 2기 경제팀을 확정했다. 관료 중심의 경제정책 결정 메커니즘은 김대중 정부 2기 경제팀에서부터 더욱 분명히 드러난다. 신임 강봉균 장관은 "청와대가 큰 원칙과 방향을 정할 것"이라고 밝혀 중요 사안에 대한 정책 조정은 청와대에서 이뤄질 것임을 시사했다(『한겨레』 1999/05/26). 그러나 집행과 관련한 구체적인 논의를 위해 신설된 경제정책조정회의가 사실상 경제정책을 결정하는 주요 메커니즘으로 자리 잡으면서 김대중 대통령을 비롯한 청와대의 주도권은 현실화되지 못했다.

실질적 정책 결정은 재경부 장관을 의장으로 하는 경제정책조정회의의 '수시 회의'에서 결정되었다. '6+1' 체제로 불리는 '수시 회의'에 참석하는 구성원은 재경부 장관, 기획예산처 장관, 국무조정실장, 공정거래위원회 위원장, 금융감독위원장, 경제수석 등 6인이었다. 여기에 안건과 관련된 부처의 장관이 참여한다. 당시 수시 회의가 만들어질 때 경제장관들은 6인의 핵심 멤버에 포함되기 위해 치열한 로비전을 펼친 것으로 알려졌다. 당초 6인에 포함되는 것으로 알려졌던 정덕구 산자부 장관은 막판에 탈락했고 국무조정실장이 들어가게 되었다. 이 자리에서는 대통령이나 국무총리, 주무 부처 장관이 조정을 요구하는 사항을 심의하며 기업·금융·노동·공공부문 개혁 등 주요 경제정책들이 결정되었다. 수시 회의 외에 전체 경제 부처 장관과 정책수석 등 18인이 참여하는 '정

표 6-1 | 경제정책조정회의의 구성 및 기능

근거 법령	〈경제정책조정회의 규정〉(대통령령)
의장	재경부 장관
구성	과기부·문화부·농림부·산자부·정통부·복지부·환경부·노동부·건교부·해양수산부·행자부 장관, 기획예산처장, 국무조정실장, 공정거래위원회 위원장, 금감위 위원장, 통상교섭본부장, 청와대 정책기획수석, 경제수석 * 필요에 따라 민간 전문가를 회의에 참석하게 하여 의견을 청취할 수 있음〈경제정책조정회의 규정〉 제 7조).
기능	① 경제 동향의 종합 점검과 주요 경제정책 방향의 설정 ② 경제 관계 부처 간 사전 조정이 필요한 주요 경제 현안 심의·조정 ③ 국무회의·차관회의 등에 상정 예정인 경제 관련 안건 가운데 경제 관계 부처 간의 사전 조정이 필요한 안건에 대한 심의
법적 권한	심의·의결권을 가짐
회의 운영	- 정례 회의: 격주 1회 - 수시 회의: 월 2, 3회로 필요에 따라 의장이 소집
간사	재경부 차관보
사전 심의 기구	실무조정회의 - 의장: 재경부 차관 - 구성: 관계 부처 실·국장

출처 : 박재희 외(2000/12, 40).

례 회의'도 매달 개최되었으나 정책 결정이 수시 회의에서 이루어지게 되면서 정례 회의는 큰 힘을 발휘하지 못했다(『조선일보』 1999/06/07).

경제정책조정회의와 함께 기업 구조 조정에 대한 금융시장의 움직임을 점검하고 필요시 실무 차원의 대책을 조율하기 위해 재경부 차관, 한국은행 부총재, 금감위 부위원장이 참석하는 '금융정책협의회'(금정협)가 구성·운영되었다(오정근·김기화 2003, 162). 신용카드 정책과 관련해서는 금정협에서 주로 정책이 논의된 것으로 보인다. 금정협은 2002년 2월 '가계 부채 증가에 따른 장단기 종합 대책'(금융감독위원회·금융감독원 2002/02/20)을, 3월에는 '가계 대출 증가에 대한 인식과 대응 방향'(금융감독위원회·금융감독원 2002 /03/25)을, 2003년 3월 17일에는 재경부 김광림 차관, 금감위 유지창 부위원장 및 한국은행 박철 부총재가 참석하여 '금융시장

안정을 위한 신용카드사 종합 대책'(재경부·금감위·한국은행 2003/03/17)을 결정했다. 금정협은 신용카드 기업의 문제를 포괄하는 가계 부채 급증 현상에 대해 처음으로 '가계 부채 증가에 따른 장단기 종합 대책'을 통해 종합·분석하고 본격적 대응책을 제시했다. 이런 과정을 통해 2002년 초 재경부는 가계 부채 급증 등의 문제에 대해 이전보다는 강화된 대응 의지를 표명했지만 이와 같은 상황 인식과 대처가 기존 내수 진작 정책 기조를 당장 변경하거나 완화하지는 못했다.

특히 금정협은 '가계 대출 증가에 대한 인식과 대응 방향'에서 가계 대출을 과도하게 규제하면 소비가 위축되고 경기회복이 지연될 우려가 있다고 명시적으로 언급해 이런 대책이 내수 진작 정책 기조의 유지라는 재경부의 영향 아래서 추진되고 있음을 분명히 했다. 이는 내수 진작 기조의 유지(경제정책)와 가계 대출 급증에 대한 억제 조치의 시행(감독 정책)이 단기적으로 상충 관계에 있었기 때문에 가계 대출 억제가 곧 내수 위축으로 이어질 것을 두려워한 당시 재경부의 정책관을 금정협이 그대로 반영한 결과였다.

더욱이 2001년 9·11 테러 사건은 재경부의 내수 진작 기조를 더욱 강화하는 계기로 작용했다. 2002년 초 재경부는 "수출과 투자의 본격적인 회복은 하반기 이후에 가능"할 것이므로 "내수 중심으로 최소한의 성장세를 유지"하려면 2002년 "상반기까지 …… 내수 진작 노력을 지속해 나간다는 방침에 변화가 없음"을 천명했다(김홍범 2004, 71-73). 그 결과 2002년 5월 당정 협의를 계기로 재경부가 내수 진작 정책을 포기하기까지 신용카드에 대한 적절한 감독이나 관리는 원칙적으로 이루어질 수 없었다(국회 정무위원회 2004).

이런 경제정책 결정 과정에서 청와대의 큰 원칙이나 방향에 대한 선도성은 눈에 띄지 않는다. 경제정책 결정은 김대중 대통령의 위임에 따라 재경부를 중심으로 이루어졌다. 이런 정책 결정 구조에서 재경부의 전체 기조는 중요한 역할을 차지할 수밖에 없었다. 재경부가 내수 진작을 가장 중요한 정책 목표로 설정하는 한 신용카드 기업들의 과당경쟁에 대해서 재규제나 감독은 전혀 이루어질 수 없었다. 재경부가 내수 진작 기조를 유지하기 위해 신용카드사에 대한 감독이나 관리를 소홀히 했다는 사실은 1999년 9월 21일에 있었던 경제정책조정회의에서 분명히 드러난다. 이날 회의에서 제기된 '제2 금융권 금융기관의 지배 구조 개선 및 경영 건전성 강화 방안'은 8월 25일에 있었던 정부·재계·금융기관 간담회에서 발표한 재벌 개혁에 대한 후속 조치로, 당초 정부 방침을 구체화하기 위한 입법 추진 내용을 확정하는 것이었다. 그러나 이날 제기된 '제2 금융권 금융기관의 지배 구조 개선 및 경영 건전성 강화 방안'은 증권투자신탁회사, 보험회사, 종합금융회사, 증권회사만 대상으로 할 뿐 신용카드사는 제외되었다(재정경제부 1999/09/21).

〈그림 6-2〉에서 보듯이 당시 중앙정부의 정책 조율 과정은 부처에서 정책 초안이 만들어지고 법제처 심의와 당정 협의를 통해 최종안이 차관 회의를 통과하면 관계 장관 회의를 거쳐 국무회의에서 최종안이 결정된다. 경제정책의 경우에는 관계 장관 회의로서 경제정책조정회의가 중요한 역할을 맡게 된다. 그러나 앞에서 보았듯이 이런 제도 기구 역시 재경부의 영향 아래 놓이면서 사실상 경제정책은 정책 초안을 제시하고 이를 결정하기까지 재경부의 이니셔티브에 따라 이루어졌음을 알 수 있다.

여러 번 강조했듯이 정책 결정 구조에 정당이 들어오지 못하면 경제

그림 6-2 | 중앙정부 정책 조율 과정

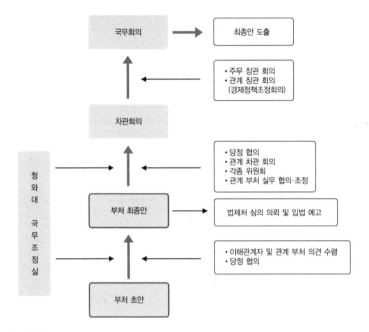

출처 : 박재희 외(2000, 38).

정책을 결정하는 데 민주적 대표성이나 책임성은 이뤄지기 어렵다. 정책 결정 과정에서 여당은 당정 협의를 통해 정부와 정책 결정을 조율하는 형식적·제도적 과정을 거치지만, 이 과정이 실질적으로 정책을 결정하는 데 큰 영향력을 갖지는 못했다. 이런 정책 결정 과정의 특징은 민주화가 이루어졌음에도 실제 정책 결정 구조에서 정당이 영향력을 행사하지 못한다는 점에서 국회와 정당이 배제된 채, 행정부가 중심이 되었던 권위주의 시대의 정책 결정 과정(김용복 2002, 275)과 별다른 차별성이 없다고 말할 수 있다. 실제 권위주의 시대 당정 협의회는 형식에 그쳐 1973~79년 사이에 불과 15회밖에 열리지 않았다(정정길 1994b, 40).

이렇게 정책 결정 과정에서 실질적으로 민주적 대표성이나 책임성을 확대할 수 있는 정당의 역할이 약했기 때문에 단기적 경제성장이라는 경제 관료의 효율성에 기댄 정책이 결정되고 집행될 수 있었다. 그렇다면 왜 김대중 정부는 경제체제와 관련해 과거 권위주의적 유산을 해체해야만 한다는 시대적 사명과 국민으로부터의 위임을 포기하고, 경제 관료 중심으로 신용카드 정책을 선택할 수밖에 없었나?

2. 민주화 이후 경제정책 결정 구조

1) 정치 엘리트의 단기적 선호와 대표성의 문제

여기에서는 앞에서 설명한 논의를 토대로 김대중 정부의 정책 결정 구조를 분석하고자 한다. 초점은 두 가지다. 하나는 정책 결정자의 선호를 결정했던 원인으로 민주적 대표성의 약화에 따른 정치가의 단기적 선호에 대한 문제다. 다른 하나는 정부의 경제정책 결정 과정에서 나타나는 경제 관료를 중심으로 한 관료 기술적 결정이 가져온 민주적 책임성의 문제다.

신용카드 정책이 결정된 원인으로 정치 엘리트의 단기적 선호를 가져온 민주적 대표성의 문제에 대해 살펴보자. 왜 김대중 대통령은 선거에서 위임받은 경제개혁을 포기하고 단기적 경기 부양 정책을 선택했나? 민주화 이후 대통령을 비롯한 정치 엘리트들이 단기적 선호를 가지게 된 이유는 무엇인가? 이들의 단기적 선호는 어떻게 신용카드 정책의 결정으로 이어졌나?

경제 위기에서 집권한 김대중 대통령에게 최대의 목표이자 선호는 경제 회생을 통한 IMF 체제의 조기 극복이었다. 경제 위기 과정에서 치러진 대통령 선거에서 유권자들은 50년 만의 정권 교체를 선택해, 과거 권위주의 시대와 연속성을 가질 뿐 아니라 경제 위기에 책임이 있는 여당을 심판하고 경제개혁에 대한 요구를 드러냈다. 하지만 김대중 대통령은 IMF라는 외부의 요구와 경제개혁을 바라는 국민들의 위임에도 불구하고 취임 6개월여 만에 경제개혁을 포기하고 단기적 경기 부양책을 선택하게 된다.

김대중 대통령은 취임 일성에서 1년 반 만에 경제를 회생시켜 IMF 체제를 극복하겠다는 의지를 밝혔지만, 경제개혁을 통해 어떤 경제체제를 만들겠다고 하는 새로운 대안적 경제체제에 대한 구체적인 상과 실천 전략을 갖고 있지는 못했다. 민주적 경제체제 건설을 위해서도 과거 경제체제와 단절하기 위한 구조 조정은 불가피한 선택이었다. 더군다나 경제개혁을 위한 모든 권력과 자원이 대통령의 손에 쥐어진 상황이었다.

앞에서도 지적했듯 신생 민주주의에서 경제 위기에 처한 정부는 급격한 경제개혁을 추진하여 단기간에 개혁을 마무리할 수 있는 반면 많은 사회적 비용을 부담해야 하는 정통적 전략과, 분배와 실업을 고려해 사회적 비용을 줄이되 경제 침체의 고통이 상대적으로 장기화될 수 있는 비정통적 개혁 전략 가운데 선택해야만 하는 딜레마에 놓인다. 그러나 김대중 대통령에게 두 번째 개혁 전략은 아예 선택지에 올라 있지도 않았다.

권위주의 시대부터 이어져 온 경제 관료들의 성장주의적 현실 인식에서 이런 개혁 전략에 대한 고려를 기대한다는 것은 애초에 가능한 일이 아니었다. 김대중 대통령 역시 '준비된 대통령'이라는 슬로건을 내세우고 당선되었지만 사실상 새로운 대안적 경제구조에 대한 기획이나 프로그램을 갖고 있지 않았다. 여기에서 당시 집권 엘리트가 대안적 경제체제에 대한 기획을 갖지 않았다기보다는 그런 대안을 선택할 수 없는 구조에 처했을 것이라고 반론할 수도 있다. 집권 초에 내세운 민주주의와 시장경제의 병행 발전이라는 정책 기조가 이런 주장을 뒷받침하는 근거로 제시될 수 있을 것이다. 하지만 이런 슬로건에도 불구하고 그에 대한 후속 대책이라고 할 만한 것이 없었을 뿐 아니라 경제 위기로 말미암아 집권 엘리트가 행사할 수 있는 권력이 어느 때보다 컸다는 경험적 사실로 볼 때 설득력은 떨어진다. 어쩌면 김대중 대통령이 주장했던 민주주의와 시장경제의 병행 발전은 신자유주의적인 자유 시장 모델을 염두에 둔 것이었을지도 모른다.

민주주의와 시장경제의 병행 발전이라는 슬로건과 함께 제시된 '민주적 시장경제'에 대한 김대중 대통령의 이해는 이를 뒷받침한다. 민주적 시장경제와 관련해서는 대체로 두 가지 해석이 가능하다. 먼저 민주적 시장경제의 적극적 해석에 따르면 '민주적'이라는 규정은 시장경제에 민주적 요소를 결합하는 것 혹은 자유주의 시장 원리에 국가의 사회보장 정책과 시민사회의 시장에 대한 민주적 통제를 결합하는 것을 의미한다. 반면에 민주적 시장경제에 대한 소극적 해석에 따르면 시장은 본래적으로 자유로운 경제 행위자들 간의 공정한 경쟁에 기초하여 형성되는 경제 질서이기에, '민주적'이라는 수식어는 시장이 본래적으로 지닌 속성인 자유경쟁과 공정 경쟁을 강조하기 위한 것으로 이해되고, 민주적 시장경제는 시장이 자신의 속성에 따라 민주적으로 움직일 수 있도록 외부적 방해가 제거된 상태를 의미하는 것으로 해석된다. 민주적 시장경제론을 둘러싼 이런 논란 가운데 김대중 정부의 공식 출범 이후에는 소극적 해석이 지배적 해석으로 정착했다고 생각해 볼 수 있다. 정부는 "비민주적이고 비시장경제적인 요소를 시장에서 신속히 제거해 나가 진정한 민주적 시장경제"를 정착시킬 것을 경제정책의 기본 목표로 제시했다. 여기서 민주적 시장경제는 "정부의 과도한 시장 개입, 정경 유착, 불공정 경쟁" 등이 제거된 "공정한 경쟁 질서가 유지되는 시장경제"를 뜻한다고 밝히고 있다. 결국 민주적 시장경제는 '권위주의적 관치 경제'에 대립하는 '자유롭고 공정한 시장 질서'를 의미하는 것이다(김균·박순성 1998, 371에서 재인용). 따라서 애초에 김대중 대통령이 민주주의와 시장경제의 병행 발전을 얘기했을 때 그것은 소극적 의미의 민주적 시장경제와 같은 공정한 시장경제를 상정했다고 볼 수 있다. 그런 의미에서 민주적 시장경제는 신자유주의적 시장 질서와 크게 다른 의미를 갖지 않는 것이었다. 따라서 김대중 대통령은 애초에 신자유주의적 정책을 통해 민주주의와 시장경제의 병행 발전을 실현하려 했다고도 볼 수 있다.

결국 김대중 대통령은 다음 두 가지 선택 가운데서 고민했다. 하나는 IMF가 요구한 구조 조정 정책을 지속하는 것이고, 다른 하나는 구조 조정을 통한 경제개혁을 중단하고 내수를 진작하기 위해 경기 부양 정책을 선택하는 것이다. 전자는 권위주의 정부에서 이루어진 재벌 중심의 경제구조를 개혁할 수 있다는 명분을 갖지만 장기적인 시간이 요구되는 만큼 그 결과가 집권 기간 내에 나타나지 않을 수도 있다는 위험을 안고 있다. 한편 후자는 단기적으로 효과가 나타나는 만큼 그 결과가 집권 정부의 경제적 업적이 될 수 있다는 장점을 갖지만 자칫 경제개혁을 등한시한다는 비판과 함께 개혁의 포기로 비춰질 수 있어 사후의 부정적 평가에 직면할 수 있다.

그렇다면 김대중 정부가 2개의 대안 가운데 경기 부양 정책을 선택했던 이유는 어디에 있을까? 두 가지 점에서 생각해 볼 수 있다. 먼저 대통령이 2000년 총선을 염두에 두고 집권 기간 내에 효과가 나타나는 단기적 정책에 더 큰 이해를 가졌을 경우다. 물론 경제 침체 상황이 실제로 구조 조정을 견뎌낼 수 없을 만큼 심각하다고 판단했을 수도 있다. 하지만 이런 판단 역시 대통령이 단기적 선호를 가졌을 경우 그에 대해 느끼는 압박의 강도가 커져 사태를 더욱 심각하게 받아들일 수 있다는 점에서 대통령의 단기적 선호는 중요한 선택 이유였을 것으로 추정할 수 있다.

다음으로 김대중 대통령은 집권 초부터 재벌 개혁을 포함한 경제개혁을 주장했지만 실제로 재벌 개혁이 중요한 정책 목표가 아니었거나 개혁을 포기하더라도 그에 대한 비판이 크지 않다고 판단하는 경우다. 김대중 대통령은 1998년 9월 28일 청와대 경제 관련 기자회견에서 경기 부양 정책의 선택을 공식화하면서도 구조 조정과 경기 부양의 동시 추진을 밝히고 경기 부양은 곧 구조 조정의 종결이라는 일반적인 시각을 의식하여 경기 부양이 아니라 경기 진작이라는 표현을 선택했다(『한겨레』 1998/09/29). 구조 조정이나 경제개혁에 대한 국민들의 기대를 의식했던 만큼 개혁 포기에 대한 비판을 고려했겠지만, 김대중 대통령이 실물경제의 위축에 따른 통치의 어려움을 무릅쓰면서까지 경제개혁에 대해 절대적인 의지나 선호를 가졌다고 보기는 어렵다.

그렇다면 단기적 선호를 지닌 김대중 대통령이 개혁 실패에 대한 비판이 크지 않다고 판단했던 이유는 어디에 있었을까? 앞에서 살펴보았 듯이 정부가 유권자의 선호에 구속되지 않고 국민으로부터 받은 위임을 위반한다고 해서 비판에 직면하지 않는다고 판단하게 된 것은 사회적 기반을 갖지 않는 정당 체제의 저발전에서 그 원인을 찾을 수 있다. 민주주의에서 선거를 통해 선출된 정치가는 유권자의 이해와 요구를 대표하고 그런 유권자의 선호에 따라 정책을 결정하고 집행한다. 그러나 유권자의 선호를 집약하고 표출할 수 있는 정당이 저발전되거나 정당과 대통령의 연계가 느슨하거나 약할 때 정책의 평가는 다음 선거에 영향을 미치는 구조가 되지 못한다. 이때 정치가는 당장의 표에 의존한 단기적 이익에 매몰될 수밖에 없다. 이런 조건에서 정치가는 비용이 많이 드는 다른 선택을 하기보다는 쉬운 선택을 하게 된다. 이들에게는 당장 소비를 증가시켜 경제가 활성화되는 성장주의적 정책을 채택하는 것이 임기 내에 자신의 경제적 업적을 성취하는 데 가장 합리적인 선택이 된다.

민주 정부가 선거 승리를 위해서든 통치를 위해서든 좋은 경제적 조건을 유지하려 한다는 것은 현실적인 가정이다. 신용카드 정책은 2000년 총선을 앞두고 이루어졌다는 점에서 선거를 염두에 둔 정책이었다. 앞에서도 밝혔지만 김대중 정부가 2000년 총선을 겨냥해 신용카드 정책을 선택했다는 사실을 정치적 경기순환 모델로 설명하기는 어렵다. 정치적 경기순환론은 집권 정부가 선거에서의 지지를 획득하기 위해 선거전에 재정 정책이나 통화정책을 이용하여 경제를 부양하는 것으로 개념화할 수 있기 때문이다(Nordhaus 1975). 신용카드 정책은 선거 직전의 단기적 조작이라고 하기 어려울 뿐 아니라 선거가 다가올수록 재정 적자가 증가했다기보다는 오히려 감소했다는 점에서 정치적 경기순환론의 가정과는 일정한 차이를 갖는다. 앞에서 보았듯이 당시 재정 적자는 1998년 GDP 대비 −4.2퍼센트에서 1999년 −2.7퍼센트를 기록하다가 선거 해인 2000년에는 흑자로 돌아서 1.9퍼센트를 나타냈다. 다시 말해 신용카드 규제 완화를 통해 내수를 진작하고자 했던 신용카드 정책은 선거를 염두에 둔 단기적 경기 부양책이었지만 재정 정책이나 통화정책을 이용하지 않았기에 엄밀한 의미의 정치적 경기순환론으로 설명할 수는 없다.

민주주의에서 정치가의 단기적 선호와 관련해 1970년대 이후 발전된 공공선택이론의 가정을 통해 민주주의를 비판할 수도 있다. 이런 이론은 민주주의가 재정 적자를 누적시킨다고 주장하면서 민주주의 체제자체가 갖는 경제적 위험성을 제기한다(Buchanan and Wagner 1977). 즉, 민주주의가 유권자의 선호에 의존한 단기적 정책을 추구하여 재정 적자와 같은 경제적으로 나쁜 결과를 가져온다는 것이다. 이런 점에서 공공선택이론은 정치적 경기순환론과 같은 전제를 공유하고 있는 것으로 볼 수 있다.

민주주의가 유권자의 선호에 의존하여 경제정책에서 단기적 특징을 갖는 것이 사실이라 하더라도 그런 특징만으로 민주 정부의 모든 경제 개입을 거부하는 공공선택이론의 주장을 옹호하기는 어렵다. 또한 다음 선거에서 제재를 통한 책임성의 원리가 구현될 때 민주주의의 단기적 특징이 갖는 위험성을 교정할 수 있다. 다시 말해 그것은 민주주의가 약한 데서 생기는 문제이지 민주주의 자체가 갖는 결함은 아니다.

민주주의에서 정부의 단기적 선호는 선거를 통해 단지 정부의 최상층만을 장악한 정치 엘리트가 경제개혁을 추진하는 과정에서 직면하는 제약을 보여 준다. 아래로부터의 지지 기반이 튼튼하지 않을 때 정치가는 급격한 경제 침체를 가져오는 경제개혁을 지속하기 어렵다. 이런 조건에서 단기적 선호를 갖는 김대중 대통령이 경제를 활성화하기 위해서는 성장주의를 기반으로 한 경제 관료와 재벌 기업을 동원하지 않을 수 없었다. 집권 엘리트가 단기간 내에 경제를 활성화하는 정책을 수행하려면 기존 경제 관료와 재벌의 도움이 필수적인 것처럼 생각되었다. 결국 이런 구조적 제약에 놓인 민주적 정치 엘리트가 경제 관료와 재벌이 중심이 된 성장 우선주의를 수용하면서 자신의 선호를 충족할 수 있는 정책으로 선택했던 것이 신용카드 정책이었다.

2) 경제 관료 헤게모니의 부활과 단기적 선호

앞에서도 지적했듯이 대통령이 직접 경제대책조정회의[2]를 주재하

---

2) 집권 초기 김대중 대통령이 주재한 경제대책조정회의에 참여했던 9명의 구성원은 구 재무부 관료, 구 경제기획원 관료, 개혁 성향의 교수, 동교동 정치인 출신 등 네 가지 범주로 분류된다. 재무부 출신으로는 이규성 재경부 장관과 이헌재 금융감독위원장, 경제기획원 출신으로는 진념 기획예산위원장, 강봉균 정책기획수석, 이기호

고 비관료 출신인 김태동 청와대 경제수석을 중심으로 경제개혁을 추진하고자 했던 시도는 오래가지 못했다. 경제부총리가 부재해 정책 조정 기능이 제대로 발휘되지 못한데다가 김태동 수석이 재경부를 비롯한 경제 관료 조직을 장악하지 못한 탓에, 경제개혁의 고삐는 급격히 경제 관료 쪽으로 이동했다. 재경부는 정작 경제정책을 담당하는 경제수석을 배제한 채 구 경제기획원 출신의 강봉균 청와대 정책기획수석과, 경제 대책을 조율하는 등 경제정책을 시행하는 데 갈등을 빚기 시작했다(『세계일보』 1998/03/13). 결국 대통령은 인사 단행 3개월 만에 김태동 청와대 경제수석과 경제 관료 출신인 강봉균 정책기획수석의 자리를 맞바꾸고 모든 경제정책의 실무 조정을 재경부가 중심이 되어 추진하게 했다. 따라서 이규성 장관에게 힘을 실어 주는 등 과거의 경제부총리 역할을 재경부 장관이 맡도록 주문했다(『동아일보』 1998/05/18). 경제개혁의 이니셔티브가 경제정책을 결정하는 최고위층에서 경제 관료 출신으로 넘어가면서 다시 재경부를 중심으로 한 경제 관료들이 경제개혁을 주도하는 계기가 마련되었다.

다른 한편 소비가 지속적으로 하락하면서 실물경제가 붕괴될 수도 있다는 위기감이 고조되었고 대통령과 정치 엘리트는 빠르게 경제 관료에 의존하는 구조를 만들게 되었다. 심각한 경제 위기 상황에서 경제 관

노동부 장관이 포함되었다. 학자 출신으로는 김태동 경제수석과 전철환 한국은행 총재가 있었으며 동교동계 정치인 출신으로는 유종근 경제특보와 박태영 산자부 장관이 참여했다(『조선일보』 1998/03/07).

료들의 도움 없이 경제 위기를 극복하기에는 집권 정치 엘리트의 현실 장악 능력, 정책 조정 능력이 충분하지 못했다. 찰머스 존슨Chalmers Johnson 은 동아시아 신흥국가들의 국가 관료가 강한 정책 결정 능력을 보유할 수 있는 이유로 두 가지를 제시한다. 하나는 정치 지도자가 스스로 국가 관료에게 정책 결정과 관련된 권위를 양도한다는 것이다. 정치인은 정치적 생존을 위해 경제를 조작해 단기간에 대중의 지지를 이끌어 내려 하고 이를 위해 자신의 정책 결정 능력을 국가 관료에게 넘겨 경제정책을 탈정치화한다는 것이다. 다른 하나는 국가 관료가 정치 지도자가 부여해 준 정책 결정 능력을 유지할 충분한 능력을 갖고 있다는 것이다. 그는 동아시아 국가들의 국가 관료가 기술적인 차원에서 가장 탁월한 능력을 갖춘 이들로부터 충원된다는 점을 지적한다(Johnson 1987, 151-152).

민주화 이후 특히 김대중 정부에서 경제 관료의 능력이 기술적 차원에서 탁월했다고 평가하기는 어렵다. 그러나 재경부를 중심으로 한 경제 관료의 능력은 청와대를 비롯한 정치 엘리트의 무능력과 비교할 때 정책 결정에서 강한 이니셔티브를 되찾을 수 있을 만큼은 충분했다. 결국 경제 위기에 대한 책임을 물어 예산·금융·세제 등 이른바 '경제 3권'을 장악했던 재경원에서 금융 감독과 예산 배정권을 금감위와 기획예산처에 넘겨주고 축소되었던 재경부는 다시 경제 회생을 이뤄 내야 하는 주체로 막강한 영향력을 발휘하게 되었다. 정치 엘리트에 의해 경제정책 결정권이 다시 재경부를 비롯한 경제 관료에게 넘어가면서 경기 부양책의 조기 실시와 이를 뒷받침하기 위한 신용카드 정책이 재경부를 중심으로 결정되고 집행되었던 것이다.

그렇다면 민주주의 아래에서 경제 관료를 중심으로 한 경제정책 결정 구조가 만들어 낸 특징은 무엇인가? 그리고 이런 정책 결정 구조가 갖는 문제는 무엇인가? 한국을 비롯한 동아시아 국가의 빠른 경제성장을 설명하는 이론 가운데 하나는 국가 관료가 사회로부터 분리되었기에 산업화 전략이 변화될 수 있었다는 것이다(Haggard and Cheng 1987). 관료들의 정책 결정 능력에 주목하는 이론들은 관료들이 조직적 응집력과 정책 수행의 효율성을 통해 장기적 경제계획을 추진할 수 있었다고 주장한다. 그러나 민주화 이후 관료의 응집력과 효율성은 상당 부분 손상되었다. 무엇보다 국가 주도형 경제 발전 모델이 폐기되면서 국가 관료 기구의 선도성이 크게 약화되었고 국가 관료 기구 내 분열과 갈등, 정책 추진 과정에서의 혼선과 시행착오가 확대되었다.

박정희 정권이나 전두환 정권과 같은 과거 권위주의 체제의 관료들은 주로 대통령에게만 책임지면 되었고 대통령은 국회와 국민들로부터 관료를 보호했다. 반면에 노태우 정부 들어서는 과거 체제보다 분권적 경향이 강화되었다. 노 대통령은 권한의 상당 부분을 해당 부처와 관료에게 넘김과 동시에 경제문제에 대한 책임까지도 하부 관료에게 위임했다. 이런 분권화는 관료들을 다양한 집단의 요구에 취약하게 만들었으며 경제정책의 합리성에 대한 관료 자신들의 확신을 약화시켰다. 따라서 경제정책의 자율성이 약해졌고 일관성이 사라졌다. 산업 정책 전반을 총괄·지휘하던 경제기획원의 위상이 점차 약화되고 산업 정책 주관 부서로서 상공부, 체신부 등의 정책 갈등이 심화되었다. 정부 부처 간 이견에 의한 관료정치의 격화는 결과적으로 정부의 자율성을 약화하는 동인으로 작용했다. 이렇게 1980년대 이후 한국의 경제와 산업 정책 결정 구조는 분권화를 지향해 왔다. 그 결과 노태우 정부 아래서 추진된 정책 가운데 상당수가 한국 경제의 장기적 성장 잠재력을 극대화하고 산업구조 조정을 통한 산업 고도화를 지향하기보다는, 단기적인 실적 위주의 '전시용' 정책 비중이 크게 늘어났다(정정길 1992, 158-160; 윤상우 2002, 175-177).

노태우 정권 이후 경제 개발 계획은 사실상 그 의미를 상실했고 또한 거시 정책 기조에서의 비일관성과 급격한 정책 선회가 두드러졌다. 개발 연대 시대에 산업화 전략의 기본 정책 도구였던 경제 개발 계획은 1980년대 중반 이후 사실상 경제계획으로서 역할과 의미를 상실했고 결국 김영삼 정권에서의 '신경제계획'을 마지막으로 폐기되기에 이른다. 6차 계획 이후로는 국가 스스로 이를 '하나의 지침'으로 평가절하했으며 계획의 빈번한 수정과 교체, 경제계획과 상충되는 단기 경제정책들이 자주 나타나 경제계획으로서의 일관성과 신뢰성이 현저히 감소했다(경제기획원 1991, 410).

국가기구의 잦은 조직 개편으로 경제 관료 기구의 집합적 응집력이 크게 훼손되었다는 점도 중요하다. 정권이 교체될 때마다 국가 관료 기구, 특히 경제 부처의 조직 개편은 유난히 심했다. 구 경제기획원과 재무부가 김영삼 정부에서 재경원으로 통합되었다가 김대중 정부에서 다시 재경부로 축소되었던 사례는 대표적이다. 이런 과정에서 경제 관료들의 단기적 특성은 더욱 강화되었다. 경제 관료의 순환 보직 역시 이들이 전문성을 키우지 못하고 정책 시계를 단기화하게 만들었다. 단기적 시계를 갖고 있는 관료들은 재임 중에 문제를 일으키지 않으려 문제가 될 만한 것들을 무조건 '카펫 속으로' 쓸어 넣게 되고, 이렇게 규제를 유예하다가 문제가 커져서 가릴 수 없게 되면 각종 단기 대책을 쏟아붓는 결과를 반복했다(국회 정무위원회 2004).

경제 관료를 중심으로 한 경제정책 결정 구조의 특징과 관련해 또 다른 의문이 제기된다. 지금까지 살펴보았듯이 신용카드 정책의 핵심 문제는 신용카드사들에 대한 규제를 완화했던 데 있다. 집권 엘리트는 집권 초부터 규제 개혁을 강조했지만 사실 규제 완화 조치는 이에 상당한 이해관계를 갖는 재경부를 비롯한 관료의 반발을 가져왔을 것으로 예측할 수 있기 때문이다. 일반적으로 관료들은 규제를 유지하려는 이해관계가 강하다고 가정되기 때문이다(Niskanen 1971). 그렇다면 신용카드 정책을 둘러싼 규제 완화 조치에 대한 경제 관료의 반발은 어떻게 해소될 수 있었을까?

새 정부 출범 이후 금융 감독 기능의 대부분이 금감위로 넘어갔지만, 남아 있는 금융기관의 인허가권을 이용한 재경부의, 규제에 대한 행정 간섭은 여전했다. 대통령의 규제 완화 조치에 따라 재경부는 1998년 10월 일정 기준만 갖추면 신용카드업 진출을 허용하겠다는 규제 완화 방안을 발표했지만, 이때 옛 규정을 완화하는 한편 복잡한 규정을 새로 만들어 당시의 규제 완화 흐름과 다른 이해관계가 있음을 드러냈다. 이 때문에 현대와 롯데 그룹 등 기존 여신 금융 업체는 신용카드업에 쉽게 진출할 수 있었지만, SK 그룹 등 제조업체는 신규 진출이 어렵게 되었다. 규제에 대한 재경부의 집착은 "금융 규제 완화 조치를 몇 가지 발표했더니, 어렵게 만들어 놓은 규제를 그렇게 쉽게 없애면 어떻게 하느냐며 재경부가 항의"해 왔다고 말했던 금감위 고위 관계자의 증언에서 분명히 드러난다(『조선일보』 1999/01/07). 그만큼 재경부는 김대중 정부 집권 초기에는 규제 완화에 대해 분명히 부정적인 관점을 가졌던 것으로 보인다. 따라서 재경부는 1998년 11월 규제 완화에 가장 소극적인 부처로 지목받아 감사원의 특별 감사 대상으로 꼽히기도 했다.

그러나 규제 완화에 소극적이었던 재경부의 태도는 이후 변화한 것으로 보인다. 1998년 규개위에서 현금 서비스 이용 한도를 폐지하려고 하자 재경부는 이에 분명한 반대 의사를 나타냈지만 1999년 5월 4일 어떤 보완책도 없이 이를 폐지했다. 오히려 신용카드 정책으로 신용 불량자가 증가하는 등 심각한 사회문제가 발생하자 금감위가 재규제에 대한 의견을 내놓았지만 이에 대해 재경부는 분명한 반대 입장을 취했다. 신용카드 정책과 관련해 재경부가 규제 완화로 정책을 선회한 이유는 무엇일까?

일반적으로 관료는 우선 직위의 안정성, 다음으로 물질적 수혜를 선호하는 것으로 가정된다(Geddes 1994). 이런 가정에 따르면 경제 위기로 조직 개편과 기능 축소를 경험한 재경부는 규제를 통한 물질적 이해보다는 경제 주무 부처로서 경제 위기를 극복하고 경제 활성화를 통해 조직의 안정성을 얻는 것을 더 합리적인 선택으로 가정할 수 있다. 실제 재경부는 낙하산 인사와 함께 별도 정원(외부 파견 직원 가운데 정원으로 인정받을 수 있는 인원) 자리를 늘리는 등 부처의 조직 확대와 관련된 이해관계에 큰 관심을 갖고 있었다. 1998년 9월 경제홍보기획단을 별도 정원으로 인정받으면서 국장급 1명, 과장급 3명, 사무관급 3명, 6급 2명, 기능직 2명 등 11명의 자리를 늘리는가 하면, 제2건국위원회·금감위·청와대 등에 파견하는 인원을 별도 정원으로 인정받아 총 정원을 늘리는 방안도 적극 추진했다. 1998년 2월 재경부는 향후 1년간 공무원 수를 993명에서 725명으로 26.9퍼센트 축소하겠다고 발표했으나 예산청(142

명)이 분리해 나간 것을 제외하면 감축 대상 직원은 고작 126명(12.6퍼센트)에 불과했다. 더군다나 30여 명의 잉여 인력이 각종 연구소, 기획단, 지방자치단체, 해외 금융기관 파견 근무 형태로 존재하며 IMF 체제에 들어간 이후 국장급 이상 고위 관리 가운데 단 2명만이 자진사퇴했을 뿐 스스로 사표를 냈거나 정리 해고된 재경부 관리들은 없었다(『조선일보』1999/01/06).

신용카드 시장의 성장을 통해 경기를 진작시키고 경제를 활성화할 수 있다는 판단이 서면서 재경부는 규제 완화로 급격히 선회했으리라고 추론할 수 있다. 2002년 3월 25일 금정협 내부 문건에 따르면 "가계 대출을 과도하게 규제하면 내수가 위축될 우려가 있다"라고 기술하면서 "따라서 장단기 종합 대책이 내수 진작 정책 기조를 유지하는 대전제 아래에서 제한적으로 추진되어야 된다"라고 제시하고 있다. 2002년 4월 '금융 감독 정책의 방향'이라는 문건에서는 "가계 대출 급증과 자산 가격 상승 등을 경기 과열로 인식하여 과민하게 거시 경제정책으로 대응하게 되면 모처럼 되살아나고 있는 경기 상승 국면을 제대로 살릴 수 없는 우를 범할 수 있다"라고 얘기하면서 "신용카드 관련 거시 건전성 감독 정책은 배제해야 된다"라고 주장했다(국회 재정경제위원회 2004).

결국 재경부는 2002년 신용 불량자 증가 등 급격한 가계 대출 부실이 현실화되기까지 내수 진작 기조를 포기하지 않으면서, 모처럼 살아나고 있는 내수를 꺼뜨릴 수 있다고 판단되는 어떤 재규제나 감독에 대해서도 회의적인 반응을 보였다. 재경부가 내수 진작을 정책의 목표로 설정하는 한 규제 완화를 통해 신용카드 시장을 확대하고자 했던 것은 현실적인 판단이었다. 이것은 또한 이후 과열된 신용카드업에 대한 감독이 적절히 이루어지지 못했던 이유였다.

3) 관료 기술적 정책 결정과 책임성의 문제

여기에서는 민주화 이후 전문가와 시민 단체를 정책 결정 과정에 참여시키는 관료 기술적 정책 결정이 갖는 민주적 책임성의 문제를 살펴보고자 한다. 1998년 4월 대통령 직속으로 설치된 규개위는 특정 정책에 한정되지 않고 정부가 추진하는 여러 정책들을 검토할 권한을 갖는다는 점에서 김대중 정부에서 가장 큰 영향력을 갖는 위원회라 할 수 있다. 더군다나 규제의 문제는 특정 집단의 이해관계와 밀접하게 관련된다는 점에서 규개위는 어떤 조직보다 공정성을 담보해야 하는 조직이다.

그러나 신용카드 정책과 관련해 규개위는 길거리 모집 금지를 주장한 금감위의 요구를 반대하면서 신용카드 발급 자격 심사가 별도로 이뤄지므로 길거리 회원 모집이 바로 발급으로 이어지는 것은 아니라는 점, 보험, 이동 통신, 화장품 등은 길거리 판매가 가능한데 신용카드만 제한하는 것은 공평하지 않다는 점 등을 주장했다(『뉴스위크 한국판』2004/06/09). 규개위의 이런 조치는 같은 신용카드사라 하더라도 은행계 카드사냐 전업계, 즉 재벌계 카드사냐에 따라 이해관계를 달리하는 문제를 안고 있음을 보여준다. 은행계 카드사의 경우는 은행 영업장을 통해 신용카드 발급을 권유할 수 있다는 점을 감안할 때 길거리 모집 허용 여부는 재벌계 카드사들의 이해와 직접적인 연관을 갖는 것으로 볼 수 있다. 실제로 규개위는 금감위의 건의를 철회하면서 "모집 장소를 영업점으로 제한할 경우 점포가 많지 않은 전업 카드사와 은행계 카드사 간 형평이 맞지 않는다"라고 분명히 거부 이유를 적시했다(『한겨레』 2001/07/10). 그러나 규개위의 이런 판단은 카드사 간 형평을 고려했다기보다는 의심의 여지없이 재벌계 카드사들의 이해를 일방적으로 고려한 선택이었다.

규개위에서 신용카드 길거리 모집 허용 등 재벌계 카드사의 이해관계를 반영할 수 있었던 것은 재벌계 카드사들의 관계자가 규개위 위원으로 참여하고 있다는 사실과 무관하지 않다. 2001년 7월 4일 규개위 경제1분과 회의장에서 길거리 카드 회원 모집을 금지하는 안을 금감위가 도입하려 하자 LG카드 사외 이사 김일섭 규개위원과 당시 LG경제연구원장인 이윤호 규개위원이 나서서 반대 의사를 표명했다(민노당 경제민주화운동본부 2004). 결국 높은 공정성을 담보해야 할 규개위는 정책 결정 과정에서 전문가의 참여를 확대해 효율성을 높인다는 명목 아래 정책 결정에 민간 전문가의 참여 폭을 확대했지만 그 결과 정책 당사자의 직접적인 이익을 반영하는 비민주적 정책 결정이라는 문제를 낳았다.

금융 감독 기구인 금감위 역시 중립성과 객관성을 유지해야 하지만 피감독 기구와 밀접한 연관성을 갖고 있다는 점에서 문제점을 드러냈다. 2004년 국회 정무위원회 국정감사 자료에 따르면 당시 금감위는 공무원 70명과 파견 직원 45명을 포함해 총 115명으로 구성되었다. 전체 직원 가운데 40퍼센트가 민간 기관에서 파견된 직원인 셈이다. 금융기관을 감독하는 감독 기관이 그 감독 대상인 금융기관의 직원을 파견받아 근무를 시키는 일이 벌어진 것이다.

또한 금감위가 피감독 기관으로부터 필요한 재원을 갹출해 내는 문제 역시 공정성을 저해한다는 점에서 심각한 문제의 소지를 안고 있다. 금감위가 피감독 기관에서 받아 온 재원은 2000년 48.2퍼센트에서 2001년에 56.4퍼센트, 2002년에 60.8퍼센트, 2003년에 63.2퍼센트, 2004년에는 67.6퍼센트로 계속 증가했다. 금액을 기준으로 보면 2000년 709억 원에서 2004년 1,505억 원으로 4년간 무려 2배나 증가한 것을 알 수 있다. 금감위 위원장은 한국은행의 출연금이 줄어들었기 때문이라고 설명했지만 중립성과 객관성을 유지해야 할 감독 기관이 피감독 기관으로부터 감독 분담금을 받고 있다는 사실은 금융 감독 기관에 대한 불신으로 이어질 수밖에 없다(국회 정무위원회 2004).

이런 위원회 제도를 통한 관료 기술적 결정은 경제 위기 이후 사외 이사 제도의 확대와 결합하면서 더욱 심각한 문제를 야기했다. 경제 위기 이후 기업의 투명성을 높인다는 취지로 1998년 4월 1일부터 상장법인의 경우 이사 수의 4분의 1 이상(최소 1인 이상)을 사외 이사로 선임하는 것이 의무화되었다. 2000년 1월부터는 자산 총계 2조 원 이상의 대규모 상장법인의 경우 3인 이상, 2001년 1월부터는 전체 이사의 2분의 1 이상을 사외 이사로 선임하도록 사외 이사 규정을 강화하고자 했다. 사외 이사를 선임하기 위해서는 사외 이사 후보추천위원회를 설치하고 후보추천위원회는 사외 이사를 총 위원의 2분의 1 이상으로 구성하도록 의무화했다. 또한 회사와 금전적인 거래가 있는 인사의 사외 이사 취임을 제한하는 등 독립성을 강화했다. 2001년에는 사외 이사 직무 수행 규준을 제정·공포했다(2000년 12월 1일). 그 결과 2001년 2월 4일 현재 자산 규모 2조 원 이상의 77개 상장사들의 사외 이사 비중은 48.8퍼센트(전체 864명 가운데 사외 이사 413명)에 이르렀다(이홍재 2002, 221).

기업의 투명한 경영을 위해 1998년부터 도입된 사외 이사 제도는 민

표 6-2 | 대기업 사외 이사 비중

	계열사 (개)	사외 이사 (명)	평균 (%)
삼성	8	36	4.5
SK	3	13	4.3
현대	10	36	3.6
LG	6	21	3.5

출처 : 재정경제부(2001, 37).

간 전문가를 특정 기업과의 네트워크에 연계했고, 다시 이 사외 이사들은 중립적인 민간 전문가라는 명목으로 정부의 각종 위원회 위원으로 참여하게 되었다. 금감원 관료들의 사외 이사 진출 문제도 심각했다. 지난 2003년 경제정의실천시민연합이 재벌개혁위원회의 6대 그룹(삼성, 현대, SK, LG, 현대자동차, 현대중공업) 54개 계열사 164명의 사외 이사를 대상으로 조사한 결과에 따르면 정무직 공무원, 정부 각 부처의 위원회 위원(자문·고문 포함), 전직 공무원 등이 76명으로 전체의 46.6퍼센트에 달해 사외 이사의 절반이 정부 관련 인사인 것으로 나타났다. 특히 금감원, 국세청, 공정거래위원회, 재경부, 한국은행 등 각종 금융 감독 기구의 전·현직 인사가 사외 이사를 맡은 경우는 33명에 이르렀다(『금융계』 2003). 민주화 이후 참여라는 이름으로 전문가들이나 시민 단체들을 정책 결정 과정에 참여시켜 정책 산출의 효율성을 높이려는 관료 기술적 결정이 확대되어 온 것이다(최장집 2005, 458).

위원회는 행정의 경직성을 완화하고 다수가 참여해 여러 이해관계를 유기적으로 대표하며 전문가의 참여로 전문성을 높이는 동시에 위원들 간의 신중한 토론을 거쳐 합리적인 결정을 도모하기 위한 합의제 형태의 의사 결정 제도로 정의된다(김병섭·김철 2002, 79). 이런 위원회 제도는 다음과 같은 세 가지 기능을 수행한다. 첫째는 시민들에게 의사 결정 과정에 참여할 수 있는 기회를 제공하는 것(행정의 민주화)이고, 둘째는 시민과 공무원들 간의 상호 의사 전달을 증진하는 것이고, 마지막으로 다양한 기능적 분야에서 시민들의 전문 지식을 활용하는 것이다(안성민 2000에서 재인용).

정부 위원회는 일반적으로 권한 기준에 따라 각종 행정의 자문에 응하기 위한 자문 위원회advisory committee, 행정관청적 성격을 갖는 행정위원회administrative committee, 그리고 양자의 중간적인 성격을 갖는 의결 위원회legislative committee로 구분할 수 있다. 정부 위원회는 지난 1981년부터 20여년 동안 2년에 한 번씩 위원회 정비 사업이 진행된 끝에 436개의 정부 위원회가 통폐합과 조정, 그리고 신설을 반복했다. 정부 위원회는 2005년 6월 현재 358개로 확인되었다(행정자치부 2005/06/09).

김영삼 정부는 집권 이후 '작은 정부 구현'을 내세웠으나 정부 위원회 수는 오히려 증가했다. 정부 위원회 수가 그리 커지지 않았음에도 위원회들의 위상과 효율성에 대한 논란이 계속되고 있는 것은 대통령 직속 정부 위원회, 즉 자문 위원회의 급증에 따른 문제라 할 수 있다. 대통령 직속 정부 위원회는 김대중 정부에 들어서 6개가 늘어나 2002년 2월 15개에 이르렀다(『문화일보』 2002/02/14). 그러나 무엇보다 문제가 되는 것은 행정관청의 성격을 지니면서 사무 기구를 필요로 하는 행정위원회의 경우다. 정비할 때마다 증감을 반복하면서도 비슷한 수준을 유지하고 있는 자문 위원회와 달리 행정위원회는 1992년 15개에서 2003년 38개로 급증했다.

위원회 제도를 통한 정책 결정의 문제는 책임의 공유와 분산으로 위원 개개인이 독임제 형태에 비해서 책임감을 덜 느낀다는 것이다. 따라서 위원회 제도는 무책임한 결정을 내릴 가능성이 많으며 타협적인 결정이 이루어질 수 있고 사업의 집행과 그 효율성에 대한 책임 소재도 불분명할 수 있다. 또한 위원회 제도와 같은 합의제 조직은 많은 사람들이 참여해 정책을 결정하기 때문에 의사 결정의 신속함이 떨어지고 기밀을 유지하기 어려우며 시간과 비용이 과다하게 소용될 수 있다. 정부 조직 내부에 위원회가 많다는 것은 회의가 많다는 것을 의미하고 이것은 회의 참석에 많은 시간을 요구하게 된다. 특히 많은 민간 주체들이 정책 결정 과정에 참여하게 될 경우 정책 결정 과정이 더욱 복잡해짐으로써 결국 조정 비용이나 감독비용이 증가하게 되고 관료의 경우 본연의 업무보다는 회의와 위원회 참석에 더 많은 시간을 보내게 되는 목표의 전환이 발생하게 된다는 것이다(김병섭·김철 2002, 80-81).

위원회 제도에 대한 기존 행정학에서의 문제 제기와 비판은 효율적인 위원회를 위해서 전문성과 대표성을 기준으로 공정한 절차에 따라 위원을 선정해야 한다는 현상적인 문제 제기에 머문다. 한국의 경우 위원들이 단순한 유명세나 개인적 친분 관계 등 위원회의 효율적 운영과는 무관한 요인들에 따라 대부분 정부에 의해 일방적으로 지명되는 사례가 많다는 지적이 제기된다(안성민 2000, 5). 그러나 무엇보다 위원회 제도는 정부의 사외 이사 제도가 확대되면서 사적 기업의 사외 이사들이 위원회의 위원으로 참여하는 일이 많아지고 정부의 중요한 정책 결정이 정책의 대상인 기업들의 사적 영향력 아래 놓일 수 있다는 위험에서 자유롭지 않다. 중요한 경제정책 결정이 이런 사적 네트워크에 의해 침해되는 것을 막을 수 없게 되었다는 것이다. 관료 기술적 결정이 정치적 파당성을 갖지 않는 중립적 전문가들을 정책 결정에 참여하게 해 정책의 공정성을 보장하는 것처럼 선전되지만 실제 재벌 기업과의 사적 네트워크를 확대한다는 점에서 이런 결정 구조가 가져오는 문제는 심각하다. 민주화 이후 중앙행정 부처의 수직적 의사 결정 시스템을 경직적이고 비효율적인 의사 결정 방식으로 비판하고 이에 대한 개선 방안으로 논의되고 있는 팀제의 활성화(박재희 외 2000, 166) 역시 정책 결정의 책임성이라는 관점에서 문제가 있는 것으로 보인다. 실제 정책이 정부 기구 내에서 팀 중심으로 이루어진다면 정책 결정자에게 책임을 묻기가 더욱 어려워질 수 있다.

무엇보다 위원회 제도는 민주적 책임성이라는 점에서 더욱 심각한 문제를 안고 있다. 중요한 정책 결정이 관료와 전문가에 의한 관료 기술적 결정에 의해 이루어지면서 이런 결정에 대해 민주적 책임을 물을 방법이 없다는 사실이다. 민주주의에서 경제정책의 결정은 인민의 선호를 집약하고 대표하는 정당이 정책 결정 과정에 참여해 민주적 대표성과 책임성이 실질적으로 이루어져야 한다. 그러나 민주화가 되었음에도 김대중 정부에서 경제정책 결정은 과거 권위주의 시대의 정책 결정 구조와 큰 차별성을 갖지 못했다. 더욱이 신자유주의의 영향 아래 투명성 제고라는 이름으로 나타난 관료와 기업 간 네트워크의 확대와 그에 바탕을 둔 관료 기술적 결정에 따른 책임성의 문제는 오히려 증가하거나 고착화되고 있다.

한국의 경제정책은 누가 어떤 과정을 통해 결정하는지가 투명하지 않을 뿐 아니라 선출된 정당·정치가의 경제정책에 대한 영향력이 약하고 임명된 관료와 선출되지 않은 민간 전문가의 영향력이 확대된다는 점에서 책임성의 문제가 심각하다. 이처럼 정책 결정이 단기적이고 불투명하게 이루어져 신용 불량자 문제가 사회문제로 부각되자 감사원의 감사와 국회의 국정감사가 이루어졌지만, 실제로 정책을 결정한 부서는 어디이며, 누가 정책을 기획했는지, 책임질 주체가 누구인지는 명확히 드러나지 않았다.

2004년 7월 신용카드 정책에 대한 감사원의 감사 결과 재경부와 금감위에 책임을 묻지 않고 금감원 부원장에 대한 인사 통보 조치로 마무리되었다. 결국 경제정책을 결정했던 해당 부처와 당사자에게 면죄부를 준 부실 감사였다. 신용카드 정책이 결정될 당시 공정거래위원회 위원장이었던 전윤철 감사원장이 감사를 담당했다는 점에서 감사의 공정성에 의문을 제기할 수밖에 없다. 더군다나 2004년 10월 국회 국정감사 자료에 따르면 당시 감사 결과 이뤄졌던 금감원 부원장에 대한 인사 통보도 어떤 징계 조치 없이 업무만 교체하는 선에서 처리된 것으로 드러났다(국회 정무위원회 2004). 결국 어떤 정책을 결정하든지 그리고 그 결과가 무엇이든지 정책의 책임을 물을 수 있는 제도적 통로가 미비하고, 선거에서의 제재도 이뤄지지 않았다는 점에서 한국의 정책 결정 구조는 적어도 경제정책의 결정과 집행에 민주주의 원칙이 제대로 작동하고 있지 않다는 문제를 안고 있다.

정책 결정의 이니셔티브가 경제 관료에게 넘어가고 이에 대해 대통령을 비롯한 정치 엘리트의 통제가 이루어지지 못해 나타난 문제는 경제정책에 대한 민주적 책임성과 직결된다. 특히 선출되지 않은 관료가 중심이 되어 선출되지 않은 전문가를 정책 결정에 참여시켜 진행되는 관료 기술적 경제정책 결정은 민주주의 아래에서 책임성의 문제를 야기한다.

3. 정부와 기업 간 지배 연합의 구조

1) 경제 활성화와 재벌 기업의 동원 전략

여기에서는 지금까지 살펴보았던 김대중 정부의 경제정책 결정 구조의 특징들이 어떻게 정부와 기업 간 지배 연합의 형성으로 나타났는지를 분석한다. 민주화 이후 역대 정권들은 민주화에 따른 아래로부터의 압력을 통해 집권 초 재벌 개혁을 추진하려고 시도했지만 번번이 좌절하고 말았다. 재벌들은 1980년대 후반부터 제기되었던 경제민주화와 재벌 규제 정책에 대해 다양한 방법으로 저항했다. '경제개혁=경제 위기'라는 이데올로기 공세를 통해 금융실명제와 토지공개념이 기업의 투자 의욕을 떨어뜨리고 성장률을 낮춘다고 비판하면서 경제개혁의 완화 내지 연기를 집요하게 주장했던 사례는 대표적이다(조성렬 1996, 197).

노태우 정부 시기 재벌은 정부의 정책적 압박과 노동운동의 성장에 대응해 부동산 투기, 재테크, 서비스 부분으로의 다각화 등 비생산적인 방식으로 이윤 극대화를 추구하면서, 제조업 부문의 설비투자와 생산 활동을 위축시켜 정권 후반기의 경제 위기를 가중하는 간접적인 경제 보복 조치를 취했다. 그 예로 1986~88년간 연평균 31.3퍼센트에 달하던 설비투자 증가율은 1989년 16.5퍼센트, 1990년 25.7퍼센트, 1991년 18.2퍼센트로 낮아졌다. 이에 반해 건설업과 서비스업을 포함하는 비제조업의 설비투자 증가율은 1986~88년간 연평균 5.6퍼센트에 불과했으나 1989년의 3.7퍼센트에서 1990년에는 33.7퍼센트, 1991년에는 41.4퍼센트로 급증했다. 이런 자본의 저항은 금융실명제와 경제민주화를 적극적으로 옹호했던 안정론자인 조순 경제팀이 보수적 성장론자인 이승윤 경제팀으로 교체되게 했을 뿐 아니라, 곧이어 토지공개념의 완화와 금융실명제 실시의 전면 유보를 공식적으로 천명하는 데 영향을 미쳤다. 그 결과 1990년 4월에는 '4·4 경제 종합 대책'을 발표하여 기업들의 요구대로 단기적인 경기 부양책을 중심으로 한 성장 우선주의로 회귀하게 된다.

김영삼 정권 역시 초기에 업종 전문화 정책, 공정 거래 정책, 금융정책 전반에 걸쳐 재벌 규제를 강화하겠다는 의지를 피력했지만 재벌 기업 등 자본이 신규 투자 중단이라는 경제적 보복 조치를 취하자 급격히 정책 방향을 선회했다. 재벌들의 투자 기피 현상으로 1993년 일사분기와 이사분기의 경제성장률이 급격히 떨어지자 1993년 7월에 확정·발표된 '신경제 5개년 계획'에는 초기에 보였던 재벌 기업에 대한 규제 가운데 중요한 정책 수단들이 제외되었다(윤상우 2002).

이런 현상과 관련해 프레드 블록Fred Block이 도구주의적 국가론을 비판하면서 자본가가 정치적으로 지배하지 않아도 국가가 자본가들의 이익에 반해 행동하지 않는 자본주의의 구조적 메커니즘을 분석한 것은 설명력을 갖는다(Block 1977). 블록에 따르면 정치적 이데올로기와 상관없이 국가기구를 관리하는 자들은 적정 수준의 경제적 활동을 유지해야 하기 때문에 자본의 투자에 의존하게 된다. 그는 기업이 투자를 결정하는 중요한 요인으로 국가 경제 전반에 영향을 미치는 모든 평가를 종합해 사업 신용business confidence으로 개념화한다. 국가는 기업이 투자를 결정하는 중요한 요인인 사업 신용을 저하시킬 수도 있다는 우려 때문에 자본의 이익에 반하는 정책을 펼 수 없다는 것이다. 앞에서 보았던 노태우·김영삼 정부 집권 초에 재벌 개혁 정책이 재벌들의 투자 중단에 의해 좌절된 예는 블록의 주장이 일정한 설득력을 갖는다는 것을 의미한다.

그러나 블록은 경제 불황기에는 이런 사업 신용 저하에 대한 자본의 압력이 낮아지는 동시에 경제 회복에 대한 대중의 요구는 강해진다고 보았다. 따라서 국가 관리자들은 기업보다는 여론의 압력에 좀 더 관심을 갖게 된다. 이때 국가 관리자들이 지배를 유지할 수 있는지는 경제를 회복시킬 수 있는 능력에 달려 있다. 블록은 정부의 조치들이 유효해 경기가 회복되면 정치적 균형이 변화해 아래로부터의 여론의 압력은 감소하고 투자 결정 여부를 무기로 삼은 자본의, 사업 신용을 둘러싼 압력이 다시 확대된다고 보았다. 즉, 개혁이 성공하면 힘의 균형은 다시 자본가들 쪽으로 기울어 국가 역할을 확대하지 못하도록 만든다는 것이다. 블록은 국가가 경제 회복 능력을 갖고 있어 경기가 회복되면 사업 신용 저하에 대한 자본가들의 압력이 커진다고 지적했지만 경제 위기 이후 김대중 정부의 사례를 보면 오히려 국가는 경제를 회복하기 위해 자본의 힘을 이용하고 국가가 자본을 필요로 하는 만큼 경제 회복과 상관없이 자본의 힘은 다시 확대되는 것으로 볼 수 있다. 블록은 경기회복이 시작되면 기업이 다시 사업 신용을 압력으로 힘을 발휘하는 것으로 보지만, 경기회복을 위해서 국가가 기업을 이용할 수밖에 없다는 현실을 놓치고 있다.

김대중 정부에서 국가는 경제 위기라는 현실적 상황으로 인해 과거 정부와 달리 자본의 투자 기피나 저항에 굴복한 것이 아니라 빠른 시간 안에 경제를 활성화해야 한다는 정치 엘리트의 단기적 선호에 따라 자본의 힘을 의도적으로 이용했다고 할 수 있다. 여기서 민주화 이후 정부와 기업 관계에서 노태우·김영삼 정부와 김대중 정부의 차이점이 일정하게 드러난다. 앞의 두 정부가 집권 초 재벌 개혁을 시도했지만 재벌의 투자 파업 등 저항에 직면해 실패했다면, 김대중 정부는 경제 위기로 재벌의 투자 파업이나 저항은 없었지만 집권 엘리트가 경제 활성화를 위해 재벌의 경제력을 이용하기 위해 이들을 불러들였던 것으로 설명할 수 있다. 경제 위기로 자본에 대한 집권 엘리트의 구조적 자율성은 일시적으로 커졌지만 경제를 활성화해야 한다는 현실적 제약에 직면해 재벌과 같은 거대 자본을 이용하면서 재벌에 대한 이들의 자율성은 다시 약화되었다고 설명할 수 있다.

2) 정부와 기업 간 유착과 자율성의 문제

경제 활성화를 위한 재벌 기업의 동원은 다른 한편으로 관료와 재벌 기업 간 인적 네트워크에서 설명될 수 있다. 경제 위기 이후 정부의 재벌 개혁 논의가 무성했음에도 제2 금융권인 신용카드업에서 재벌이 성장할 수 있었던 것은 이런 정부와 기업 간 관계를 고려하지 않고는 설명하기 어렵다.

1999년 1월 재경부는 차관보급(1급)과 국장급(2·3급) 30여 명을 한꺼번에 움직이는 대규모 인사를 단행했다. 이근경 차관보와 이상용 세무대학장, 정건용 아시아유럽정상회의ASEM 기획단장(이상 1급)의 승진을 위해 정재룡 차관보가 성업공사 사장, 남궁훈 세제실장이 예금보험공사 사장으로 나갔다. 퇴임한 국세심판소 이종민 심판관(국장)이 국민은행 감사,

이호군 심판관이 BC카드 사장, 이인원 심판관이 예금보험공사 전무 자리를 차지했다. 제2차관보를 지낸 박종석이 주택은행장과 예금보험공사 사장을 역임한 뒤 투신협회장으로, 기획관리실장 출신인 문헌상은 수출입은행장과 성업공사 사장을 지낸 뒤 다시 종금협회장으로 자리를 옮기기로 확정되었다. 은행연합회 이동회 회장과 김종성 부회장도 구 재무부 출신으로, 금융기관 유관 단체는 재무부 출신들이 독식했던 것으로 나타났다(『조선일보』1999/01/06). BC카드는 1982년 설립된 이후 재경부(옛 재무부 포함) 출신 인사들이 줄곧 사장 자리를 독식해 오다 2005년 처음 사장추천위원회(기업은행·우리은행·제일은행·조흥은행·하나은행·농협 등 BC카드 회원사 대주주인 6개 은행 대표와 BC카드사 대표 1명 등 7명)를 구성했다(『한겨레』2005/03/20).

신용카드사를 비롯한 관련 단체에 재경부 출신들이 광범위하게 포진하고 있다는 사실은 재경부와 신용카드사 간의 유착 가능성을 짐작케 한다. 앞에서도 지적했듯이, 신용 불량자를 급증시키는 데 가장 큰 영향을 미쳤던 현금 서비스 이용 한도 폐지도 신용카드사들의 요청에 따른 것이라는 한 신용카드사 CEO의 증언은 관료들과 기업 간의 연계 가능성을 보여 준다.

관료와 자본 간 유착에 따른 신용카드사들의 도덕적 해이도 심각했다. 신용카드사들이 고금리를 통해 소비자를 대상으로 수익을 올릴 수 있었던 방식 가운데 하나가 대환 대출 제도다. 무분별한 신용카드 발급으로 높은 연체가 발생하자 신용카드사들은 금감위의 적기 시정 조치를 피하기 위해 대환 대출 제도를 이용했다. 이것은 연체를 대출로 전환해 연체율이 잡히지 않아 신용카드사들의 부실을 키우는 데 기여했다. 이

제도는 신용 불량자를 구제하는 제도로 선전되었지만 수수료율이 최고 29퍼센트에 달할 정도로 높고, 앞에서 보았듯 원금보다 이자를 우선 갚게 되어 있어 신용 불량자들의 빚만 더욱 증대하는 효과를 가져왔다. 대환 대출 채권은 2002년 12월 7조2천억 원에서 2003년 3월 10조6천억 원으로 증가했으며 2003년 9월에는 19조1천억 원으로 급증했다(감사원 2004/07/17). 구체적인 대환 대출 규모는 2003년 초 LG카드 3조8,740억 원, 국민카드 1조2,700억 원, 삼성카드 1조2,700억 원, 외환 카드 6,920억 원 등에 이르렀다(『주간한국』 2003/03/20).

인터뷰에 응했던 신용 불량자들은 대부분 신용카드사들의 요구로 부채를 대환 대출로 돌렸지만 1년 동안 열심히 빚을 갚아도 원금의 평균 80퍼센트가 고스란히 남는 부채의 악순환 구조 속에 놓였다고 밝혔다. 대환 대출 제도는 근본적으로 채무를 변제할 능력을 전제하는 것이기 때문에 이미 상환 능력이 없는 채무자에게 이루어지는 대출은 신용 불량자를 구제하는 데 아무런 효과를 기대할 수 없다는 문제가 있었다. 오히려 대환 대출 제도는 신용 불량자들의 빚을 급속하게 증대하는 데 기여했다. 그럼에도 재경부를 비롯한 정부는 신용 불량자에게 대환 대출 제도를 활용하라고 조언해 사태를 더욱 악화시켰다. 또한 금융기관들은 대환 대출을 해주는 경우 제3자의 보증을 요구했고 금융기관의 이런 관행은 한 개인의 신용 불량 상태를 가족 전체나 친지에게 급속히 파급하는 부작용을 가져왔다(홍종학 2004, 79-80). 파산의 경우 보증에 의한 채무는 면책을 받더라도 탕감받지 못하기 때문에 가족 가운데 1명이 파산하면 대환 대출 제도로 인해 보증을 섰던 다른 가족도 파산해야 하는 연쇄 파산으로 이어진다. 따라서 본인 파산 이외에 부부 파산(15.4퍼센트)

과 부모와 자녀 등이 함께 파산하는 가족 파산(3.9퍼센트)이 전체 파산의 20퍼센트에 이르는 것은 이런 보증 제도에 기인한 바가 크다(『서울신문』 2004/08/06).

2004년 9월 국회 재정경제위원회 김효석 의원(민주당)이 금감원으로 부터 받은 카드사별 신용 불량자에 대한 대환 대출 자료를 분석한 결과 LG·삼성·현대카드 등 5개 카드사가 2003년부터 2004년 6월 말까지 1년 6개월간 신용 불량자에게 22퍼센트에서 최고 29퍼센트에 달하는 고금리로 4조8,138억 원에 달하는 71만 건의 대환 대출을 해준 것으로 드러났다. 이에 따라 각 카드사들은 대환 대출 최저 금리인 신한카드의 금리 22퍼센트를 적용하더라도 이 기간에 최소 1조560억 원의 이자를 챙긴 것으로 추산된다. 현대카드의 경우 2003년 신용 불량자 채권 총금액 1,956억 원 가운데 27.3퍼센트인 534억 원을 대환 대출했으나 2004년 상반기에는 채권 총금액 1,112억 원 가운데 54퍼센트인 596억 원을 대환 대출로 전환하면서 모두 24퍼센트에 달하는 고금리를 적용한 것으로 밝혀졌다(『파이낸셜 뉴스』 2004/09/30). 카드사의 연체 납부 독촉에 시달린 신용 불량자는 고금리에도 불구하고 신용카드사의 대환 대출로 잠시나마 숨을 돌리지만 엄청난 이자와 다시 시작된 채권 추심에 결국 사채를 쓰는 악순환을 밟는 양상은 앞에서 확인한 바 있다.

또한 2002년 7월 정부는 신용카드 대책을 통해 가장 문제가 되었던 신용카드 부대 업무 비중을 50 대 50으로 조정하기로 결정했다. 그러나 2003년 9월 정부는 김진표 경제부총리 주재로 경제장관 간담회를 열어 소비가 지나치게 위축되는 것을 막기 위해 신용카드사들의 신용판매와 현금 대출(현금 서비스) 비중 조정 시한을 2004년 말에서 2007년 말로 3

년 늦추기로 결정했다. 또 카드사의 현금 대출 비율 산정 때 대환 대출은 제외하고, 카드사들을 제재하는 연체율 기준은 낮추는 방안을 검토하는 등 카드사 규제책을 상당 부분 완화하기로 했다. 카드 사용 억제책을 내놓았다가 1년 만에 정책 기조를 바꿨던 것이다(『경향신문』 2003/09/29).

이런 조치들이 이어져 전업계 신용카드사들의 대출 서비스 비중은 다시 증가했다. 2003년 12월 전업계인 8개 카드사가 조재환 의원(민주당)에게 제출한 자료를 보면 2003년 7~10월 이 카드사들의 대출 서비스 (현금 서비스+카드론+대환 대출) 비중은 74.5퍼센트로 상반기(73.5퍼센트)보다 1퍼센트 늘어났다. 카드사의 대출 서비스 비중은 2001년 75.5퍼센트, 2002년 73.8퍼센트로 계속 감소했으나 정부가 대출 비중 50퍼센트 미만 축소 시한을 연장해 준 뒤로 다시 증가하기 시작한 것이다. 카드사별로는 삼성카드의 대출 서비스 비중이 78.3퍼센트로 가장 높았고, LG카드(76.3퍼센트), 외환카드(75.7퍼센트), 신한카드(69.7퍼센트), 우리카드(65.8퍼센트), BC카드(59.7퍼센트), 현대카드(46.3퍼센트), 롯데카드(35.7퍼센트) 등의 순이었다(『한겨레』 2003/12/11).

결국 관료와 기업 간 인적 네트워크로 이루어진 유착 구조는 자본에 대한 관료의 자율성을 약화해 신용카드 정책을 결정하고 집행하는 과정에서 기업에게 막대한 이득을 허용했다. 지금까지 살펴본 것처럼, 신용카드 정책을 둘러싸고 나타난 정부와 기업 간 관계는 경제 위기로 정치엘리트가 재벌을 이용할 수밖에 없었다는 점에서 정치가의 구조적 자율성을 약화했을 뿐 아니라, 관료와 기업 간 유착을 통해 관료의 도구적 자율성도 약화하는 이중적 특징을 지녔다.

3) 신용카드 정책과 정부와 기업 간 지배 연합

김대중 정부는 경제 위기의 결과로 등장했기에 그동안 한국 경제의 가장 큰 문제로 지적되었던 재벌 개혁에 성공할 것이라는 기대를 받았다.[3] 더군다나 경제 위기의 원인이 재벌들의 막대한 차입을 통한 방만한 경영 때문이라는 주장이 합의에 이르면서 민주화 이후 강화되어 온 재벌의 힘은 어느 때보다 약화되었고 국가가 재벌을 개혁할 수 있으리라는 희망 섞인 관측들이 이어졌다. 그러나 김대중 정부의 딜레마는 여기에서 시작되었다. IMF 경제 위기는 한편으로 재벌을 개혁할 수 있는 좋은 조건을 제공했지만, 다른 한편 끝없이 하락하는 경제 상황에서 재벌 중심의 경제체제를 무시하고 재벌의 동원 없이 경제 활성화가 가능한지에 대한 현실적 고민이 있었기 때문이었다.

김대중 정부 집권 초기에 정부와 기업 간의 관계는 정부 주도의 경제 구조 조정으로 대표되는 정부 우위 관계라고 말할 수 있다. 실제로 '빅딜' 등의 정책을 통해 나타난 국가의 힘은 재벌 개혁이 가능할 만큼 막강한 것처럼 보였다. 그러나 1999년 들어 정부의 선택은 변화하기 시작했다. 집권 정치 엘리트의 입장에서 볼 때 권위주의에서 이어져 온 경제구조를 개혁하는 장기적 기획은 소비 감소를 감수해야 하기에 인기가 없고 비용이 많이 드는 정책이다. 따라서 정치가는 전환의 비용을 감수해

---

3) 국가 자율성 개념을 통해 김대중 정부의 재벌 개혁을 분석한 글로는 손호철(1999)을 참조.

야 하는 선택을 회피하고, 그 결과 재벌 개혁은 실패한다. 사실상 정치가의 단기적 경제 활성화라는 선호는 기존 개혁을 봉합하는 계기로 작용했다.

민주화 이후, 특히 경제 위기 이후 한국의 정부와 기업의 관계는 상호 의존적인 관계로 변화했다고 볼 수 있다. 경제 위기라는 거시적이고 구조적인 변화는 경제 위기를 해결하기 위해 국가로 하여금 자본에 더욱 의존하게 하여 정부와 기업 간의 연합을 가능하게 한 중요한 요인이었다. 한국의 경제성장 신화는 사실상 대기업 중심 경제체제에서 실현되었으며 권위주의 체제에서 만들어진 이런 재벌 중심 경제구조는 민주화 이후에도 지속되었다. 더군다나 민주화 이후 재벌을 비롯한 대기업은 자신들의 경제적 영향력이 확대되면서 정부와의 관계에서도 자본 우위라고 할 만큼 상당한 영향력을 행사했다.

하지만 오늘날 한국의 자본을 국가보다 우위에 있다고 말하기는 어렵다. 한국의 재벌 대기업의 구조는 기본적으로 권위주의 산업화 시기 국가의 특별한 성장 정책과 비호를 통해 급성장하는 과정에서 그 규모에 상응하는 경쟁적 세계시장의 기준을 충족하지 못했기 때문이었다. 이른바 '오너' 중심의 소유 구조에서 분식 회계 등을 통해 성장 시기로부터 만들어진 부채의 누적, 권위주의적 조건에서 성장해 법을 준수하기 어려운 결함을 갖는다는 사실, 노동문제를 정상적으로 다룰 수 없는 기업 노무관리의 구조에서 볼 때, 만약 국가가 법의 공정한 집행을 통해 문제에 접근한다면 한국의 대기업들은 국가 앞에서 무력한 존재일 수밖에 없기 때문이다. 한국에서 강력한 국가의 힘은 재벌 기업의 구조적 결함에서 도출되고 재생산된다고 할 수 있다.

그러나 반대로 민주 정부가 성장주의를 경제정책, 아니 모든 정책의 최우선 순위에 둘 때 재벌 기업 앞에서 국가의 존재는 형편없이 무력한 존재가 될 수밖에 없다. 왜냐하면 현재의 경제구조에서 성장 동력의 압도적 원천은 재벌 기업에서, 그 가운데서도 극히 소수의 재벌 기업과 주도산업에서 나온다고 믿기 때문이다(최장집 2005). 따라서 김대중 정부 이후 정부와 기업 간 관계는 어느 한쪽의 일방적 우위라기보다는 상호 의존적 관계에 놓여 있다고 말하는 것이 정확할 것이다.

이런 정부와 기업 간 상호 의존적 관계에서 신용카드 정책을 통해 나타난 정부와 기업 간 지배 연합은 재벌계 카드사의 성장을 가져왔다. 국내 신용카드 제도는 1969년 신세계백화점에 의해 처음으로 도입된 이후 1978년 외환은행이 일반 해외여행자 등을 대상으로 해외 사용 목적의 비자카드를 발행했고 1980년 국민은행, 그리고 1982년에는 조흥·상업·제일·한일·서울신탁은행 등 5개 시중은행이 공동으로 ㈜BC카드를 설립하는 등 은행계 카드사가 주축이 되어 신용카드 시장을 형성했다. 그후 1987년 〈신용카드업법〉이 제정되면서 본격적인 산업 발전의 계기가 마련되어 은행계 카드사들이 독립 법인화되고 LG, 삼성 등 전업계 카드사들이 기존의 코리안익스프레스신용카드㈜와 ㈜코카신용카드를 각각 인수하여 신용카드 시장에 참여함으로써 국내 신용카드 시장은 본격적인 성장과 경쟁 체제로 들어가게 되었다(여신금융협회 2008, 45). 초기 은행계 카드사들은 모은행 영업점이라는 고객 서비스의 편의에 기반을 두어 재벌계 카드사들에 비해 상대적으로 유리한 조건에서 영업할 수 있었지만 이후 신용카드사와 우체국, 농협과의 업무 제휴가 이루어지면서 재벌계 전업 카드사가 급속히 성장했다. 1990년대 중반 이후 재벌계 전업 카드사의 공격적 경영으로 은행계 카드사가 주도하던 업계 내 시장점유율에서도 변화가 나타나기 시작했다.

다시 말해 경제 위기 이전 한국의 신용카드 산업은 은행계 카드사의 독점적 지위에서 재벌계 카드사들이 점차 지위를 확대하는 과정이라는 특징을 보인다. 그러나 1999년 초부터 시행된 신용카드 정책은 신용카드업에 대한 규제 완화를 더욱 확대해 사실상 재벌계 신용카드사들이 독점적 지위를 차지하는 기반을 제공했다. 더군다나 1998년 10월 재경부가 일정 기준만 갖추면 신용카드업 진출을 허용하겠다는 규제 완화 방안을 발표하면서 1988년 이후 중단된 신용카드업에 대한 신규 진출이 재벌에도 허용되었다(『경향신문』 1998/11/18). 이에 따라 현대와 롯데가 신용카드 산업에 진출했다. 경제 위기 이후 신용카드 산업은 재벌계 카드사의 성장사로 요약할 수 있을 것이다.

금융연구원의 조사 보고서에 따르면 국내 5대 재벌 계열의 비은행 금융기관 시장점유율은 자산 기준으로 1999년 3월 말 현재 34.7퍼센트로 급속히 늘어났고 특히 신용카드는 53.7퍼센트까지 증가했으며, 증권·보험 등 주요 금융시장도 50퍼센트 선에 이르러 재벌의 금융시장 지배와 자금 독점 현상이 매우 심각했다. 무엇보다 재벌의 금융 지배 심화가 IMF 체제 이후 김대중 정부의 재벌 개혁 추진 과정에서 나타났다는 점은 주목할 만하다. 명목상으로는 산업자본과 금융자본의 분리, 재벌과 금융의 격리 정책이 대체로 유지되어 온 것으로 알려져 있다. 하지만 현실에서는 갖가지 편법과 위장으로 교묘하게 제도적 규제를 회피해 온 재벌들이 4퍼센트로 제한된 은행업의 실질 지배를 확대해 온 것은 물론, 더 규제가 느슨한 제2 금융권과 비은행 금융권에 대해서 장악력을 급속히 확대해 왔던 것이다. 사실상 민주화 이후 재벌이 제2 금융권에 대한 지배를 확대해, 권위주의 시대에 은행을 통한 국가의 재벌 통제 수단마저 사라지면서 재벌의 영향력은 더욱 확대되었다.

김대중 정부는 집권 초부터 재벌 개혁을 추진하겠다고 주장해 왔고 1998년 9월 이후 구조 조정에서 내수 진작 정책으로 선회하면서도 재벌 개혁을 지속적으로 추진하겠다고 밝혔다. 1999년 8월 15일 경축사에서는 "우리 경제의 최대 문제점인 재벌의 구조 개혁 없이는 경제개혁을 완성시킬 수 없다"라고 지적하면서 그동안 추진해 온 투명성 제고, 상호 지급보증의 해소, 재무구조의 개선, 업종 전문화, 경영진의 책임 강화 등 5대 원칙을 연말까지 마무리하는 한편, 금융 지배 차단, 계열 순환 출자 억제, 내부 거래 금지 등을 추가해 사실상 재벌 해체를 주장하는 것이 아니냐는 우려를 낳기도 했다(『한국일보』1999/08/16).

그러나 이런 정부의 발표와 달리 1999년 8월 25일 김대중 대통령이 주재한 정·재계와 금융기관 간담회에서는 이른바 '5+3 원칙'[4]으로 불리는 대기업 구조 개혁정책과 관련한 기업 부담 최소화 대책이 이루어졌고 이 과정에서 전경련을 중심으로 한 경제계는 '8·25 정·재계 간담회' 합의문 초안을 사무국 자체적으로 마련하는가 하면, 정책 실무 협의

---

4) 김대중 정부 출범 이후 정부가 금융·기업·노동·공공 등 4대 부문 개혁을 추진하면서 재벌 기업과 합의한 개혁 원칙이다. 김대중 대통령이 당선자 시절 대기업 총수들과 합의한 경영 투명성 제고, 상호 보증채무 해소, 재무구조 개선, 업종 전문화, 경영자 책임 강화 등 5개 항과, 1999년 8·15 경축사에서 밝힌 제2 금융권 경영 지배 구조 개선, 순환 출자 및 부당 내부 거래 억제, 변칙 상속 차단 등 3개 원칙을 말한다.

회 및 관련 부처 장관과의 간담회, 정책 개선 건의 등을 통해 다각적인 정책 개선 노력을 경주했다. 그 결과 당초 정부의 '5+3 원칙' 정책은 완화되었고, 기업 지배 구조 정책의 경우 이사 선임 의무 및 감사위원회의 권한이 경영권을 침해하지 않도록 종전의 상법상 감사의 권한을 행사하는 수준으로 완화되었다. 기업 구조 조정과 관련한 출자의 경우는 총액 출자 규제 대상에서 예외가 인정되는 등 기업의 부담을 경감하는 방향으로 변질되었다(전국경제인연합회 2001, 840).

정부는 끊임없이 재벌 개혁을 주장했지만 경제 위기를 극복한다는 명분 아래 정·재계와의 간담회를 정례화했고 이를 통해 재벌 기업과의 상호 의존적 관계를 지속했다. 사실상 경제를 활성화하기 위해 정부가 선택한 신용카드업에 대한 규제 완화와 시장 개방정책은 신용카드업의 성장과 더불어 신용카드사들에 막대한 이득을 안겨다 주었고, 이를 통해 정부와 기업 간 상호 의존적 관계는 정치 연합의 형태로 발전했다.

김대중 정부에서 신용카드업에 대한 재벌의 진입을 허용하면서 롯데와 현대가 신용카드업에 진출하는 계기를 마련했고 기존 삼성과 LG카드사를 포함한 재벌계 카드사의 독점적 지위는 더욱 확대되었다. 앞에서도 설명했지만 1999년 9월 경제정책조정회의에서는 8월 25일 정·재계와 금융기관 간 간담회에서 발표한 재벌 개혁 후속 조치로 당초 정부 방침을 구체화하기 위해 '제2 금융권 금융기관의 지배 구조 개선 및 경영 건전성 강화 방안'을 내놓았지만 여기에는 증권투자신탁회사, 보험회사, 종합금융회사, 증권회사만 해당되고 신용카드사는 제외되었다.

김대중 정부의 경제정책과 관련해 재벌 해체가 아니냐는 우려를 낳을 만큼 극단적인 이념과 담론들이 난무했지만 정부와 기업 간 이해관계가 신용카드 정책을 통해 균형을 이루면서 정부와 기업 간 지배 연합이 안정화되었다. 그 결과 제2 금융권, 특히 신용카드 산업에서의 재벌 지배는 오히려 확대되는 양상을 보였다. 결국 민주 정부의 단기적인 정치적 이해와 신용카드사의 단기적인 경제적 이해가 만나서 이루어진 정부와 기업의 연합은 부분적으로는 자기 파멸적인 결과를 낳았다. 사회 하층인 서민의 미래 소득을 담보로 신용카드 사용을 조장해 국가 경제가 일시적으로 성장했지만, 결국 이들은 몇 년 뒤 수천만 원의 빚을 지고 신용 불량자로 전락했던 것이다. 의도하지는 않았지만 정부와 기업의 공모로 이루어진 신용 불량자 문제의 확대는 한국 사회에 심각한 문제를 던졌다.

사실상 이 서민들의 부채는 수년간 몇몇 재벌을 비롯한 신용카드사들의 이익으로 고스란히 이전했다. 경제 위기로 인한 충격이 사회적으로 공평하게 부담되었어야 하나 경제 위기 직후 실업과 도산 등으로 큰 고통을 감수해야 했던 이들은 또 다시 국가 경제를 활성화하기 위해 희생되었고 그 수익은 재벌을 비롯한 거대 기업들의 수중으로 들어갔던 것이다. 그리고 이런 서민들의 부가 재벌 기업들로 이전될 수 있었던 것은 정부의 신용카드 정책 때문이었다.

이 과정에서 거대 기업은 경제 위기를 가져온 주역임에도 경제 위기를 극복하는 과정에서 정부의 공적 자금으로 회생했고, 이제 신용카드를 통해 서민들의 소득을 이자라는 명목으로 수취해 간 것이다. 이렇게 만들어진 정부와 기업 간 정치 연합의 구조는 정부든 정당이든 신용 불량자 문제에 대한 적절한 대응책과 해결책을 제시하지 못하게 만든 핵심적인 이유였다. 자신의 단기적 이익을 위해 재벌을 동원해 기업과의 연합을 형성했던 정부는 다시 재벌의 이익을 보장해야 하는 상황에 놓였고, 이것이 정부의 신용 불량자 대책이 채권자에게는 유리하고 채무자에게는 불리한 것으로 나타났던 원인이었다.

제7장

결론

1. 신용카드 정책 결정의 원인과 구조

이 책에서 필자는 경제활동인구의 16퍼센트에 이르는 4백만 명가량을 신용 불량자로 만든 신용카드 정책이 김대중 정부에서 결정되고 시행될 수 있었던 원인을 정책 결정자의 선호와 정책 결정의 구조를 통해 분석했다. 이런 분석을 통해 신자유주의적 세계화라는 거시적 환경 변화 속에서 단기간 내에 경제 위기를 극복하려는 선호를 갖는 집권 엘리트가 직면하게 되는 여러 구조적 제약들, 정부 내 갈등, 경제정책 결정 구조가 갖는 한계들을 살펴보았다.

다음과 같은 사실을 확인할 수 있었다. 먼저 민주화에도 불구하고 정당 체제가 저발전하여 정당이 사회의 요구와 이해를 대표하지 못함으로써 선거를 통해서 선출된 집권 정치 엘리트는 아래로부터의 강력한 지지에 기반을 두지 못하고 다음 선거에서의 표를 의식한 단기적 선호만을 갖게 된다는 사실이다. 이런 단기적 선호를 갖는 정치 엘리트는 장기적 시간이 요구되는 경제개혁을 추진하는 데 무력할 수밖에 없다. 이는 김대중 정부가 경제 침체 상황에서 경제개혁을 위한 구조 조정을 지속하지 못하고 빠르게 단기적 경기 부양책으로 선회하면서 신용카드 정책을 선택한 주요 원인이었다.

나아가 정당 체제가 허약해 정당을 통한 아래로부터의 요구가 결집되어 정책으로 산출되고 그런 정책 결정에 대해 책임을 물을 수 있는 민주적 정책 결정 구조가 만들어지지 못했다는 사실이다. 그 결과 신용카드 정책 역시 정책 결정 구조에 정당이 들어오지 못하고 배제된 채 경제 관료를 중심으로 한 관료 기술적 결정으로 이루어져 정책 결과에 대해 책임성을 요구할 수 있는 민주적 정치과정은 불가능할 수밖에 없었다.

결국 이런 정책 결정 구조에서 단기적 선호를 갖는 집권 정치 엘리트와 성장주의적 경제 관료는 빠른 경제 회복을 위해 경제개혁의 대상이었던 기존의 재벌 기업을 동원하는 메커니즘을 만들어 냈다. 이는 민주화 이후 노태우·김영삼 정부가 집권 초 재벌 개혁을 시도했지만 민주화와 함께 영향력이 확대된 재벌의 저항에 의해 실패했던 것과 달리, 김대중 정부에서는 경제 위기로 말미암아 재벌의 힘은 약했지만 정부가 경제 회생을 위해 재벌의 경제력을 필요로 함으로써 재벌 개혁이 실패할 수밖에 없었던 이유였다. 무엇보다 주요 관료 기구와 재벌을 비롯한 기업과의 연계는 신용카드 정책이 존속·유지되게끔 했다.

마지막으로 경제정책을 결정하는 관료 기구와 신용카드사들 간의 네트워크에 의한 연계는 신용카드 정책을 통해 정부와 재벌 기업 간 지배 연합의 형태로 재현되었다고 볼 수 있다. 이때 정부와 기업 간 지배 연합의 형태는 과거 권위주의 시대의 국가 우위 관계나 민주화 이후의 자본 우위 관계와는 일정한 차별성을 갖는, 정부와 기업의 상호 의존성에 기반을 둔 관계로 특징지을 수 있다. 이런 정부와 기업 간 관계는 신용 불량자가 급격히 증가해 자살과 이혼이 증가하고 범죄가 속출하는 등 사회문제가 심각함에도 정부가 적절한 대응책을 내놓지 못했던 주요 원인으로 작용했다.

김대중 정부가 신용카드 정책을 시행한 결과 나타난 한국의 신용 불량자 문제는 단순히 경제활동에서 배제되는 사람들의 수와 증가 속도의 문제만이 아니다. 신용 불량자 문제의 핵심은 이들이 경제적 실패자라는 사회적 낙인과 함께 살인적 채권 추심으로 심리적 고통을 겪을 뿐만 아니라, 부채를 해결할 수 있다는 희망마저 사라지면서 자살과 이혼, 범죄를 선택하여 심각한 사회문제로 이어지기 때문이다. 더군다나 신용 불량자 문제는 국민들의 관심에서 사라졌지만 대출 권하는 사회가 가져온 잠재적 신용 불량의 문제는 오늘도 지속되고 있다.

한국의 신용 불량자 문제는 경기순환에 따라 해결될 수 있는 일시적인 문제도 아니며, 현재와 같은 정책적 접근이나 제도적 조치를 통해 해결할 수 있는 문제도 아니라는 사실이 중요하다. 현재 시행되고 있는 채무 재조정 제도나 신용 불량자 등록 제도의 폐지와 같이 단순히 수를 줄이는 정책으로는 신용 불량자 문제를 근본적으로 해결하는 데 실패할 수밖에 없다. 한국 사회에서 신용 불량자 문제는 적어도 지금까지와는 다른 새로운 접근이 없는 한 일상적으로 존재할 수밖에 없는 구조적인 문제라는 데 사태의 심각성이 있다.

한국에서 신용 불량자는 인간으로서 누려야 할 최소한의 자존과 시민권을 박탈당한다는 점에서 가혹하다. 이는 신용 불량자 문제가 단순히 경제적 문제만이 아니라 민주주의에서 시민적 권리와 관련된 사회적 문제라는 것을 의미한다. 결국 신용 불량자 문제는 단순히 건전하지 못한 금융 소비자가 누적되는 문제가 아니라 한국 민주주의의 한 특성을 이루는 정치·경제·사회적 문제라는 것을 이해하는 것이 중요하다.

그렇다면 신용 불량자 문제의 책임은 누구에게 있나? 인과적 사슬의 구조가 어떻든 그 최종적 고리는 소비자 개인의 과다 채무일 것이다. 자신의 소득수준 및 미래 소득의 범위 안에서 신용 대출과 채무 규모를 조절하지 못했기 때문이다. 그러나 이 책에서는 이런 인과적 설명이 얼마나 단순하고 무책임한가에 대한 비판적 문제의식에서 출발해 국가의 신용카드 정책과 재벌 기업이 중심이 된 신용카드사들 간의 공모가 없었다면, 그리하여 신용의 상품화를 통한 대출 시장의 폭발적 성장이 없었다면 소비자 개인은 과다 채무를 짊어질 기회조차 갖지 못했을 것임을 보이고자 했다. 또다시 신용 불량자 문제의 원인을 소비자 개인의 선택에서 찾는 주장은 설명력을 갖지 못하며, 그런 주장에 기초해 그들이 모든 책임을 지고 빚을 갚아야만 하는 해결책 또한 논리적 타당성을 갖지 못한다는 점에 입각해 비판했다. 그리고 이런 논의의 결과 신용 불량자 문제의 해결은 개인의 책임을 넘어 정부가 적극적으로 나서서 해결해야 할 문제라는 점을 강조하고자 했다.

이 책에서는 신용 불량자 문제를 야기했던 정부의 신용카드 정책을, 정부가 직면했던 여러 제약과 갈등이라는 선택 구조로 설명하고자 했다. 한국처럼 민주화가 이루어졌지만 허약한 정당 체제 아래에서 집권 엘리트가 사회적 기반을 갖지 못할 때, 이들은 선거를 의식하든 통치에 필요하든 안정된 경제를 유지하기 위해 기존 재벌 기업의 영향력을 이용하는 쉬운 선택을 하게 된다. 지금처럼 정책의 책임성을 묻기 어려울 뿐 아니라 사실상 기업과의 사적 네트워크로 기능하는 관료 기술적 결정 구조가 유지되는 한 어떤 개혁적인 정부가 들어서도 기존의 정부와 기업 간 연합의 구조는 해체되기 어렵다. 또한 정당 체제를 중심으로 민주적 대표성과 책임성의 원리가 경제정책 결정 과정에서 작동하지 않는 한, 현재와 같은 정책 환경에서 민주주의 아래에서 보호받아야 할 중하층을 위한 사회경제 정책은 고려 대상에서 제외되거나 선택에서 밀려날 수밖에 없음을 김대중 정부의 신용카드 정책에서 확인할 수 있었다.

2. 경제정책 그리고 민주주의

자본주의는 자원을 할당하고 분배하는 국가와 시장이라는 2개의 서로 다른 메커니즘을 갖는다. 자본주의에서 국가와 시장은 끊임없는 긴장 관계에 놓이고, 민주주의는 이런 긴장을 격화한다고 할 수 있다. 시장에서 개별 행위자는 불평등한 소유에 기반하고 있지만 민주주의는 1인 1표의 평등한 권리에 기반하며 불평등한 사적 소유로 인해 어려움에 처한 사람들에게 국가를 통한 보상의 기회를 제공하는 것이기 때문이다 (쉐보르스키 1999, 15-16). 그러나 현실 민주주의에서 경제적 평등의 가치는 의미를 상실해 왔고 빈곤과 불평등은 오히려 증가하고 있다. 여기에서 신자유주의적 세계화의 영향은 결정적이었다. 전 세계적으로 시장의 영향력이 확대되는 상황이라면 한 국가의 민주주의는 국가의 역할에 크게 좌우된다고 볼 수 있다. 국가가 시장의 영향력으로부터 사회를 얼마만큼 보호할 수 있는지가 민주주의의 중요한 평가 기준이 될 수 있는 것이다.

한국에서 신용 불량자들은 국가와 사회가 만든 정책의 희생자임에도 최소한의 시민권조차 누리지 못한 채 사회에서 배제되어 왔다. 한국의 신용 불량자 문제는 사회적(경제적) 시민권 없는 민주주의가 시장의 열패자들에게 얼마나 가혹한지를 생생하게 보여 준다. 서구 민주주의 발전의 역사는 법적·정치적 시민권이 사회적 시민권으로 확대·발전될 수 있음을 증명해 왔다(Marshall 1964). 하지만 경제 위기 이후 한국의 경험은 사회적 시민권의 약화가 오히려 법적·정치적 시민권마저 제약하고 있음을 보여 준다. 경제적 실패에 대해 사회적 시민권을 획득하지 못한 사람들은 시민이라면 누려야 할 기본적인 법적·정치적 시민권마저 박탈당하고 있는 것이다.

무엇보다 저소득층의 투표율이 과거와 달리 상층보다 낮아지고 있다는 사실(손낙구 2010)은 사회적 시민권의 약화가 거꾸로 정치적 시민권의 제약을 가져온다는 사실을 반영한다. 정치가 중산층과 하층이 아닌 상층의 이익을 대표하고, 정부가 경제를 살리기 위해 서민들을 희생시키고 자본의 이익 확대를 추구한다고 할 때, 저소득층의 투표율 하락과 정치로부터의 이탈은 가속화될 수밖에 없다. 시민의 참여를 중요한 기반으로 하는 현대 민주주의에서 시민권 행사의 자발적 거부는 민주주의에 심대한 결함이 있음을 의미한다. 쉐보르스키(1997, 289)는 '시민권 없는 민주주의'의 출현은 대부분 국가의 실패에서 기인한다고 말한다. 국가가 시민들에게 시민권을 행사하는 데 필요한 조건을 창출하지 못할 때 민주주의의 기반은 위태로울 수밖에 없다는 것이다.

정치적으로 민주화를 이룩했더라도 서민 대다수에게 인간으로서 누려야 할 최소한의 정치적·사회적 시민권을 부여하지 못한다면 그것은 절반의 민주화일 뿐이다. 국가가 시장경제에 의한 불평등을 제어하지 못할 때 민주주의는 거꾸로 위협받을 수 있다. 폴라니(2009)가 '자기 조정적 시장'이 '악마의 맷돌'로 사회를 해체할 수 있다고 했던 예언은 오늘날 한국의 신용카드 시장에서, 그리고 그로 인한 신용 불량자의 사회적 문제에서 그대로 재현되고 있다. 국가의 민주적 통제를 받아야 할 금융시장이 정부의 용인 아래 자유화될 때 그것은 자유 시장이 아니라 서민의 생활 세계를 피폐화하는 시장이 되어 사회를 해체한다는 것을 신용 불량자 문제는 분명히 보여 준다. 민주화 이후 다시 민주적 국가의 역할에 주목해야 하는 이유가 여기에 있다.

그간 민주주의 이론을 선도했던 최소 정의적 민주주의론 혹은 절차적 최소 요건에 초점을 둔 민주주의론은 실질적 민주화에 대해 매우 낙관적인 태도를 보였다. 민주주의를 실질적 내용을 기준으로 정의하는 것에 비판적이었던 조지프 알로이스 슘페터Joseph Alois Schumpeter의 민주주의관을 기초로 한 이들의 암묵적 가정은, 엘리트 간 경쟁을 제도화한다면, 다시 말해 절차적 민주주의의 문턱을 넘는다면 실질적 민주주의로 불가피하게 전진할 수 있다는 것이다. 정치 엘리트는 재선을 원하고 그러려면 다수 득표가 필요하고, 경쟁이 내재된 정치체제에서는 사회 구성원들의 요구가 모두 대표되므로 그 과정에서 사회경제적 요구가 정책으로 전환되는 실질적 민주화로 자연스럽게 이행한다는 논리다. 따라서 이들은 절차적 민주주의 제도가 갖는 자기 확장적 효과를 강조했고 슘페터는 정치 엘리트 간 제도화된 경쟁 체제에서 사회주의의 필연성을 주장하기도 했다. 이 책이 대상으로 하는 한국의 사례는 분명 이런 설명 구조와 양립하지 않는다. 신용 불량자 사례는 왜 민주 정부에서 불평등이 더 심화되고, 가난한 사람은 더 가난해지며, 가난한 사람의 소득을 오히려 부유한 사람에게 이전하는 사실상의 착취가 심화되는지를 묻게 한다.

아마도 절차적 민주화에서 실질적 민주화로의 점진적 이행이 보장되려면 행정 관료 체제가 독자적인 조직적 이익을 추구하기보다는 민주 정부에 순응하는 이른바 민주적 통제가 가능해야 할 것이다. 아니면 발전 국가론이 가정하듯이 행정 관료 체제의 독자성이 장기적 이익이나 공동체 전체 이익을 추구하는 행위자로 기능해야 할 것이다. 본론에서 분석한 한국의 사례에서 행정 관료 체제는 이런 가정을 만족시키지 못한다. 권위주의 체제에서 성장한 그들은 전형적으로 단기적 필요와 조직의 이익을 추구하는 행위자였다. 마찬가지로 재벌 기업과 같이 사적 부분의 거대 행위자들의 영향력도 통제되어야 할 것이다. 로버트 달Robert Dahl이나 찰스 린드블롬Charles Lindblom처럼 넓은 범위의 다원주의적 퍼스펙티브를 갖는 이들도 강조하고 있듯이, 대기업의 이익이 정책 결정 과정에서 과도하게 대표될 경우 민주주의는 언제든 쉽게 위협받을 수 있다. 민주 정부들이 IMF 위기를 계기로 신자유주의적 경제개혁을 추구했다면 행정 관료 체제와 재벌이 약화되는 결과가 나타나야 논리적으로 맞다. 그것은 신자유주의 교리와 정면으로 배치되는 관치 경제와 정실 자본주의의 상징과 같은 것이었기 때문이다. 그러나 김대중 정부 시기 전체를 통해 우리가 발견한 것은 정반대의 경로였다. 정부가 권위주의 시기에 구축된 경제구조를 개혁하는 데 필요한 비용을 감수하기보다 경제 활성화와 성장 중심의 경제 운영 방향으로 선회했을 때, 정부 내 신자유주의 경제기구에 해당하는 관료 조직(금감위·규개위·기획예산처)과 과거 관치 경제의 대명사로 불리며 성장 중시 정책을 추구했던 관료 조직(재경부·건교부·산자부) 간의 갈등은 쉽게 봉합될 수 있었다. 이들이 경제 활성화를 위해 투자 재원을 확충하고자 했을 때 제한된 재정투자를 보완할 주체는 민간 대기업이 될 수밖에 없었고 따라서 권위주의 시기 발전 연합은 쉽게 재구축되었다.

민주 정부가 거시 경제 운영에서 불평등한 분배의 효과에 덜 민감했던 것은 정당성의 결핍에서 오는 제약이 적었기 때문이었을지도 모른다. 민주 정부가 거대 기업과 언론이 선도하는 과거 권위주의 시기 지배 연합의 비판에 민감했다는 점도 영향을 미쳤을 것이다. 그리고 경제 활성화라는 단기적 목표에 치중하고 이를 통해 전국적 선거 경쟁을 승리로 이끌고자 했던 목적의식에 매몰된 나머지 대출 시장이 과도하게 확대되어 신용 불량자를 양산하는 누적적 결과에 직면해서도 무감했다고 할 수 있다.

이와 관련해 사회의 다양한 이익과 요구가 정책 결정 구조 안으로 들어올 수 있는 정치적 조건으로서 정당 체제의 문제를 강조할 필요가 있다. 민주주의의 사회적 가치와 양립할 수 있는 행정 관료 체제를 구축하는 문제도 마찬가지다. 재벌 위주의 경제구조를 개혁하는 문제를 강조할 수도 있다. 이 책이 다루는 사례만으로 이런 문제들을 포괄하기에는 한계가 있다. 그러나 절차적 민주화와 그로 인한 민주 정부의 형성 그

자체가 민주주의의 내용과 질적 심화를 보장하지 못한다는 것, 따라서 민주화 이론은 절차적 민주화와 실질적 민주화 사어에 충분히 해명되지 않은 부분을 설명하기 위해 이론적 시야와 역사적 풍부함을 획득하는 데 더 많은 관심을 갖지 않으면 안 된다는 것을 강조하고자 한다.

참고문헌

1. 국내 문헌

『금융계』. 2003. "6대그룹 사외 이사 절반 정부 관련 인사." 10월호.

김갑성·박재룡. 1999. "IMF 이후 부동산시장의 패러다임 변화." 『응용경제』 Vol.1, No. 1. 응용경제학회.

김관기. 2004. 『개인 파산의 이해』. 해오름.

김균·박순성. 1998. "김대중정부의 경제정책과 신자유주의." 이병천·김균 엮음. 『위기, 그리고 대전환: 새로운 한국 경제 패러다임을 찾아서』. 당대.

김병섭·김철. 2002. "정부 위원회 조직의 개혁: 반복되는 답과 잃어버린 질문." 『한국행정학회 추계학술대회 발표논문집』.

김용복. 2002. "일본과 한국의 산업 정책 결정 과정 비교연구: 중화학공업화 정책을 중심으로." 『정치비평』(상반기).

김유선. 2005. "노동시장의 구조 변화와 비정규직." 최장집 엮음. 『위기의 노동』. 후마니타스.

_____. 2010. "비정규직 규모와 실태." 『이슈페이퍼』 7호(2010. 6). 한국노동사회연구소.

김유헌. 2002. "한국 신용카드 시장의 문제점과 정부 정책에 관한 연구." 연세대학교 행정대학원 석사 학위논문.

김홍범. 2002. 『금융 감독 이대론 안된다』. 두남.

_____. 2003. "금융안정과 금융 시스템 관련 공공 기관의 역할: 협력 및 견제를 중심으로." 한국 경제학회 및 한국은행 금융경제연구원 추계 정책토론회 발표문 (2003/11/14).

_____. 2004. 『한국 금융 감독의 정치경제학』. 지식산업사.

녹색소비자연대. 2001. "서울 시내 24개 가관조사." 3월.

두경자. 1999. "IMF관리체제 이전·이후의 가계소비수준 회복성노와 영향변인." 『한국가정관리학회지』 제17권 4호.

류석진. 1998. "지연된 개혁과 강요된 선택: 김영삼 정부 금융 개혁의 정치를 중심으로." 진창수 엮음. 『규제 완화의 정치: 비교연구』. 세종연구소.

맥킨지금융팀. 1999. 『맥킨지 금융 보고서』. 한국경제신문.

민노당 경제민주화운동본부. 2004. "카드 대란관련 국정조사 기획안."

민주노동당. 2005. "신용 불량자를 위한 신용 회복 길라잡이 119."

박유영·김영석. 2004. "재벌의 다각화에 대한 금융 자유화정책의 영향에 관한 연구: 재벌의 제2 금융권 소유확대가 다각화에 미친 영향을 중심으로." 『산업경제연구』 제17권 제4호.

박재희 외. 2000. "정책 결정 시스템과 정책 조정." 한국행정연구원.

삼성경제연구소. 1998. 『주간 경제동향브리프』 70호.

_____. 2001. "현 금융 및 재정 정책 평가와 향후 정책 방향." 『Issue Paper』 11월.

성명재. 2003. "소득 재분배 관점에서 본 세제 개편 방향." 한국조세연구원.

쉐보르스키, 아담. 1997. 『민주주의와 시장』. 임혁백·윤성학 옮김. 한울.

_____. 1999. 『자본주의사회의 국가와 경제』. 박동·이종선 옮김. 일신사.

손낙구. 2010. 『대한민국 정치사회지도』. 후마니타스.

손호철. 1999. 『신자유주의시대의 한국정치』. 푸른숲.

_____. 2002. 『근대와 탈근대의 정치학』. 문화과학사.

송수영. 2004. "신용카드 이자율 올려야 하나? 내려야 하나?" 『계간 신용카드』 12월호.

송태정 외. 2005. "자살, 이혼, 범죄 그리고 경제." 『주간경제』 825호. LG경제연구소.

신선우 외. 2004. "금융 자유화 및 금융발전이 기업의 신용제약에 미치는 영향." 『국제경제연구』 Vol. 10, No. 2. 한국국제경제학회.

신인석 외. 2003. "신용 불량자 증가의 원인분석과 대응 방안." 한국개발연구원.

신용회복위원회. 2004a. "신용 불량자 대상 설문 조사 결과."

_____. 2004b. "신용회복위원회를 통해 본 소비자신용." 포럼 발표자료.

신장섭·장하준. 2004. 『주식회사 한국의 구조 조정』. 창비.

안성민. 2000. "정부 위원회 여성참여와 정책 결정." 한국행정학회 정부와 여성참여 기획세미나·국제포럼 논문집.

양세정. 2002. "경제 위기상황에서의 소득 감소에 따른 가계경제구조 대응행태 고찰." 『한국가정관리학회지』 제20권 6호.

양재진. 2003. "노동시장유연화와 한국복지국가의 선택." 『한국정치학회보』 37집 3호.

여신금융협회. 2004. 『계간 신용카드』 12월호.

_____. 2008. 『여신금융협회 10년사: 새로운 시작과 도약』.

_____. 2010. "신용카드 업계현황." 6월.

오명근. 2004. "채무자의 원활한 경제적 재기를 위한 우리나라 채무 조정제도의 현황 및 개선방향." 민주노동당 서민경제살리기 토론회 자료집.

오정근·김기화 엮음. 2003. 『구조전환기의 한국 통화금융정책』. 다산출판사.

오정재. 2003. "신용카드 활성화 정책의 실패요인에 관한 연구." 서울대학교 행정대학원 석사 학위논문.

윤상우. 2002. "동아시아 발전국가의 위기와 재편: 한국과 대만 비교연구." 고려대학교

대학원 박사 학위논문.

윤진호. 1998. "IMF 시대의 노사관계: 시장적 유연화로부터 협력적 유연화로." 『노동
　　사회』 2월호.

이강국. 2005. 『다보스, 포르투 알레그레 그리고 서울: 세계화의 두 경제학』. 후마니타스.

이동주 외. 2003. 『보이지 않는 돈, 신용』. 거름.

이병희. 1998. "유연화와 한국의 노동시장." 『노동사회』 3월호.

이상호·최효미. 2004. "가구주의 취업형태와 빈곤의 구조." 한국노동연구원 보고서.

이종인·김미성. 2010. "서민금융 서비스 소비자문제와 제도개선 방안요구." 한국소비
　　자원.

이흥재. 2002. 『노동법 강의: 기업 구조조정과 노동법의 중요과제』. 법문사.

임혁백. 1994. 『시장·국가·민주주의』. 나남출판.

전국경제인연합회. 2001. 『전경련 40년사』. 전경련 40년사 편찬위원회.

전성인. 1998. "경기부양인가, 구조조정인가." 『사회평론 길』 98권 10호.

정건화·남기곤. 1999. "IMF 경제 위기 이후 한국의 노동상황 변화: 경제 위기 이후 소
　　득 및 소비구조의 변화." 『산업노동연구』 Vol. 5, No. 2.

정운찬. 1998. "한국 경제 위기의 원인과 개혁방향." 『한국정치학회 특별학술회의 논문집』.

정정길. 1992. "대통령의 정책 결정과 전문관료의 역할: 경제정책의 경우를 중심으로."
　　『계간 사상』 가을호.

_____. 1994a. "관료와 정책 결정 구조: 김영삼 정부의 경제정책관리를 중심으로." 『정
　　책 결정 구조의 비교』. 한국행정학회.

_____. 1994b. 『대통령의 경제리더십: 박정희, 전두환, 노태우 정부의 경제정책관리』.
　　한국경제신문사.

정찬우. 2004. "신용카드시장 정상화에 관한 소고." 『주간금융동향』 7월 19일. 금융연
　　구원.

조성렬. 1996. "노태우정권의 경제개혁과 국가전략의 변화." 『한국정치학회보』 30집 2호.

조혜진. 2004. "소비자의 신용과다 사용 심각도와 영향요인에 관한 연구." 서울대학교
　　석사 학위논문.

참여정부 국정브리핑 특별기획팀. 2009. 『노무현과 참여정부 경제 5년』. 한스미디어.

채구묵. 2002. "IMF 경제 위기 이후 비정규근로자의 증가원인 분석 및 과제." 『한국사
　　회학』 제36집 5호.

최공필·이명활 외. 2004. 『가계 신용증가의 경제적 영향』. 정책조사 보고서 2004-03.
　　한국금융연구원.

최병선. 1998. "규제 완화의 정치: 사상, 이해관계, 제도의 역학." 진창수 엮음. 『규제
　　완화의 정치: 비교연구』. 세종연구소.

최장집. 2006. 『민주주의의 민주화』. 후마니타스.

최장집 엮음. 2005. 『위기의 노동』. 후마니타스.

폴라니, 칼. 2009. 『거대한 전환: 우리 시대의 정치·경제적 기원』. 홍기빈 옮김. 길.

한국노동연구원. 2003. 『자영업노동시장의 현상과 과제』. 연구보고서.

_____. 2005. 『노동시장 현안과 정책과제』. 연구보고서.

한국소비자보호원. 2003. "신용카드 이용현황 및 소비자 의식실태." 03-01. 소비합리화
　　　추진단.

헬라이너, 에릭. 2010. 『누가 금융 세계화를 만들었나』. 정재환 옮김. 후마니타스.

홍성걸. 1999. "경제 위기 극복을 위한 산업구조 조정과 탈규제 정책." 『사회과학논집』
　　　Vol. 30. 연세대학교 사회과학연구소.

홍종학. 2003. "약탈적 대출과 금융이용자보호제도." 『사법연구』 9월 20일.

_____. 2004. "신용대란 사태의 원인과 대책." 『민주노동당 서민경제살리기 토론회 자
　　　료집』.

OECD. 2000. 『OECD 한국 경제보고서 1999-2000』. 한국개발연구원.

2. 외국 문헌

Alesina, A. and D. Rodrik. 1994. "Distributive Politics and Economic Growth."
　　　Quarterly Journal of Economics Vol. 109, No. 2(May).

Alesina, A., N. Roubini and G. D. Cohen. *Political Cycles and the
　　　Macroeconomy.* MIT Press.

Allison, G. T. 1971. *Essence of Decision: Explaining the Cuban Missile Crisis.*
　　　Little, Brown and Co.(『결정의 엣센스: 쿠바 미사일 사태와 세계핵전쟁의 위
　　　기』, 김태현 옮김, 모음북스, 2005).

Ausubel, L. M. 1991. "The Failure of Competition in the Credit Card Market."
　　　American Economic Review Vol. 81, No. 1(March).

Bechhofer, F. and L. Paterson. 2000. *Principles of Research Design in the Social
　　　Sciences.* Routledge.

Block, F. 1977. "The Ruling Class Does Not Rule: Notes on the Marxist Theory of
　　　the State." *Socialist Register* 33(May-June).

Buchanan, J. and R. Wagner. 1977. *Democracy and Deficit.* Academic(『케인즈적
　　　사고의 유산: 적자 속의 민주주의』, 이필우 옮김, 건국대학교 출판부, 1981).

Duménil, G. and D. Lévy. 2004. *Capital Resurgent*. Harvard University Press.

Geddes, B. 1994. *Politician's Dilemma: Building State Capacity in Latin America*. University of California Press.

Haggard, S. and Tun-jen Cheng. 1987. "State and Foreign Capital in the East Asian NICs." F. Deyo ed. *The Political Economy of the New Asian Industrialism*. Cornell University Press.

Johnson, C. 1987. "Political Institutions and Economic Performance: The Government-Business Relationship in Japan, South Korea, and Taiwan." F. Deyo ed. *The Political Economy of the New Asian Industrialism*. Cornell University Press.

Manin, B., A. Przeworski and S. C. Stokes. "Introduction, Elections and Representation." A. Przeworski, S. C. Stokes and B. Manin eds. 1999. *Democracy, Accountability, and Representation*. Cambridge University Press.

Manning, R. D. 2000. *Credit Card Nation: The Consequences of America's Addiction to Credit*. Basic Books(『신용카드 제국: 현대인을 중독시킨 신용카드의 비밀』, 강남규 옮김, 참솔, 2002).

Marshall, T. H. 1964. *Class, Citizenship and Social Development*. Doubleday.

Niskanen, W. A. 1971. *Bureaucracy and Representative Government*. Aldine.

Nordhaus, W. 1975. "The Political Business Cycle." *Review of Economic Studies* 42, No. 2.

Pereira, L. C. B., J. M. Maravall and A. Przeworski. 1993. *Economic Reforms in New Democracies: A Social-Democratic Approach*. Cambridge University Press.

Peters, B. G. 1978. *The Politics of Bureaucracy*. Longman.

Przeworski, A. 1990. *The State and the Economy under Capitalism*. Harwood Academic Publishers(『자본주의사회의 국가와 경제』, 박동·이종선 옮김, 일신사, 1999).

_____. 1991. *Democracy and the Market*. Cambridge University Press(『민주주의와 시장』, 임혁백·윤성학 옮김, 한울, 1997).

Stallings, Barbara and Robert Kaufman eds. 1989. *Debt and Democracy in Latin America*. Westview Press.

Stokes, S. C. 2001. *Mandates and Democracy*. Cambridge University Press.

Sullivan, T. A., E. Warren and J. L. Westbrook. 2000. *The Fragile Middle Class*. Yale University Press.

Tullock, G. 1967. "The Welfare Costs of Tariffs, Monopoly, and Theft." *Western Economic Journal* 5.

Warren, E. and A. Warren Tyagi. 2003. *The Two-Income Trap: Why Middle-Class Mothers and Fathers are going Broke.* Basic Books(『맞벌이의 함정: 중산층 가정의 위기와 그 대책』, 주익종 옮김, 필맥, 2004).

Williamson, J. ed. 1990. *Latin American Adjustment: How Much Has Happened?* Institute of International Economics.

3. 국회 및 정부자료

감사원. 2004/07/17. "금융기관 감독실태 감사 결과."

경제기획원 편. 1991. "제7차 경제사회 발전 5개년 계획."

공정거래위원회. 2002. 『2002 공정거래 백서』.

국회 재정경제위원회. 2004. 국정감사 자료.

국회 정무위원회. 2004. 국정감사 자료.

규제개혁위원회. 1999. 『1998년도 규제 개혁백서』.

금융감독위원회. 2001/04/12. "2001년도 주요 업무계획보고(청와대 보고)."

_____. 2001/06/22. "주요현안보고(제222회 임시국회 정무위 보고)."

_____. 2001/12/14. "여신전문금융업 감독규정 및 동 시행세칙 개정."

_____. 2002/03/08. "2002년도 주요 업무계획보고."

_____. 2003/01/07. "가계 대출 및 신용 불량자 대책." 경제정책조정회의 보고자료.

금융감독원. 2001/02/27. "신용카드 회원 유치 과당 경쟁 방지 및 감독강화 방안."

_____. 2001/08. "IMF 경제 위기 이후 은행권의 가계 대출 동향 및 시사점."

_____. 2001/09/04. "일반은행의 신용 및 보증·담보대출 추이 분석."

_____. 2001/11/06. "가계여신에 대한 건전성 감독 강화."

_____. 2002/03/20. "최근 신용카드 업태 변화 동향."

_____. 2002/07/16. "2002년 상반기 가계 대출 동향과 향후 대응 방안."

_____. 2002/07/16. "다중채무자에 대한 개인신용 회복 지원(workout) 제도 도입 방안."

_____. 2002/11/18. "신용카드업자의 현금 서비스 한도관리 및 현금 대출 비중 현황."

_____. 2003/02/21. "2002 회계연도 신용카드사 영업실적."

_____. 2003/03. "2002 연차 보고서."

_____. 2003/04/23. "채무자의 도덕적 해이 방지를 위한 금융기관 지도방안."

_____. 2004. "금융통계월보."

금융감독위원회·금융감독원. 2001/05/03. "신용카드업의 문제점 및 개선 방안."

_____. 2002/01/30. "신용카드업자별 신용 불량자 등록 현황분석."

_____. 2002/02/20. "가계 부채 증가에 따른 장단기 종합 대책."

_____. 2002/02/20. "신용 불량자 관리제도 개선 방안."

_____. 2002/03/25. "가계 대출 증가에 대한 인식과 대응 방향."

_____. 2002/04/05. "신용카드 회사 감독 강화 방안 추진계획."

_____. 2002/05/23. "신용카드 종합 대책 추진(당정 협의자료)."

_____. 2002/06/28. "여신전문금융법 감독 규정 개정."

_____. 2002/10/07. "가계 대출 동향과 대책."

_____. 2002/11/19. "신용카드 회사 건전성 감독 강화 대책."

_____. 2003/01/24. "여신전문금융법 감독 규정 및 동 시행세칙 개정."

금융감독위원장. 2002/04. "2002년도 금융 감독 정책 방향." 한국능률협회 최고경영자 조찬세미나.

_____. 2002/12/05. "IMF 5년 금융 구조 조정의 성과와 향후 과제." 한국경제신문 밀레니엄포럼 발제.

금융위원회. 2010/10/11. "2010년도 국정감사: 정무위원회 업무현황."

법원행정처. 2010. 『2010 사법연감』.

재경부·금감위·한국은행. 2003/03/17. "금융시장안정을 위한 신용카드사 종합 대책." 금융정책협의회 회의자료.

_____. 2003/04/03. "금융시장 안정대책: 신용카드사 및 투신사 유동성 해소." 금융정책협의회 회의자료.

재정경제부. 1998/04. "국민의정부의 주요 경제정책 방향: 경제부처 업무보고."

_____. 1998/10/01. "대통령경제기자회견 후속 조치(경기진작관련)." 경제장관간담회 자료.

_____. 1999. 『새천년의 기틀: 경제분야 국정개혁 방향』. 재정경제부 경제홍보기획단.

_____. 1999/02. "국민의정부 1년: 경제정책의 성과와 과제."

_____. 1999/06/25. "금년 신용카드 사용분에 대한 소득공제."

_____. 1999/07/02. "신용카드 사용금액에 대한 근로소득세 경감제도 세부 시행방안."

_____. 1999/09/03. "신용카드 소득공제 제도."

_____. 1999/09/18. "금융시장 불안요인 해소대책." 경제정책조정회의 안건.

_____. 1999/09/21. "제2금융권 금융기관의 지배 구조 개선 및 경영 건전성 강화 방안."

_____. 1999/10/08. "최근 경제동향에 대한 경제팀의 평가." 경제정책조정회의.

_____. 2000/01/17. "2000년 경제정책 방향(안)." 경제정책조정회의.

_____. 2000/05/26. "신용카드 영수증 복권 제도 실시 효과분석."

_____. 2000/06/23. "2000년 하반기 경제정책 방향." 경제정책조정회의 안건.

_____. 2000/10/12. "법인 명의 신용카드의 범위 확대 등."

_____. 2001. 『변화하는 한국 도약하는 경제: 절반의 성공, 온전한 성공을 위한 비전』.

_____. 2001/10/05. "금융관련 당정 협의."

_____. 2001/10/27. "금융정책협의회 결과."

_____. 2002/05/30. "할부금융사 등의 대출 업무 영위 기준 및 신용카드사의 방문모집 제한 완화."

_____. 2002/06/25. "신용카드 건전화 대책."

_____. 2002/11. "신용카드사 건전성 감독 강화 대책."

_____. 2003/08/28. "신용 불량자 대책에 대한 올바른 이해를 위하여."

_____. 2003/11/17. "고의적인 채무 상환기피자 등에 대한 신용정보관리 강화."

_____. 2004/03/10. "신용 불량자 현황 및 대응 방향."

_____. 2004/03. "신용 불량자 문제 이렇게 해결해 나가겠습니다."

_____. 2004/07/16. "신용카드 감사 결과에 대한 입장 및 향후대책."

_____. 2004/07/28. "신용 불량자 신용 회복 지원 현황."

_____. 2004/09/10. "한국의 금융 위기 극복과정과 교훈."

_____. 2005/03/23. "생계형 금융 채무 불이행자에 대한 신용 회복 지원 방안."

재정경제부 외. 2000/08/22. "국민의정부 제2기 경제운용: 4대부문 구조 개혁의 마무리 계획." 경제정책조정회의 안건.

한국은행. 1999/03/12. "일일금융시장동향."

_____. 1999/09/14. "일일금융시장동향."

_____. 2003. "외국자본의 은행산업 진입 영향 및 정책적 시사점."

행정자치부. 2001/08/21. "정부 위원회 73개 통·폐합 등 정비키로." 보도자료.

_____. 2002/02/18. "정부 위원회내 시민 단체 참여율 19.5%로 높아져." 보도자료.

_____. 2002/03/18. "2002년도 정부 조직관리지침 통보." 보도자료.

_____. 2003/02/21. "정부 위원회내 시민 참여율 22.9%로 높아져." 보도자료.

_____. 2003/03/31. "정부 위원회운영평가협의회규정(안) 발령."

_____. 2003/07/02. "정부 위원회 95개, 정부혁신 차원에서 대폭 정비키로."

_____. 2003/10/21. "불합리한 정부 위원회 정비." 보도자료.

_____. 2005/06/09. "정부 위원회도 부실 투성이 관련 해명자료."

4. 기타 자료

KADD. "경쟁사 업종별 4대 매체 광고비." 1997~2004년.

『경향신문』.『뉴스위크 한국판』.『동아일보』.『매일경제』.『문화일보』.『서울신문』.『세계일보』.『시사저널』.『아시아경제』.『이코노미스트』.『조선일보』.『주간조선』.『주간한국』.『중앙일보』.『파이낸셜 뉴스』.『한겨레』.『한국경제』.『한국일보』.『파이낸셜 타임스』(*Financial Times*).『워싱턴 포스트』(*Washington Post*).『이데일리』(*edaily*).『오마이뉴스』.

감사원. http://www.bai.go.kr
국민카드. http://www.kbcard.com
국회. http://www.assembly.go.kr
규제개혁위원회. http://www.rrc.go.kr
금융감독원. http://www.fss.or.kr
금융감독위원회. http://www.fsc.go.kr
금융위원회. http://www.fsc.go.kr
법제처. http://www.moleg.go.kr
BC카드. http://www.bccard.co.kr
LG카드. http://www.lgcard.com
삼성카드. http://www.samsungcard.com
신용회복위원회. http://www.pcrs.or.kr
신한카드. http://shinhancard.com
여신금융협회. http://www.crefia.or.kr
재정경제부. http://www.mofe.go.kr
전국은행연합회. htttp://www.kfb.or.kr
통계청. http://www.nso.go.kr
한국금융신문사. http://www.fntimes.com
한마음금융. http://badbank.or.kr
American Bankruptcy Institute. http://www.bankruptcyaid.info

찾아보기

후기

이 짧은 책에서 경제 위기 이후 신용 불량자를 급격히 증가시킨 김대중 정부의 신용카드 정책이 결정되고 지속될 수 있었던 원인과 구조를 탐색해 보고자 했다. 분석의 초점은 신자유주의적 세계화라는 정책 환경의 변화 속에서 민주 정부가 경제정책을 선택하면서 직면한 정부 안팎의 여러 제약들과, 정부의 경제정책이 동반한 갈등과 연합의 구조에 대한 것이다. 이를 통해 권위주의 체제를 대체한 민주 정부의 경제정책 결정 구조의 특징을 찾아보고 그것이 사회경제적으로 어떤 의미를 갖는지에 대해 문제를 제기하고자 했다.

필자가 김대중 정부의 신용카드 정책에 주목했던 것은 민주화 이후 나타나고 있는 정부의 경제정책 결정 구조의 특징을 보여 줄 수 있는 가장 대표적인 사례라고 판단했기 때문이다. 그러나 무엇보다 신용카드 정책에 관심을 가졌던 것은 이 정책이 신용 불량자의 급격한 증가와 더불어 한국 사회에 미친 심대한 영향 때문이었다. 예전에는 보통 사람들이 신용카드를 통해 거액의 현금 대출을 받는 것은 물론 신용카드를 발급받기도 쉽지 않았다. 대출 시장 나아가 금융시장의 조건을 크게 변화시켰던 신용카드 관련 정부 정책과 과당 경쟁에 뛰어들었던 신용카드사의 정책이 변화하지 않았다면 거액의 대출도, 대출에 따른 연체도, 따라서 신용 불량자 문제도 만들어질 수 없었다.

경제 위기 이후 대량 실업과 불안정 고용에 시달리면서 실질소득 감소를 경험하고 낙후한 사회복지 체계로 고통 받던 저소득층에게 신용카드를 통한 손쉬운 현금 대출이 가능해진 것이다. 경제 위기로 생활비·병원비·교육비가 필요했던 서민들에게 신용카드를 쥐어 주며 소비가 미덕이고 그것이 경제를 살리는 길이라고 부추기면서, 소득이 낮을수록 고금리를 적용해 연체가 되면 다시 강박적인 채권 추심을 통해 자살, 범죄를 양산한 신용카드 대출 시장이 허용되었다.

그렇다면 대출 시장의 조건이 어찌되었든, 그들이 어떤 상황에 처해 있었든 간에 자신의 소득으로 감당할 수 있는 범위를 넘어서 대출을 받은 개인에게 모든 원인과 책임을 돌리는 것은 정당한 일일까? 더군다나 신용카드 사용액의 증가와 연체 확대에 따른 신용 불량자 급증이라는 결과를 자동적으로 개인의 무분별한 과소비로 볼 수 있는 것일까? 이들은 정치권과 보수 언론의 주장처럼 자신들이 진 빚을 갚지 않으려고 한다는 점에서 도덕적으로 해이한 사람들인가?

박사 학위논문을 준비하면서, 그리고 이 책을 쓰면서 끊임없이 던진 물음들이다. 신용 불량자 문제를 들여다볼수록 신용 불량자들이 특별히 도덕적으로 문제가 있는 사람들이 아니라는 것을 확신하게 되었다. 한국의 과다 채무 문제, 특히 김대중 정부 시기에 만들어진 신용 불량자 문제는 민주 정부와 신용카드사들의 공모에 의한 구조적인 문제, 즉 약탈적 대출 시장의 등장이 아니고서는 결코 설명될 수 없다고 생각한다. 김대중 정부의 신용카드 정책은 민주화 이후 정부의 경제정책이 왜 경제 관료 중심적 정책 결정으로 나타나고, 그 결과 어떻게 정부와 기업 간 지배 연합이 형성되는지를 분명히 보여 준다. 민주화가 되었음에도, 경제 회복을 바라는 정부의 단기적 선호에 의해 정부와 기업 간 지배 연합이 지속된 사실을 빼고 신용 불량자 개인에게 모든 문제의 원인을 돌리는 것은 신용 불량자 문제의 기원을 밝히고, 이를 해결하는 데 아무런 도움이 되지 못한다.

신용 불량자들은 민주 정부의 경제정책과 그에 대응한 신용카드사들의 과당 경쟁으로 희생된 사람들이다. 당시 재벌 대기업 신용카드사들이 이들의 미래 소득으로 연 1조 원에 가까운 초과이윤을 챙기는 동안 신용 불량자들은 벗어날 수 없는 빚으로 자살과 장기 매매, 범죄 사이에서 고민했던 사람들이다. 이들은 온종일 일하고 먹을 것 못 먹고 입을 것 못 입고 이자를 갚아도 줄어들기는커녕 점점 더 늘어나는 빚 앞에서, 희망 없는 미래 앞에서 절망했던 사람들이다. 인터뷰에서 "잘사는 사람만 돈을 벌고 돈 없는 사람은 죽을 수밖에 없다. 민주주의가 해준 게 뭐가 있나. 우리 같은 사람들에겐 희망이라는 것이 없다. 내일도 없다. 그래서 자식들에게 너희들은 자식 낳지 말라고 말한다"라는 이야기를 들으면서 정부의 정책에 동원되어 자신의 미래 소득을 저당 잡히고, 자신이 제대로 한번 써보지도 못한 빚 때문에 신용 불량자가 된 사람들에게 도덕적 해이라는 이름으로 다시 손가락질하는 이 사회에서 그들을 복권시켜야 할 일종의 의무감 같은 것을 느끼게 되었다. 이들은 그때 만들어진 문제로 지금도 생사의 갈림길에서 고통 받고 있다. 세계 몇 대 경제 대국이라는 발전된 국가도, 민주적인 정부도 지금까지 이들에게 아무런 희망을 주지 못했다. 그때 만들어진 대출 권하는 사회가 지금처럼 지속되는 한 이들의 고통은 계속 반복될 수밖에 없다. 이 책을 통해 한국 사회가, 그리고 정부가 이들의 문제에 다시 관심을 갖게 되기를, 이들에 대한 왜곡된 시선을 거두기를, 그래서 지금도 하루하루 고통 속에 살고 있는 신용 불량자들에게 한줄기 희망의 빛이 비춰질 수 있기를 소망한다.

이 책을 준비하면서 많은 분들의 도움을 받았다. 먼저 참된 학자의 모습으로 늘 필자에게 학문하는 자세와 열정을 일깨우고 박사과정을 마치는 데도 많은 지원을 해주셨던 최장집 선생님과, 필자의 부족한 논문을 관심과 인내로 지도해 주셨던 손호철 선생님께 깊은 감사를 드린다. 또한 필자의 박사 학위논문 심사 과정을 통해 신용 불량자 문제와 민주주의에 대한 좀 더 깊은 이해를 할 수 있도록 이끌어 주신 이갑윤, 신윤환, 류석진 선생님께도 이 자리를 빌려 감사드린다. 그리고 이 책이 나올 수 있도록 후원해 준 고려대학교 아세아문제연구소에도 감사를 표한다. 무엇보다 인터뷰를 통해 만났던 정부 관계자, 기업 관계자, 특히 수많은 신용 불량자들의 도움이 없었다면 필자의 박사 학위논문은 물론 이 책의 출판도 가능하지 않았을 것이다. 진실하고 솔직한 이야기로 필자의 생각을 튼튼히 하는 데 큰 도움을 주셨던 그분들에게도 깊은 감사의 마음을 갖는다.

부족한 초고를 읽고 문제를 좀 더 넓고 깊게 볼 수 있도록 조언을 해주었을 뿐 아니라 끊임없는 지적 자극을 주는 박상훈 선배님과, 일정이 늦어졌음에도 필자를 격려하며 초라한 원고를 멋진 한 권의 책으로 만들어 준 후마니타스 출판사의 정민용 주간, 윤상훈 편집자에게도 특별히 고마운 마음을 전하고 싶다. 항상 가족과 같은 마음으로 따뜻하게 맞아 주는 후마니타스 식구들과 모티브북 출판사의 양미자 대표님께도 인사를 전한다.

마지막으로 늦은 나이까지 공부한답시고 제대로 자식 노릇도 하지 못하는 필자를 위해 오랫동안 뒷바라지를 해주시면서도 항상 격려와 사랑을 아끼지 않으시는 아버지와 어머니께 특별히 감사를 드린다. 이 자리를 빌려 부모님께 미처 표현하지 못했던 사랑과 존경의 마음을 전하고 싶다. 그동안 두 분이 베풀어 주신 사랑과 은혜에는 미치지 못하겠지만 이 작은 책이 세상에 나와 당신들이 보여 주신 인내와 노고에 작은 위안과 기쁨이라도 드릴 수 있다면 더 바랄 것이 없다.

2010년 12월
김순영